CATALOGUE

DE

LA SALLE PUBLIQUE DE LECTURE

SUPPLÉMENT — 1887-1894

PARIS

IMPRIMERIE NATIONALE

M DCCC XCV

SALLE PUBLIQUE DE LECTURE

CATALOGUE

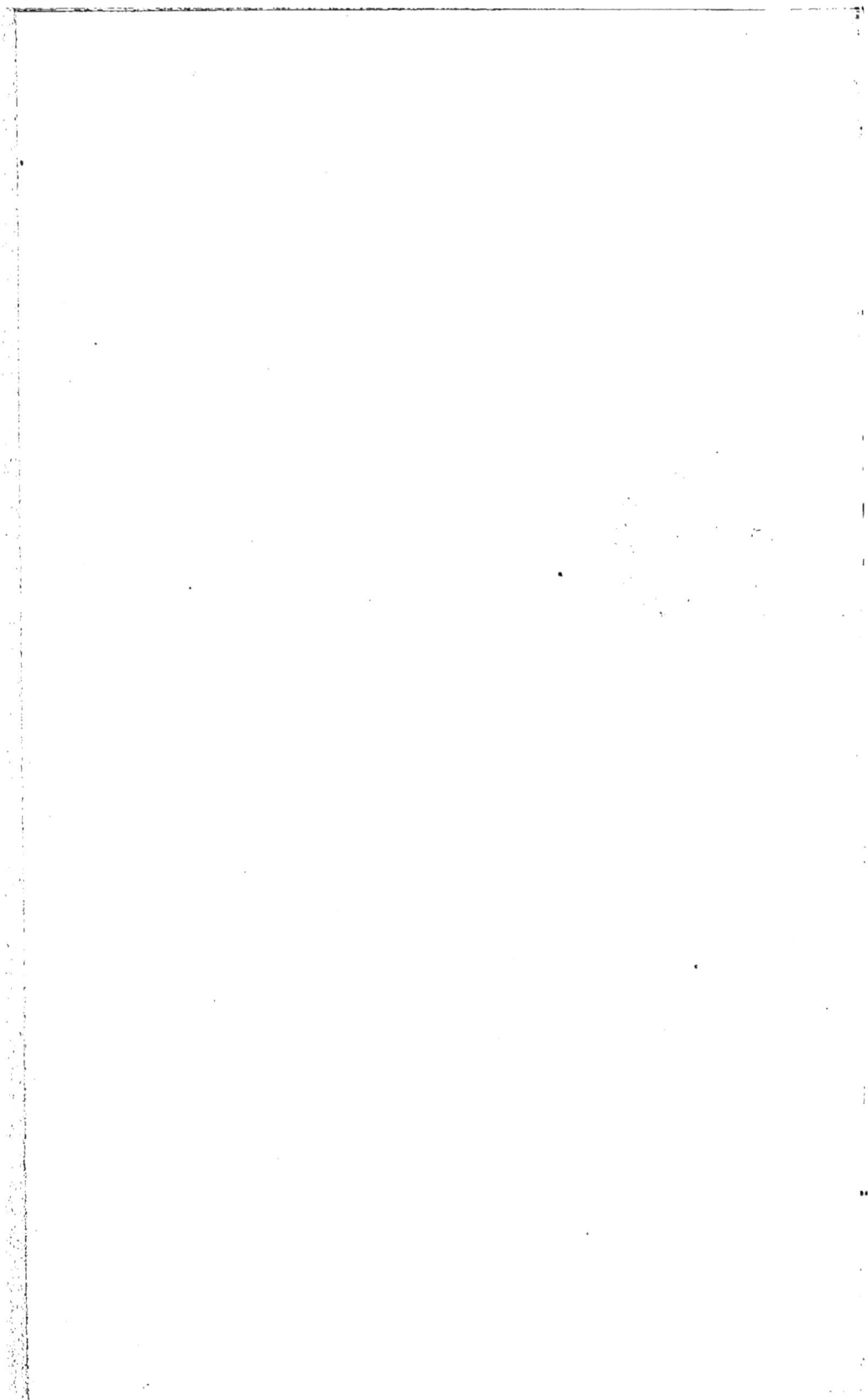

BIBLIOTHÈQUE NATIONALE

CATALOGUE

DE

A SALLE PUBLIQUE DE LECTURE

SUPPLÉMENT — 1887-1894

PARIS

IMPRIMERIE NATIONALE

M DCCC XCV

EXPLICATION DES SIGNES ABRÉVIATIFS.

—

1° Lorsque plusieurs ouvrages d'un même auteur se suivent, le nom de l'auteur n'est pas répété; il est remplacé par un trait : —, et quand un titre se trouverait répété plusieurs fois, ce titre est remplacé lui aussi par un trait.

2° Pour les ouvrages en cours de publication, le nombre des volumes et leur date ont été laissés en blanc.

CATALOGUE

DE

LA SALLE PUBLIQUE DE LECTURE.

SUPPLÉMENT. — 1887-1894.

A

A Paris pendant le siège, par un Anglais, trad. par F. Sangnier. *P.*, 1888, in-18.
[8° **U. +1113**

About (Ed.). Le xix⁵ siècle. *P.*, 1892, in-16.
[8° **U. 1116 B**

—— Le roi des montagnes. *P.*, 1884, 8°.
[8° **O. 407 B**

Académie d'Hippone. Des améliorations qu'il pourrait être utile d'apporter dans la législation relative aux retraites des fonctionnaires publics. *Bône*, 1883, 4°. [4° **E. 41 C**

Achalme (Le Dʳ P.). L'érysipèle. *P.* (s. d.), in-16. [8° **I. 1041 B**

Acollas (É.). Le droit mis à la portée de tout le monde. L'idée du droit. *P.*, 1886, in-18. [8° **E. 254 B**

—— —— Les délits et les peines. *P.*, 1887, in-18. [8° **E. 254 Ba**

—— —— Les successions. *P.*, 1885, in-18. [8° **E. 254 Bb**

Adam (Ch.). Philosophie de François Bacon. *P.*, 1890, 8°. [8° **I. 1041 C**

—— La philosophie en France. *P.*, 1894, 8°. [8° **I. 1041 D**

Adam (F.-E.). Les heures calmes. *P.*, 1892, in-16. [8° **O. 414 A**

Adeline (J.). La peinture à l'eau. *P.* (s. d.), 8°. [8° **I. 1043 B**

Adenis (J.). Les étapes d'un touriste en France. De Marseille à Menton. *P.*, 1892, in-16. [8° **U. 1127 B**

—— Le théâtre chez soi. *P.*, 1889, in-16.
[8° **O. 414 C**

Administration des monnaies et médailles. Compte rendu pour 1889. *P.*, 1893, 4°.
[4° **U. 309 + A**

Adrian (L.-A.). Petit formulaire des antiseptiques. *P.*, 1892, in-16. [8° **I. 1048 C**

Adversaires (Les) naturels de l'Allemagne. Russie et France. *P.*, 1887, in-18.
[8° **U. 1127 E**

Affaire (L') du Tonkin. Histoire diplomatique de l'établissement de notre protectorat sur l'Annam, 1882-1885. *P.* (s. d.), 8°.
[8° **U. 1128 C**

Agenda-annuaire de la Librairie française. *P.*, 1894, in-16. [8° **I. 1048 E**

Agenda-formulaire des médecins praticiens, contenant : 1° Nouveau guide du médecin praticien; 2° Pathologie infantile, par le docteur Descroizilles; 3° Annuaire médical et pharma-

1

ceutique, par le docteur V. Audhoui; 4° Renseignements. *P.*, 1887, in-12.
[8° I. 1051 A

Agenda spécial des architectes et des entrepreneurs de bâtiments pour 1890. *P.*, 1890, in-18. [8° I. 1052 D

Agissements (Les) du prince de Bismarck. *P.* (s. d.), in-18. [8° U. 1128 E

Agle (A.). Manuel pratique de photographie instantanée. *P.*, 1887, in-18.
[8° I. 1052 A

Agnières (Aimé B. d'). Armorial spécial de France. *P.*, 1887, gr. 8°. [4° U. 309 A

Agostini (E.). Agriculture, industrie, commerce. La France et le Canada. (*S. l.*), 1886, 8°. [8° U. 1128 G

Agote (P.). Rapport sur la dette publique, les banques, les budgets, les lois d'impôts et la frappe des monnaies de la nation et des provinces (République Argentine), trad. par Henri Menjon. Livre IV. *Buenos-Ayres*, 1887, gr. 8°. [4° U. 309 B

Aguesseau (H.-F. d'). Œuvres choisies. *P.*, 1887, in-18. [8° E. 259 + A

Aguillon (L.). Législation des mines, française et étrangère. *P.*, 1886, 3 vol. 8°.
[8° E. 259 A

Aide-mémoire de l'ingénieur. Manuel de la Société la «Hütte». *P.*, 1887, in-18.
[8° 1. 1053 A

Aimard (G.). Le Brésil nouveau. *P.*, 1888, gr. 8°. [4° O. 119 C

Aimès (E.). La réforme administrative et le favoritisme. *P.*, 1887, in-18.
[8° I. 1054 Aa

Alarcon (P.-A. de). Le scandale, trad. par A. Fournier. *P.*, 1890, in-16.
[8° O. 416 B

Alavaill (E.). Richesses agricoles et forestières du Tonkin. *P.*, 1888, 8°.
[8° U. 1135 A

Albéca (Al.-L. d'). Côte occidentale d'Afrique. Les établissements français du golfe de Bénin. *P.*, 1889, 8°. [8° U. 1135 C

Albert (M.). La littérature française sous la Révolution, l'Empire et la Restauration (1789-1830). 3ᵉ éd. *P.*, 1891, in-18.
[8° O. 416 C

Albert (Paul). La littérature française, des origines au xviiiᵉ siècle. *P.*, 1891, 4°.
[4° O. 119 F

Albert-Lévy. Causeries. *P.*, 1887, 8°.
[8° I. 1055 C

—— Galilée. *P.*, 1881, in-18.
[8° U. 1136 B

—— Lavoisier. *P.*, 1881, in-18.
[8° U. 1136 Ba

Album de l'Exposition rétrospective de Tours (1890). *Tours*, 1891, f°.
[Fol. I. 5 F

Alexander (Mᵐᵉ). L'épousera-t-il? trad. par F. Bernard. 1. *P.*, 1887, in-16.
[8° O. 434 B

Alexandre (A.). Histoire de la peinture militaire en France. *P.* (s. d.), in-16.
[8° I. 1061 C

Alexandre (R.). Le musée de la conversation. Répertoire de citations françaises, etc. *P.*, 1892, 8°. [8° O. 436 C

Alfieri (Mˡˡᵉ Ch.). Apostolat libéral d'un sénateur italien à Paris. *P.*, juin-juillet 1889, in-18. [8° U. 1138 A

Algérie (L') de nos jours. *Alger*, 1893, f°.
[Fol. U. + 1 C

Alheilig (M.). Recette, conservation et travail des bois. *P.* (s. d.), in-16.
[8° I. 1063 D

Alimentation universelle. Pain et biscuits hygiéniques. *P.*, 1885, 8°.
[8° I. 1067 A

Alis (H.). À la conquête du Tchad. *P.*, 1891, 8°. [8° U. 1139 A

Alix (E.). L'esprit de nos bêtes. *P.*, 1890, 8°. [8° I. 1067 D

Allaire (É.). La Bruyère dans la maison de Condé. *P.*, 1886, 2 vol. 8°.
[8° U. 1139 C

Allard (A.). Étude sur la crise agricole, commerciale et ouvrière en Angleterre. *P.*, 1888, 4°. [4° I. 217 B

Alletz. Cérémonial du sacre des rois de France. *P.*, 1775, in-16. [8° U. 1144 B

—— Itinéraire parisien. *P.*, an XI, 1803, in-12. [8° U. 1144 Ba

Alliés (Les) naturels de la France. La triple alliance de demain. La neutralité suisse. *P.*, 1890, in-18. [8° U. 1144 C

Almanach Hachette. Petite encyclopédie populaire de la vie pratique. *P.*, 1894, 8°.
[8° I. 1072 B

Almirall (V.). L'Espagne telle qu'elle est. *P.*, 1887, in-18. [8° U. 1147 A

Alpy (H.). La loi du 28 mars 1882 sur l'enseignement primaire obligatoire devant la Cour de cassation. P., 1884, 8°. [8° **E. 287 A**

Alq (Mme L. d'). L'horticulture au salon et au jardin. P. (s. d.), 8°. [8° **I. 1072 D**

—— La lingère et la modiste en famille. P., 1882, 8°. [8° **I. 1072 Da**

—— Les ouvrages de main en famille. P. (s. d.), 8°. [8° **I. 1075 B**

—— La science de la vie. Conseils et réflexions. P. (s. d.), 8°. [8° **I. 1075 Ba**

—— Les secrets du cabinet de toilette. Conseils et recettes. P., 1881, 8°. [8° **I. 1075 Bc**

—— La vie intime. P., 1881, 8°. [8° **I. 1075 Bd**

Amagat. Les finances françaises sous l'Assemblée nationale et les Chambres républicaines. P., 1889, 2 vol. 8°. [8° **U. 1150 C**

Amat (D^r). Le M'Zab et les M'Zabites. P., 1888, 8°. [8° **U. 1150 G**

Amaury-Duval. Souvenirs (1829-1830). Intérieur de ma famille, salon Ch. Nodier, etc. P. (1885), in-18. [8° **U. 1150 H**

Amblard (Dr A.). Hygiène élémentaire, publique et privée. P., 1891, in-18. [8° **I. 1075 E**

Amelot de La Houssaie. Mémoires. La Haye, 1737, 2 vol. in-12. [8° **U. 1152 + A**

Améro (C.). Douze jours à Londres. P., 1890, 8°. [8° **U. 1152 A**

Amicis (Ed. de). Cuore, trad. par A. Piazzi. P., 1892, in-18. [8° **O. 450**

Ammann (A.). Guide historique à travers l'exposition des habitations humaines reconstituées par Charles Garnier. P., 1889, in-16. [8° **U. 1152 B**

Ammon (Dr F.-A. d'). Le livre d'or de la jeune femme, son rôle et ses devoirs comme mère de famille; 5e éd. P., 1891, in-18. [8° **I. 1081 B**

Ampère (J.-J.). Histoire de la formation de la langue française. P., 1871, in-16. [8° **O. 455 A**

Anathème à la guerre! Recueil d'extraits d'auteurs anciens et modernes, suivi de statistiques. P., 1890, 8° [8° **I. 1081 C**

Ancienne (L') France. Les arts et métiers au moyen âge. P., 1887, gr. 8°. [4° **I. 220 + A**

Ancienne (L') France. Henri IV et Louis XIII. La Fronde. P., 1886, 8°. [8° **U. 1159 C**

—— L'industrie et l'art décoratif aux deux derniers siècles. P., 1887, gr. 8°. [4° **I. 220 A**

Anderson (R.-B.). Mythologie scandinave. Légendes des Eddas, trad. Jules Leclercq. P., 1886, in-18. [8° **A. 194 A**

André (A.). Traité pratique des partages d'ascendants entre vifs et testamentaires, et des actes qui en dérivent. P., 1881, 8°. [8° **E. 295 A**

—— Traité pratique des ventes d'immeubles. P., 1894, 8° [8° **E. 295 Ab**

André (Ed.). L'Amérique équinoxiale (1875-1876). Expédition scientifique française au Pérou et en Bolivie (1875-1877). Amazone et Cordillères (1879-1882), par Ch. Wiener. P. (s. d.), 4°. [4° **U. 313 C**

André (Dr G.). L'hygiène des vieillards. P., 1890, in-18. [8° **I. 1098 B**

—— Hypertrophie du cœur. P. (s. d.), in-16. [8° **I. 1098 + B**

André (G.). Insuffisance mitrale. P. (s. d.), 8°. [8° **I. 1098 Bc**

André (L.). Camille Desmoulins. P., 1890, in-16. [8° **U. 1160 B**

—— La récidive. P., 1892, 8°. [8° **E. 295 B**

Andréani (A.). Les écoles françaises, civiles et militaires. Programmes, études, titres, diplômes, services militaires, dispenses. P., 1891, 8°. [8° **I. 1099 + A**

Andrei (A.). Les étapes d'un touriste en France. A travers la Corse. P., 1892, in-16. [8° **U. 1160 C**

Andrieu (E.). Traité de dentisterie opératoire. P., 1889, 8°. [8° **I. 1099 A**

Anfossi (Marc). Le secret de sir William. P. (s. d.), 8°. [8° **O. 471 B**

Angerstein (E.) et G. Eckler. La gymnastique des demoiselles. P., 1892, in-16. [8° **I. 1101 D**

Angot des Rotours (J.). La morale du cœur. Étude d'âmes modernes. P., 1893, in-16. [8° **I. 1101 C**

Annales de géographie. P., 1892-1893, 2 vol. 8°. [8° **U. 1169 B**

—— de l'agrégation de l'enseignement secondaire spécial (section des sciences mathématiques). Concours de 1880-1888. Sujets des leçons pour le concours de 1889. *P.*, 1889, in-16.   [8° I. **1428 A**

Annales de l'agrégation des sciences mathématiques. 1876-1888. *P.* (s. d.), in-16.   [8° I. **1428 Aa**

—— de l'École libre des sciences politiques. *P.*, 1ʳᵉ ann. 1886 et suiv., 8°.   [8° I. **1428 Ab**

—— de la licence ès sciences. *P.*, 1889, in-16.   [8° I. **1428 Ac**

—— de la Société d'économie politique. *P.*, 1889, 3 vol. 8°.   [8° I. **1428 Af**

—— des assemblées départementales. Travaux des Conseils généraux.   [8° E. **902 A**

—— du baccalauréat de l'enseignement secondaire spécial. *P.*, 1889, in-16.   [8° I. **1685 A**

—— du baccalauréat ès sciences. 1888-1889. *P.*, in-16.   [8° I. **1685 Aa**

Annales (Les) économiques. *P.*, 1890-1892, 5 vol. 8°.   [8° I. **1713 C**

Annales maritimes et coloniales. *P.*, 1809-1847, 187 vol. 8°, dont 3 vol. de tables.   [8° E. **303 A**

Année (L') des poètes. Morceaux choisis. *P.*, 1891, 8°.   [8° O. **471 C**

—— philosophique. Direct. E. Pillon. *P.*, 1ʳᵉ ann. (1890) et suiv., 8°.   [8° I. **1718 B**

Annuaire colonial. *P.*, 1890, 2 vol. 8°.   [8° U. **1194 C**

—— de l'administration des contributions directes et du cadastre. *P.*, 1893, 8°.   [8° U. **1194 D**

—— de l'enseignement primaire. *P.*, 1888, in-18.   [8° I. **1722 A**

—— de la Bourse du Travail, années 1890-1891. *P.*, 1892, 8°.   [8° E. **304 C**

—— de la chambre syndicale des restaurateurs et limonadiers du département de la Seine. *P.*, 1891-1892, 8°.   [8° I. **1725 C**

—— de la Légion d'honneur pour 1889. *P.*, 1889, 4°.   [4° U. **314 B**

—— de la Suisse pittoresque et hygiénique. *Lausanne*, 1889, in-16.   [8° U. **1201 A**

—— de thérapeutique, 1888-1889. *P.*, in-16.   [8° I. **1727 C**

Annuaire des artistes dramatiques et lyriques et de l'enseignement musical. *P.*, 1887, 8°.   [8° U. **1201 B**

—— des châteaux et des départements. *P.*, 1888-1889, 8°.   [8° U. **1201 D**

—— des chemins de fer. *P.*, 1889, 8°.   [8° I. **1727 E**

—— des commerçants de Paris et des départements de la Seine, de Seine-et-Oise, de Seine-et-Marne et de l'Oise. *P.*, 1890. 8°.   [8° I. **1727 G**

—— des douanes, 31ᵉ année (1894). *P.*, in-18.   [8° U. **1215 B**

—— des Musées cantonaux. *Lisieux*, 1887, 8°.   [8° I. **1727 J**

—— des syndicats agricoles et de l'agriculture française. *P.*, 1891, 8°.   [8° I. **1727 M**

—— des syndicats professionnels. 1ʳᵉ ann. (1889) et suiv. *P.*, 8°.   [8° U. **1216 B**

—— du Ministère du commerce, de l'industrie et des colonies. Services du commerce et de l'industrie. *P.*, 1889-1890, 2 vol. 8°.   [8° I. **1728 G**

—— médical et pharmaceutique de la France. *P.*, 1887, in-18.   [8° I **1729 A**

—— statistique de la France. *P.*, 1878-1887, 4°.   [4° U **314 C**

—— (L') universel illustré. Revue générale de l'année 1892. *P.*, 1893, 4°.   [4° I. **222 D**

Anthoine (E.). A travers nos écoles. Souvenirs posthumes. Préface de Jules Lemaître. *P.*, 1887, in-16.   [8° I. **1732 A**

Antioche (Cᵗ d'). Changarnier. *P.*, 1891, 8°.   [8° U **1307 C**

Antonini (Paul). L'Annam, le Tonkin et l'intervention de la France en Extrême-Orient. *P.* (s. d.), 8°.   [8° U. **1309 A**

—— Au pays de Chine. *P.* (s. d.), 8°.   [8° U. **1309 B**

Arbois de Jubainville (H. d'). Les premiers habitants de l'Europe, d'après les écrivains de l'antiquité... 2ᵉ éd. *P.*, 1889, t. Iᵉʳ.   [8° U. **1317 A**

—— et **Dottin** (G.). Recherches sur l'origine de la propriété foncière et des lieux habités en France (période celtique et période romaine). *P.*, 1890, 8°.   [8° U. **1317 C**

Arçay (J. d'). Notes inédites sur M. Thiers. 2ᵉ éd. *P.*, 1888, in-18.   [8° U. **1319 A**

Arène (E.). Rapport sur le budget de 1892. Ministère de l'intérieur. *P.*, 1891, 4°. [4° **U. 315** + A

Aristote. Histoire des animaux, trad. par J. Barthélémy-Saint Hilaire. *P.*, 1883, 3 vol. 8°. [8° **O. 681** A

—— Métaphysique, trad. par J. Barthélémy-Saint Hilaire. *P.*, 1879, 3 vol. 8°. [3° **O. 669** A

Arloing (D' S.). Les virus. *P.*, 1891. 8°. [8° **I. 1759** D

Armaillé (C^{sse} d'). La comtesse d'Egmont, fille du maréchal de Richelieu, 1740-1773. *P.*, 1890, in-18. [8° **U. 1341** Ca

Armée (L') française et son budget en 1890. *P.*, 1890, in-18. [8° **U. 1343** B

—— (L') russe et ses chefs en 1888. *P.*, 1889, in-16. [8° **U. 1343** D

—— (L') sans chef. *P.*, 1891, in-18. [8° **U. 1343** E

Armelin (Gaston). La gloire des vaincus. *P.* (s. d.), in-18. [8° **O. 684** C

Armengaud aîné. Cours élémentaire de dessin industriel. *P.*, 1886, 2 vol. 8°, dont un atlas. [8° **I. 1763** A

Armes des principaux États. *P.* (s. d.). 4° oblong. [4° **U 315** A

Arnaud (Léop.). Guide des caisses d'épargne et de leurs déposants. *Tours*, 1893, 8°. [8° **I. 1770** D

Arneaud (A.). Traité de perspective linéaire. *P.*, 1890, f°. [Fol. **I. 8** C

Arnould (D' J.). La désinfection publique. *P.* (s. d.), in-16. [8° **I. 1771** + A

—— Nouveaux éléments d'hygiène. 2° éd. *P.*, 1889, 8°. [8° **I. 1771** A

Arnoux (J.). Les Troubadours et les Félibres du Midi. *P.*, 1889, gr. 8°. [4° **U. 317** C

Arrivet (A.). Dictionnaire français-japonais des mots usuels de la langue française. *Tokyo*, 1887, in-18. [8° **O. 691** A

Art (L') ancien à l'Exposition nationale belge. *Bruxelles*, 1882, 4°. [4° **I. 223** B

Art (L') des sucreries. Confitures, etc. *P.* (s. d.), 8°. [8° **I. 1773** C

Arteaga (Dom). Les révolutions du théâtre musical en Italie, abrég. de dom Arteaga. *Londres*, 1802, 8°. [8° **I. 1773** F

Artin-Bey (Yacoub). La propriété foncière en Égypte. *Le Caire*, 1883, 8°. [8° **E. 307** A

Askinson (W.). Guide du parfumeur, trad. par G. Calmels. *P.* (s. d.), in-16. [8° **I. 1776** A

Aspect (D'). Histoire de l'ordre de Saint-Louis. *P.*, 1780, 3 vol. 8°. [8° **U. 1898** C

Assassinat du maréchal d'Ancre. *P.*, 1853, in-16. [8° **U. 1398** F

Asserolette (C.). [Mme E. Servie.] Ma cuisine. *P.* (s. d.), in-18. [8° **I. 1776** D

Assurance (L') moderne, gazette économique et industrielle. *P.*, 1886 et ann. suiv., f°. [Fol. **I. 9** A

Astronomie (L'). Revue d'astronomie populaire. *P.*, 1882, 4°. [4° **I. 224** + A

Atlas de statistique financière. *P.*, 1889, f°. [Fol. **I. 9** B

Auber (J.). La cocaïne en chirurgie. *P.*, 1892, 8°. [8° **I. 1777** D

Aubert (F.). Le Parlement de Paris, de Philippe le Bel à Charles VII (1314-1422). *P.*, 1890, 8°. [8° **U. 1403** C

Aubertin (Ch.). L'esprit public au xviii° siècle. 1715-1789, 3° éd. *P.*, 1889, in-16. [8° **U. 1404** B

Aubertin (Émile). Des honoraires et frais d'actes des notaires. *P.*, 1885, 8°. [8° **E. 308** A

Aublet (Ed.). La guerre au Dahomey, 1888-1893. *P.*, 1894, 8°. [8° **U. 1406** C

Audebrand (P.). Petits mémoires du xix° siècle. *P.*, 1892, in-18. [8° **O. 694** B

Audet (D'). Manuel pratique de médecine militaire. *P.*, 1885, in-18. [8° **I. 1780** B

Audiffred. Premier rapport fait à la Chambre des députés sur : 1° les caisses de secours et de retraites des ouvriers mineurs; 2° les caisses de prévoyance; 3° les délégués mineurs. *P.*, 1886, 4°. [4° **I. 224** + Ac

Auffret (D' C.). Manuel de dissection des régions et des nerfs. *P.*, 1881, in-18. [8° **I. 1788** B

Augé de Lassus (L.). Les spectacles antiques. *P.*, 1888, in-16. [8° **U. 1425** A

Aulard (F.-A.). Le culte de la Raison et le culte de l'Être suprême (1793-1794). *P.*, 1892, in-18. [8° **U. 1427** + A

Aulard (F.-A.). Études et leçons sur la Révolution française. *P.*, 1893, in-18.
[8° **U. 1427** ++ Ab

━━ Les grands Français. Danton. *P.* (s. d.), in-16.   [8° **U. 1427** + A

Auriac (V. d'). Pâques-Fleuries. Poésies. *P.*, 1883, in-16.   [8° **O. 707** A

Aurignac (Romain d'). Trois ans chez les Argentins. *P.* (s. d.), 4°.   [4° **U. 320** B

Auspitz (H.). Pathologie et thérapeutique générales des maladies de la peau. Trad. du Dʳ A. Doyon. *P.*, 1887, 8°. [8° **I. 1791** B

Autran (F.-C.). Code international de l'abordage maritime. *P.*, 1890, 8°.
[8° **E. 326** C

Auvard (Dʳ A.). Traité pratique d'accouchements. *P.*, 1891, 8°.   [8° **I. 1791** C

━━ Traité pratique de gynécologie. *P.*, 1892, 8°.   [8° **I. 1791** Ca

━━ et **Caubet** (E.). Anesthésie chirurgicale et obstétricale. *P.* (s. d.), in-16.
[8° **I. 1791** Bd

Auzière (H.). De la condamnation aux frais en matière criminelle, correctionnelle et de police. *P.*, 1888, 8°.   [8° **E. 326** E

Avé-Lallemant (Ch.). La police en Allemagne. Trad. de Louis de Hessem. *P.* (s. d.), in-18.   [8° **U. 1435** A

Avenel (H.). La loterie. *P.*, 1887, in-16.
[8° **I. 1791** A

Avenir (L') économique et financier, répertoire hebdomadaire des assurances. *P.*, 1888 et ann. suiv. 8°.   [8° **I. 1791** G

Aynard (Ed.). Discours prononcé à la Chambre des députés, séance du 2 mai 1891. Discussion du tarif général des douanes. *P.*, 1891, in-32.   [8° **I. 1792** G

Azam (Dʳ). Le caractère dans la santé et dans la maladie. Préface de Th. Ribot. *P.*, 1887, 8°.   [8° **I. 1795** + A

━━ Hypnotisme, double conscience et altérations de la personnalité. Préface par J.-M. Charcot. *P.*, 1887, in-16.
[8° **I. 1795** A

Azeline. Souvenirs d'un alpiniste. *P.*, 1891, in-16.   [8° **U. 1444** C

Azibert (F.). Sièges célèbres. *P.*, 1890, gr. 8°.   [4° **U. 320** C

B

Babeau (A.). Le maréchal de Villars, gouverneur de Provence. *P.*, 1892, 8°.
[8° **U. 1447** Ba

━━ Paris en 1789; 3ᵉ éd. *P.*, 1890, in-16.   [8° **U. 1447** C

━━ La Province sous l'ancien régime. *P.*, 1894, 2 vol. 8°.   [8° **U. 1449** A

Babelon (E.). Manuel d'archéologie orientale. Chaldée, Assyrie, Perse, Syrie, Judée, Phénicie, Carthage. *P.* (s. d.), 8°.
[8° **I. 1795** D

Babinet. Résumé des observations centralisées par le service hydrométrique du bassin de la Seine pendant l'année 1891. *Versailles*, 1892, 4° et Atlas. [4° **I. 224** D
[Fol. **I. 11** C

Bach (Dʳ J.). De la sédentarité scolaire et du surmenage intellectuel. *P.*, 1887, 8°.
[8° **I. 1799** A

Bachelin-Deflorenne. La science des armoiries. *P.*, 1880, 8°.   [8° **I. 1799** B

Bacri (L.). Guide du candidat aux fonctions publiques en Algérie. *P.*, 1888, in-18.
[8° **E. 328** + A

Badère (Cl.). La vérité sur le Christ, la création et ses mystères dévoilés; 10ᵉ éd. *P.*, 1891, in-18.   [8° **I. 1800** C

━━ Vierge et martyre. Marie Favrai; 5ᵉ éd. *P.*, 1890, in-18.   [8° **O. 734** + A

Badon-Pascal (E.). Des droits des obligataires. *P.* (s. d.), 8°.   [8° **E. 328** A

Badoureau (A.) et P. **Grangier.** Les mines, les minières et les carrières. *P.* (s. d.), 8°.
[8° **I. 1801** + A

━━ Les sciences expérimentales en 1889. Introduction. *P.* (s. d.), 8°.   [8° **I. 1801** A

Bædeker (K.). Le centre de la France. De Paris à la Garonne et aux Alpes; 3ᵉ éd. *Leipzig*, 1889, in-16.   [8° **U. 1466** B

Bagavadam ou Doctrine divine, ouvrage indien canonique. *P.*, 1788, 8°.
[8° **A. 215** B

Baginsky (Ad.). Traité des maladies des

enfants, trad. par les D⁽ʳˢ⁾ L. Guinon et L. Romme. *P.*, 1892, 2 vol. 8°.
[8° I. 1803 + A

Baïhaut. Développements à l'appui du projet de loi sur les mines. *P.*, 1886, gr. 8°.
[4° E. 58 C

—— Rapport sur le Budget de 1892. Ministère des travaux publics. *P.*, 1891, 4°.
[4° U. 323 D

Baille. Souvenirs d'Annam. 1886-1890. *P.*, 1890, in-18.
[8° U. 1476 D

Baillet (A.). Jugemens des savans sur les principaux ouvrages des auteurs. *P.*, 1722, 7 vol. 4°.
[4° O. 126 D

Baillet (E.). Nouveau traité de photographie simplifiée. *P.* (s. d.), 8°.
[8° I. 1804 A

Baillon (H.). Dictionnaire de botanique. *P.*, 1876-1892, 4 vol. gr. 4°.
[Fol. I. 12 C

—— Les herborisations parisiennes. *P.*, 1890, in-16.
[8° I. 1805 D

Bain (A.). Les sens et l'intelligence, trad. par E. Cazelles; 2ᵉ éd. *P.*, 1889, 8ᵉ.
[8° I. 1810 B

Balcam (Ed.). Promenades en Russie. Illustr.; 3ᵉ éd. *P.*, 1894, 8°. [8° U. 1486 C

Ballue. Proposition de loi et rapport sur la réforme de l'assiette de l'impôt. *P.*, 1885, 2 vol. 4°.
[4° I. 226 + A

Balny (G.). Le fil à coudre. *P.*, 1886, in-18.
[8° I. 1812 C

Baltet (C.). Conférences de l'Exposition universelle internationale de 1889. L'horticulture française. *P.*, 1890, 8°.
[8° I. 1813 + Aa

—— La couture des raisins. *Troyes*, 1887, 8°.
[8° I. 1813 + A

Balzac (H. de). OEuvres complètes. *P.*, 1884, 20 vol. 8°.
[8° O. 734 A

—— OEuvres complètes. *P.*, 1891-1892. 10 vol. in-18.
[8° O. 734 Aa

Bancalis (Bᵒⁿ R. de). Le fusil sur l'épaule, la ligne à la main. Excursions, pêches, chasses. *Strasbourg*, 1888, in-16.
[8° U. 1492 A

Banque de France. Assemblée générale des actionnaires de la Banque de France du 28 janvier 1892. *P.*, 1892, gr. 4°.
[Fol. I 13 C

Baraban (L.). A travers la Tunisie. *P.*, 1887, 8°.
[8° U. 1502 A

Baratoux (Dʳ J.). Guide pratique pour l'examen des maladies du larynx, du nez et des oreilles. *P.*, 1892, in-18.
[8° I. 1814 B

Barberet (J.). La bohème du travail; 2ᵉ éd. *P.* (s. d.), in-18. [8° U. 1512 A

—— Le travail en France. Monographies professionnelles. *P.*, 1886-1889, 6 vol. 8°.
[8° U. 1512 Aa

Barberot (E.). Histoire des styles d'architecture dans tous les pays. *P.*, 1891, 2 vol. 4°.
[4° I. 226 B

—— Traité pratique de serrurerie. *P.*, 1888, 4°.
[4° I. 226 C

Barbéry (J.). Recueil choisi d'importants secrets, recettes et procédés d'une application journalière dans l'économie domestique et industrielle. *P.*, 1891, in-18.
[8° I. 1814 C

Barbier (G.). Code expliqué de la presse. *P.*, 1887, 2 vol. 8°. [8° E. 331 A

Barbier (Dʳ H.). La rougeole. *P.* (s. d.), in-16.
[8° I. 1815 C

Barbier (V.). Monographie des directions des douanes de France. *P.*, 1890, 2 vol. 8°.
[8° U. 1521 + A

Barbou (A.). Victor Hugo et son siècle. *P.*, 1889, 4°.
[4° U. 334 + A

Bard (L.). Précis d'anatomie pathologique. *P.*, 1890, in-18.
[8° I. 1848 B

Bardoux (A.). Études d'un autre temps. *P.*, 1889, in-18.
[8° U. 1522 + A

—— Études sociales et littéraires. Mᵐᵉ de Custine. *P.*, 1888, 8°.
[8° U. 1522 A

—— La jeunesse de La Fayette. 1757-1792. *P.*, 1892, 8°.
[8° U. 1522 B

—— Les dernières années de La Fayette. 1792-1834. *P.*, 1893, 8°.
[8° U. 1522 Ba

—— Les légistes, leur influence sur la société française. *P.*, 1877. 8°.
[8° U. 1524 A

Barème forestier. Tableaux des calculs faits du cubage des bois en grume...; 4ᵉ éd. *P.* (s. d.), in-16.
[8° I. 1818 C

Baréty (Dʳ A.). Du climat de Nice et de ses indications et contre-indications en général. *P.*, 1882, in-18.
[8° I. 1818 D

Barié (Dr E.). Bruits de souffle et bruits de galop. P. (s. d.), in-16.   [8° I. 1818 G

Barine (A.). Bourgeois et gens de peu. P., 1894, in-16.   [8° O. 754 + A

—— Les grands écrivains français. Bernardin de Saint-Pierre. P., 1891, in-16.   [8° U. 1527 D

—— Alfred de Musset. P., 1893, in-16.   [8° U. 1517 Da

—— Princesses et grandes dames. Marie Mancini, la reine Christine; 2° éd. P., 1890, in-16.   [8° U. 1527 Db

Barines et Moujiks. Mœurs russes, trad. par N.-A. Kolbert. P. (1887), in-18.   [8° O. 754 A

Barni (J.). La morale dans la démocratie; 2° éd. P., 1885, 8°.   [8° I. 1821 A

—— Napoléon Ier. P. (s. d.), in-16.   [8° U. 1529 + A

Barot (A.). L'agriculture et l'horticulture à l'école primaire. Cours élémentaire. P., 1885.   [8° I. 1823 B

—— —— Cours moyen. P., 1889, in-16.   [8° I. 1823 Ba

—— L'ortie, sa valeur alimentaire, fourragère, textile, industrielle et économique; sa culture en France et en Suède. P., 1891, in-18.   [8° I. 1823 Bc

Barral (G.). La connaissance de la mer. P., 1892, in-16.   [8° I. 1823 C

Barral (J.-A.). Dictionnaire d'agriculture, continué par H. Sagnier. P., 1886-1892, 4 vol. 8°.   [8° I. 1823 D

Barret (Dr P.). Les noirs. P., 1892, 8°.   [8° U. 1530 B

Barroil (E.). Traité d'équitation de haute école. P., 1889, 2 part. en 1 vol. 8°.   [8° I. 1835 B

Barron (A.-F.). La culture de la vigne en serres et sous verre, trad. par Ed. Pynaert. P., 1893, 8°.   [8° I. 1835 E

Barron (L.). Autour de Paris. P. (1893), f°.   [Fol. U. 21 C

—— Les environs de Paris. P. (s. d.), 4°.   [4° U. 334 A

—— Les fleuves de France. La Garonne, la Loire, le Rhône, la Seine. P. (s. d.), 4 vol. 8°.   [8° U. 1530 C

Barrot (Odilon). Mémoires posthumes; 2° éd, P., 1875-1876, 4 vol. 8°.   [8° U. 1532 A

Barrué (P.). Edison chez lui. P., 1881, in-16.   [8° U. 1532 C

Bartel - Sollay (Z.). Études psychologiques et sociales. La voix du sang. Topaze. P., 1888, in-18.   [8° O. 757 C

Barthélémy. Vocabulaire phraséologique français-arabe avec la prononciation figurée; 2° éd. Leipzig (s. d.), in-16. [8° O. 761 Bc

Barthélemy (A.). Guide du voyageur dans la Sénégambie française. Bordeaux, 1884, in-16.   [8° U. 1533 A

Barthélemy (Dr A.-J.-C.). L'examen de la vision devant le conseil de revision et de réforme, dans la marine, dans l'armée et les chemins de fer. P., 1889, in-16.   [8° I. 1838 + A

Barthélemy (J.-B.-A.-A.). Manuels Roret. Manuel de numismatique du moyen âge et moderne. P. (s. d.), in-18 et atlas.   [8° I. 4334 A.

Barthélemy - Saint Hilaire (J.). De l'École d'Alexandrie, rapport à l'Académie des sciences morales et politiques. P., 1845, 8°.   [8° I. 1838 A

—— Étude sur François Bacon. P., 1890, in-18.   [8° O. 761 B

—— L'Inde anglaise. P., 1887, 8°.   [8° U. 1541 A

—— Rapport fait au Ministère de l'instruction publique sur les bâtiments de la Bibliothèque nationale. P., 1879, 4°.   [4° U. 334 Ad

Barthès (Dr E.). Manuel d'hygiène scolaire; 2° éd. P. (s. d.), in-18.   [8° I. 1038 C

Barthet (A.). Une passion fatale. P.(s. d.), in-18.   [8° O. 761 C

Barthez (Dr J.). Dictionnaire spécial de médecine à l'usage des gens du monde et des familles. P., 1793, 4°.   [4° I. 226 F

Bary (De). Leçons sur les bactéries, trad. et annotées par M. Wasserzug. P., 1886, 8°.   [8° I. 1842 A

Bary (É.). Les cahiers d'un rhétoricien de 1815. P., 1890, in-18. [8° U. 1542 B

Basch (Dr S.). Maximilien au Mexique. P., 1889, in-18.   [8° U. 1542 D

Basserie (P.). Le cheval comme il le faut. P., 1891, in-18.   [8° I. 1843 + A

Basset (N.). Guide du planteur de cannes. P., 1889, 8°.   [8° I. 1843 A

Basset (N.). Guide pratique du fabricant de sucre; nouv. éd. P., 1872-1875, 3 vol. 8°.
[8° I. **1843** C

Basset (R.). Loqmân berbère. P., 1890, in-18. [8° O. **763** C

Bassompierre (M^al de). Mémoires pub. par le m^is de Chantérac. P., 1870-77, 3 vol. 8°.
[8° U. **1545** D

Bassouls (E.). Cours de droit usuel. Tours, 1892, in-16. [8° E. **334** E

Bastard (G.). Armée de Châlons. Charges héroïques. P., 1892, in-18.
[8° U. **1549** C

Bastide (É.). Les vins sophistiqués. Procédés simples pour reconnaître les sophistications. P., 1889, in-16. [8° I. **1853** A

Bastide (J.). Histoire de France. Les guerres de la Réforme; 3e éd. P. (s. d.), in-16.
[8° U. **1552** + A

Bastié (M.). Le Languedoc. Description complète du département du Tarn. Albi, 1875, 2 vol. 4°. [4° U. **334** C

Bataille (A.). Causes criminelles et mondaines de 1880-1888 et suiv. P., in-18.
[8° E. **334** B

Bataille (F.). Choix de poésies. P., 1892, in-18. [8° O. **763** B

—— Cours pratique d'arithmétique et de calcul. P. (s. d.), in-16. [8° I. **1853** D

Baudelaire (Ch.). OEuvres complètes; éd. définitive. P., 1885-1892, 4 vol. in-18.
[8° O. **769** C

Baudoin (A.). Les eaux-de-vie et la fabrication du cognac. P., 1893, in-18.
[8° I. **1858** B

Baudoin (A.) et C. de Lajonie. Guide pratique de droit usuel. Bordeaux, 1889, 8°.
[8° E. **344** C

Baudot (M.-A.). Notes historiques sur la Convention nationale, le Directoire, l'Empire et l'exil des votants. P., 1893, 8°.
[8° U. **1556** + A

Baudouin (M.). L'asepsie et l'antisepsie à l'hôpital Bichat. P., 1890, 8°.
[8° I. **1858** C

Baudrillart (H.). Gentilshommes ruraux de la France. P. (s. d.), 8°. [8° U. **1561** + A

—— Les populations agricoles de la France. Maine, Anjou, Touraine, Poitou, Flandre, Artois, Picardie, Île de France. P., 1888, 8°.
[8° U. **1561** A

Baudry de Saunier (L.). Le cyclisme théorique et pratique. P. (s. d.). 8°.
[8° I. **1866** B

—— Histoire générale de la vélocipédie; 4e éd. P., 1891, in-18. [8° I. **1866** C

Baudry-Lacantinerie (G.). Précis de droit civil. P., 1889-1892, 3 vol. 8°.
[8° E. **346** + A

Baume (D^r). Congrès international de médecine mentale, séance du 10 août 1889. P., 1889, 8°. [8° I. **1867** B

Baumgartner (H.). Les dangers des ascensions; 2e éd. Genève, 1888, in-16.
[8° I. **1867** C

Bauron (P.). Les rives illyriennes. Istrie, Dalmatie, Monténégro. P., 1888, 8°.
[8° U. **1564** B

Baye (Bon J. de). L'archéologie préhistorique. P., 1888, in-16. [8° I. **1869** A

Baye (N. de). Journal (1400-1417), pub. par A. Tuetey. P., 1885, 8°.
[8° U. **1572** D

Bayet (C.). Précis d'histoire de l'art. P. (s. d.), 8°. [8° I. **1870** B

Bayles (W.-E.). Les produits commerciaux et industriels. P. (s. d.), 2 vol. 8°.
[8° I. **1874** B

Bazin (A.). Grammaire mandarine, ou principes généraux de la langue chinoise parlée. P., 1856, 8°. [8° O. **775** A

—— Recherches sur les institutions administratives et municipales de la Chine. P., 1854, 8°. [8° E. **348** A

Bazin (H.). Villes antiques. Nîmes gallo-romain. P., 1892, 8°. [8° U. **1612** ++ A

—— Vienne et Lyon gallo-romains. P., 1891, 8°. [8° U. **1612** + A

Bazin (R.). Les Italiens d'aujourd'hui. P., 1894, in-18. [8° U. **1612** + Ad

Bazire (E.). Célébrités contemporaines. Rochefort. P., 1883, in-16.
[8° U. **1612** A

Beaconsfield (Lord). Lettres à sa sœur, trad. par Alexandre de Haye. P., 1889, in-16.
[8° U. **1612** E

Beau de Rochas (A.). Oasis et Soudan. P., 1888, 8°. [8° I. **1874** D

Beauchet (L.). Histoire de l'organisation judiciaire en France, époque franque. P., 1886, 8°. [8° U. **1622** B

Beaumont (E.-B. de). Méthode nouvelle de vocabularisation; 3ᵉ éd. *Lausanne*, 1891, in-16.   [8° O. 781 C

Beauregard (H.) et V. **Galippe**. Guide pratique pour les travaux de micrographie; 2ᵉ éd. *P.*, 1888, in-16.   [8° I. 1877 + B

—— Zoologie générale. *P.*, 1885, in-16.
                                   [8° I. 1877 + Ba

Beauregard (P.-V.). Essai sur la théorie du salaire. *P.*, 1887, 8°.   [8° I. 1877 B

Beaussire (E.). Les principes du droit. *P.*, 1888, 8°.   [8° E. 349 B

Beauvoir (R. de). Almanach illustré de l'armée française. 1889-1894. *P.*, gr. 8°.
                                   [4° U. 339 ++ A

Beccaro (J.-B.). Le calculateur-éclair ou comptes faits des intérêts; 2ᵉ éd. *Nice*, 1872, 8°.
                                   [8° I. 1877 E

Béchet (E.). Le droit des pauvres. *P.*, 1891, 8°.   [8° E. 356 D

Becquerel. Des engrais inorganiques en général et du sel marin (chlorure de sodium) en particulier. *P.*, 1848, in-18.
                                   [8° I. 1886 C

Bédarride (J.). Des chemins de fer au point de vue du transport des voyageurs et des marchandises; 3ᵉ éd. *P.*, 1881, 2 vol. 8°.
                                   [8° E. 357 A

Bedel (A.). Traité complet de manipulation des vins, suivi d'une revue générale de la législation des boissons. *P.*, 1887, in-18.
                                   [8° I. 1889 A

Bedoin (Dʳ). Précis d'hygiène publique. *P.*, 1891, in-18.   [8° I. 1899 D

Bégis (P.). La pratique des affaires mise à la portée de tout le monde. *Troyes*, 1893, in-16.   [8° E. 378 C

Belgrand. Les travaux souterrains de Paris. V. 2ᵉ partie : Les égouts. 3ᵉ partie : Les vidanges. *P.*, 1887, 1 vol. gr. 8° et 1 atlas f°.   [4° I. 230 A
                                   [Fol. I. 13 A

Bellaigue (C.). L'année musicale. *P.*, 1886-1889, in-18.   [8° O. 787 C

Bellair (G.). Traité d'horticulture pratique. *P.*, 1892, in-18.   [8° I. 1903 C

Bellamy (E.). La sœur de Miss Ludington. Trad. de R. Issant. *P.* (s. d.), in-18.
                                   [8° O. 787 F

Belle (H.). Voyage en Grèce (1861-1874). *P.* (s. d.), 4°.   [4° U. 339 + A

Bellemain (A.). La maison à construire et les rapports des architectes-experts; 2ᵉ éd. *Lyon*, 1888, in-16.   [8° E. 380 A

Belloc (A.). La télégraphie historique. *P.*, 1888, gr. 8°.   [4° I. 231 + A

Belot (D.). Journal d'un volontaire de 1791. Édité par Louis Bonneville de Marsangy. *P.*, 1888, in-16.   [8° U. 1643 A

Bénard (Ch.). La philosophie ancienne; histoire générale de ses systèmes. *P.*, 1885, 8°.
                                   [8° I. 1906 A

Benedikt (Dʳ M.). Manuel technique et pratique d'anthropométrie crânio-céphalique, trad. par le Dʳ P. Kéraval. *P.*, 1889, 8°.
                                   [8° I. 1908 C

Benoist (C.). Souverains, hommes d'État, hommes d'Église. *P.*, 1893, in-18.
                                   [8° U. 1646 C

Benoist (G.). De l'instruction et de l'éducation des indigènes dans la province de Constantine. *P.*, 1886, 8°.   [8° I. 1910 A

Bentayou (P.-J.). Méthode pratique de coupe par les mesures. *P.* (s. d.), 4°.
                                   [4° I. 231 A

Bentham. Principes de législation et d'économie politique. *P.* (s. d.), in-32.
                                   [8° I. 1910 B

Bentzon (Th.). Le parrain d'Annette. *P.*, 1893, in-18.   [8° O. 794 C

Benzacar (J.). Les accidents du travail manuel dans le louage de services. *P.*, 1890, 8°.
                                   [8° I. 1910 E

Béquet (L.), E. **Morlot** et **Trigant de Beaumont**. Régime et législation de l'assistance publique et privée en France. *P.*, 1885, 8°.   [8° E. 393 C

Béraldi (H.). Raffet, peintre national. *P.* (s. d.), f°.   [Fol. I. 13 C

Bérard (É.). La législation sur les épizooties et son application; 2ᵉ éd. *P.*, 1888-1889, 8°.   [8° E. 394 A

Bérard (V.). La Turquie et l'hellénisme contemporain. La Macédoine. *P.*, 1893, in-18.   [8° U. 1649 C

Bérenger-Féraud (L.-J.-B.). Traité clinique des maladies des Européens aux Antilles (Martinique). *P.*, 1881, 2 vol. 8°.
                                   [8° I. 1915 A

Berg (F.-C.). Guide-manuel de Paris au nord de l'Europe. *P.*, 1891, 8°.
                                   [8° U. 1661 C

Berger (E.). Les plantes potagères et la culture maraîchère. P., 1893, in-18.
[8° I. 1916 B

Berger (P.). Histoire de l'écriture dans l'antiquité; 2ᵉ éd. P., 1892, 4°.
[4° I. 231 E

Bergeret (A.) et F. **Drouin**. Les récréations photographiques. P., 1891, 8°.
[8° I. 1916 C

Bergier (N.). Histoire des grands chemins de l'empire romain. Bruxelles, 1728, 2 vol. 4°.
[4° U. 344 E

Berkovich (S.-M.). Nouveau vocabulaire systématique français-russe. Odessa, 1892, in-16.
[8° O. 801 C

Berlet. Rapport sur le budget de 1881. Ministère de la marine et des colonies. 2ᵉ section. P., 1880, 4°.
[4° U. 346 D

Berlioz (Dʳ F.). Manuel pratique des maladies de la peau; 2ᵉ éd. P., 1879, in-18.
[8° I. 1918 A

Bernheim (Dʳ). De la suggestion et de ses applications à la thérapeutique; 2ᵉ éd. P., 1888, in-18.
[8° I. 1932 B

Bernier de Maligny (A.). Manuel théâtral théorique et pratique, contenant les principes sur l'art de la parole. P., 1854, in-18.
[8° I. 4382 ++ A

Berr de Turique (J.). Le meuble florentin. P., 1892, in-18.
[8° O. 806 C

Berryer. Œuvres. Plaidoyers. P., 1884-1885, 4 vol. 8°.
[8° E. 401 + A

Bert (É.). Traité théorique et pratique de la concurrence déloyale. P. (1888), 8°.
[8° E. 401 A

Bertall. Les plages de France. Cannes, Nice, Saint-Raphaël. P. (s. d.), 4°.
[4° U. 347 C

Bertha (A. de). François-Joseph Iᵉʳ et son règne. 1848-1888. P., 1888, 8°.
[8° U. 1683 B

Bertheau (C.). Essai sur les lois de la population. P., 1892, 8°.
[8° E. 402 B

—— L'ouvrier. La vie de famille. P., 1889, 8°.
[8° I. 1938 + A

Berthet (A.). Les débats de la conscience. Catéchisme laïque. 2ᵉ éd. P., 1891, in-18.
[8° I. 1941 C

—— Nos faux moralistes ou les fameuses maximes de La Rochefoucauld. P., 1890, in-18.
[8° I. 1941 Ca

Berthiau et **Boitard**. Manuel de l'imprimeur en taille-douce. P. (s. d.), in-18.
[8° I. 4287 A

Bertin (E.). Études sur la société française. Littérature et mœurs. P., 1889, in-18.
[8° U. 1685 C

—— La société du Consulat et de l'Empire. P., 1890, in-16.
[8° U. 1686 B

Bertin (G.). Mᵐᵉ de Lamballe; 2ᵉ éd. P., 1894, in-18.
[8° U. 1686 D

Bertoglio (L.). Les cimetières au point de vue de l'hygiène et de l'administration. P., 1889, in-16.
[8° I. 1943 B

Bertol-Graivil et P. **Boyer**. Le livre d'or des fêtes franco-russes; 2ᵉ éd. P., 1894, 4°.
[4° U. 347 Cc

—— Les voyages présidentiels illustrés. P., 1892, 4°.
[4° U. 347 Cd

Berton (P.). L'art de faire soi-même son testament; 5ᵉ éd. P., 1892, in-18.
[8° E. 402 C

Bertrand (A.). Nos origines. La Gaule avant les Gaulois; 2ᵉ éd. P., 1891, 8°.
[8° U. 1687 A

Bertrand (Alexis). Lexique de philosophie. P., 1892, 8°.
[8° I. 1945 B

Bertrand (Alph.). La Chambre de 1889. Biographies des 576 députés. P. (s. d.), 8°.
[8° U. 1687 Aa

—— **Ferrier** (É.). Ferdinand de Lesseps. P., 1887, 8°.
[8° U. 1687 Af

Bertrand (Ar.). Code-manuel des pensions de l'armée de terre; 2ᵉ éd. P., 1888, 8°.
[8° E. 403 A

Bertrand (J.). Calcul des probabilités. P., février 1889, 8°.
[8° I. 1946 B

—— Les grands écrivains français. D'Alembert. P., 1889, in-16.
[8° U. 1687 B

—— Éloges académiques. P., 1890, in-16.
[8° U. 1687 D

Bescherelle jeune (H.). Dictionnaire classique de la langue française; 6ᵉ éd. P., 1889, 8°.
[8° O. 812 A

Bès de Berc (Em.). De l'expulsion des étrangers. P., 1888, 8°.
[8° E. 403 B

Bessire (É.). En Bretagne. De Berne à Belle-Isle. P., 1894, in-16. [8° U. 1689 D

Besson (E.). Les frais de justice; 3ᵉ éd. P., 1894, in-18.
[8° E. 403 Bc

—— La législation civile de l'Algérie. P., 1894, 8°.
[8° E. 403 Bd

Besson (M.). Anthologie scolaire des poètes français du xixᵉ siècle. P., 1891, in-16.
[8° O. 813 C

Beudant (Ch.). Le droit individuel et l'État. P., 1891, 8°.   [8° E. 403 D

———— Le droit individuel et l'État; 2ᵉ éd. P., 1891, in-18.   [8° E. 408 Da

Beurnier (L.). Les varices. P. (s. d.), 8°.
[8° I. 1954 C

Beust (Cᵗᵉ de). Trois quarts de siècle. Mémoires. 1809-1885. P., 1888, 2 vol. 8°.
[8° U. 1692 + A

Beyle (H.), dit Stendhal. OEuvre posthume. Journal, 1801-1814. P., 1888, in-18.
[8° U. 1692 A

———— Le rouge et le noir. P., 1892, 2 vol. in-18.   [8° O. 814 A

Bianconi (F.). Indicateur général de l'industrie et du commerce français pour l'exportation et l'importation. P., 1892, gr. 4°.
[Fol. I. 13 D

Biart (L.). Bénito Vasquez; 2ᵉ éd. P. (s. d.), in-18.   [8° O. 816 A

———— Le Bizco. Une passion au Mexique; 3ᵉ éd. P., 1867, in-18.   [8° O. 816 B

———— Pile et face; 3ᵉ éd. P. (s. d.), in-18.
[8° O. 816 C

———— La terre tempérée. Scènes de la vie mexicaine. P., 1866, in-18. [8° O. 816 D

Biays (A.). Cours normal d'enseignement primaire. Histoire sommaire de la littérature française, des origines à nos jours. 3ᵉ année; 2ᵉ éd. P. (s. d.), in-18.   [8° O. 816 G

Bibesco (Pᶜᵉ G.). Au Mexique. 1862. Combats et retraite des six mille. P., 1887, 8°.
[8° U. 1698 Aa

Biblia sacra vulgatæ editionis. P., 1691, 4°.
[4° A. 41 D

Bibliographie des Mazarinades, pub. par C. Moreau. P., 1850-1851, 3 vol. 8°.
[8° U. 1701 C

———— générale des travaux historiques et archéologiques. P., 1888-1890, 4°.
[4° O. 128 C

Bibliothèque nationale. Département des imprimés. Catalogue des livres provenant des collections d'Eugène Piot. P., 1892, 8°.
[8° O. 937 + Ac

———— Inventaire des livres et documents relatifs à l'Amérique, légués par M. Angrand. P., 1887, 8°.   [8° U. 1702 A

Bibliothèque Sainte-Geneviève. Bulletin mensuel des ouvrages récemment entrés. 1886-1887. P., 4°.   [4° O. 222 A

Bichet (P.). L'art et le bien-être chez soi. P. (s. d.), in-18.   [8° I. 1966 B

———— Le livre des jeux. P. (s. d.), in-18.
[8° I. 1966 C

Bidoire (P.). Tableau résumé du budget de l'État français. P., 1894, in-18.
[8° U. 1702 A

Bié (J. de). Les familles de la France, illustrées. P., 1636, f°.   [Fol. U. 41 D

Biélawski (J.-B.-M.). Histoire de la comté d'Auvergne et de sa capitale Vic-le-Comte; 2ᵉ éd. *Yssoire*, 1887, 8°.
[8° U. 1702 B

———— Le Plateau central de la France et l'Auvergne dans les temps anciens. P., 1890, in-16.   [8° U. 1702 Ba

———— Récits d'un touriste auvergnat. *Yssoire* (s. d.), 8°.   [8° U. 1702 C

Biétrix (A.). Le thé, botanique et culture, falsifications et richesse en caféine des différentes espèces. P., 1892, in-16.
[8° I. 1967 C

Bigot (C.). Grèce-Turquie. Le Danube. P., 1886, in-18.   [8° U. 1718 A

Bikélas (D.). La Grèce byzantine et moderne. P., 1893, 8°.   [8° U. 1718 Ab

———— Louki Laras, trad. par le mᶦˢ de Queux de Saint-Hilaire. P., 1892, 8°.
[8° O. 937 D

Bilcesco (Mˡˡᵉ S.). De la condition légale de la mère. P., 1890, 8°.   [8° E. 405 C

Binet (A.). Les altérations de la personnalité. P., 1892, 8°.   [8° I. 1968 + A

Binet (A.) et Ch. Féré. Le magnétisme animal. P., 1887, 8°.   [8° I. 1968 A

Binger (Capit.). Du Niger au golfe de Guinée par le pays de Kong et le Mossi, 1887-1889. P., 1892, 2 vol. 4°.
[4° U. 347 D

Biographie nationale des contemporains. P., 1878, gr. 8°.   [4° U. 347 E

Biographies du xixᵉ siècle. P. (s. d.), 8 vol. 8°.   [8° U. 1775 C

Bion. Traité de la construction et des principaux usages des instrumens de mathématique; 3ᵉ éd. P., 1725, 4°.
[4° I. 239 B

Bipper (L.). Traité de filature et de tissage. *Reims* (s. d.), 8°. [8° **I. 1971** A

Biré (A.). Étude sur la condition juridique des églises, temples, presbytères. *P.*, 1890, 8°. [8° **E. 411** D

Bismarck intime; 3ᵉ éd. *P.*, 1889, in-18. [8° **U. 1777** B

Bitard (Ad.). Dictionnaire de biographie contemporaine française et étrangère. *P.*, 1880, 8°. [8° **U. 1777** C

Bizos (G.). Ronsard. *P.*, 1891, 8°. [8° **O. 939** C

Bizouarne (L.). La haute banque, son rôle dans la libération du territoire français en 1871-1872 et 1873. *P.*, 1892, 4°. [4° **I. 239** C

Blairat (E.). Tunis en 1891. *P.*, 1891, 8°. [8° **U. 1780** C

Blanc (C.). Grammaire des arts du dessin. La peinture. *P.*, 1886, 8°. [8° **I. 1978** + A

—— La sculpture. *P.* (s. d.), in-16.]8° **I. 1978** A

Blanc (M.). Les prisonniers de Bou-Amâma. *P.* (s. d.), in-18. [8° **O. 944** ++ A

Blanchard (É.). Les poissons des eaux douces de la France. *P.*, 1866, 8°. [8° **I. 1979** A

Blanchard de Meisendorf (Bᵐ). La France sous les armes, trad. par le lieut.-colonel Hennebert. *P.* (s. d.), in-18. [8° **U. 1824** B

Blanchet (D.). Examen de Saint-Cyr. Précis de l'histoire moderne (1453-1848). 4ᵉ éd. *P.*, 1883, in-12. [8° **U. 1824** C

Blandy (S.). La part du cadet. *P.*, 1890, 8°. [8° **O. 944** + A

Blanpain (N.). La fiancée du condamné. *P.* (s. d.), in-18. [8° **O. 944** A

—— La pièce d'or. *P.* (s. d.), in-18. [8° **O. 944** B

[**Blason.**] Encyclopédie méthodique. Histoire. Tome I. *P.*, 1784, 4°. [4° **I. 242** C

Blavet (É.). La vie parisienne; 2ᵉ éd. *P.*, 1886, in-18. [8° **O. 944** C

Blaze de Bury (H.). Jeanne d'Arc; 2ᵉ éd. *P.*, 1890, in-16. [8° **U. 1824** Cd

Bleicher (G.). Les Vosges. Le sol et les habitants. *P.*, 1890, in-16. [8° **I. 1988** B

Blennerhassett (Lady). Mᵐᵉ de Staël et son temps (1766-1817); trad. par Aug. Dietrich. *P.*, 1890, 3 vol. 8°. [8° **U. 1824** D

Blin (E.-E.-Eug.). De l'idée de persécution dans la mélancolie et le délire des persécutions. *P.*, 1890, 8°. [8° **I. 1988** C

Bloch (F.). Eau sous pression. *P.* (s. d.), in-16. [8° **I. 1988** F

Block (M.). Les communes et la liberté. Étude d'administration comparée. *P.*, 1876, in-16. [8° **I. 1988** H

—— L'Europe politique et sociale; 2ᵉ éd. *P.*, 1892, 8°. [8° **I. 1990** + A

—— Les progrès de la science économique depuis Adam Smith. *P.*, 1890, 2 vol. 8°. [8° **I. 1991** B

—— Le socialisme moderne. *P.*, 1891, in-16. [8° **I. 1991** Ba

—— Les suites d'une grève. *P.*, 1891, in-16. [8° **I. 1991** Bb

Blocq (P.). Les troubles de la marche dans les maladies nerveuses. *P.* (s. d.), in-16. [8° **I. 1991** Bd

Blocus (Le) de Paris et la première armée de la Loire, par A. G. *P.*, 1889-1894, 3 vol. 8°. [8° **U. 1830** C

Blondel (A.). Le mal moderne. *P.*, 1891, in-18. [8° **O. 944** F

Blondel (J.-E.). Histoire économique de la conjuration de Catilina. *P.*, 1893, 8°. [8° **U. 1830** F

Blondel (Spire). Les outils de l'écrivain. *P.*, 1890, in-18. [8° **I. 1991** C

—— Le tabac. Le livre des fumeurs et des priseurs. *P.*, 1891, 4°. [4° **I. 243** C

Bocher (A.). La marine et les progrès modernes; 2ᵉ éd. *P.*, 1888, in-16. [8° **I. 1992** + A

Bocquet (J.-A.). Cours élémentaire de mécanique appliquée. *P.*, 1885, 2 vol. in-16. [8° **I. 1992** A

Bocquillon-Limousin (H.). Formulaire des médicaments nouveaux et des médications nouvelles. *P.*, 1891, in-18. [8° **I. 1993** C

Bodin (J.). Discours sur le rehaussement et diminution des monnoyes. *P.*, 1578, 8°. [8° **U. 1832** C

Boelmann (J.). De la fulguration. *P.*, 1888, 8°. [8° **I. 1995** + A

Boert. La guerre de 1870-1871. P., 1872, in-18.   [8° **U. 1834** + A

Boëry (P.). Les plantes oléagineuses et leurs produits. Les plantes alimentaires des régions intertropicales. P., 1888, in-16.
[8° **I. 1995** A

Bogdanoff (M.). Par les steppes et les halliers. Illustr. P. (s. d.), 4°. [4° **O. 223** C

Bogelot (G.) et J. **Périn.** L'expropriation pour cause d'utilité publique; 2ᵉ éd. P., 1888, in-18.   [8° **E. 441** A

Boiffin (A.). Tumeurs fibreuses de l'utérus. P. (s. d.), in-16.   [8° **I. 1995** C

Bois (Commandant). Sénégal et Soudan. P., 1886, 8°.   [8° **U. 1834** B

Bois (D.). Les plantes d'appartement et les plantes de fenêtres. P., 1891, in-18.
[8° **I. 1995** D

Boissier (G.). La fin du paganisme. P., 1891, 2 vol. 8°.   [8° **U. 1838** A

—— Les grands écrivains français. Mᵐᵉ de Sévigné. P., 1887, in-16.   [8° **U. 1838** B

—— —— Saint-Simon. P., 1892, in-16.
[8° **U. 1838** Ac

—— Nouvelles promenades archéologiques. Horace et Virgile; 2ᵉ éd. P., 1890, in-16.   [8° **U. 1841** A

Boitard. Manuel théorique et pratique du jardinier. P. (s. d.), in-16. [8° **I. 1996** A

Boiteau (P.). État de la France en 1789; 2ᵉ éd. P., 1889, 8°.   [8° **U. 1845** B

Boitel (A.). Herbages et prairies naturelles. P., 1887, 8°.   [8° **I. 1997** A

Bole (O.). Manuel d'audience correctionnelle. P., 1888, gr. 8°.   [4° **E. 62** + A

Bompard (M.). Législation de la Tunisie. P., 1888, gr. 8°.   [4° **E. 62** A

Bonald (Vᵗᵉ de). Pensées sur divers sujets. P., 1887, in-18.   [8° **I. 1999** A

Boname (Ph.). Culture de la canne à sucre à la Guadeloupe. P., 1887, 8°.
[8° **I. 1999** B

Bonami (Dr P.). Nouveau dictionnaire de la santé. P., 1889, gr. 8°. [4° **I. 245** A

Bonconseil (L.). Le trésor des familles. P., 1888, 8°.   [8° **I. 1999** C

Bonel (A.). Guide pratique de télégraphie sous-marine. P., 1891, 8°. [8° **I. 1999** Ca

Boneval (R.). Nouveau guide pratique de technique microscopique. P., 1890, in-16.
[8° **I. 1999** E

Bonnal. Carnot. P., 1888, 8°.
[8° **U. 1854** + A

Bonnal (Comᵗ). Équitation. P., 1890, 8°.
[8° **I. 2002** D

Bonnassieux (P.). Les grandes compagnies de commerce. Colonisation. P., 1892, 8°.
[8° **U. 1855** D

Bonnechose (Ém. de). Bertrand Du Guesclin. P., 1868, in-16.   [8° **U. 1855** G

—— Christophe Sauval. Chronique du temps de la Restauration. 2ᵉ éd. P., 1864, 8°.
[8° **O. 958** + A

—— Lazare Hoche. 2ᵉ éd. P., 1869, in-16.   [8° **U. 1855** Ga

Bonnefon (D.). Les écrivains célèbres de la Grèce. P., 1883, in-12. [8° **O.** 958 A

—— Les écrivains célèbres de Rome. P., 1885, in-12.   [8° **O. 958** Aa

—— Les écrivains célèbres de la France, 6ᵉ éd. P., 1887, in-18. [8° **O. 958** Ab

—— Les écrivains modernes de la France, 4ᵉ éd. P., 1888, in-12. [8° **O. 958** Ac

Bonnefont (G.). Les miettes de la science. Illustr. P. (s. d.), 4°.   [4° **I. 249** C

Bonnefoy (M.). A travers le bon vieux temps. P., 1887, 8°.   [8° **U. 1857** C

—— Autour du drapeau. P. (s. d.), 4°.
[4° **O. 224** D

—— Souvenirs d'un simple soldat en campagne. 1859. P. (s. d.), 8°.
[8° **U. 1857** Ca

—— Toujours pour la France. P., 1890, 8°.   [8° **U. 1857** Cb

Bonnejoy (Dr). Le végétarisme et le régime végétarien rationnel. P., 1891, in-16.
[8° **I. 2002** F

Bonnel (J.). Éléments généraux de morale dans la philosophie. P., 1888, in-12.
[8° **I. 2002** H

Bonnel (L.). Récits à mes filles. P., 1891, 8°.   [8° **O. 958** D

—— Une visite à la manufacture de glaces de Saint-Gobain. P. (s. d.), 8°.
[8° **I. 2002** I

Bonnemère (E.). Les dragonnades. Histoire des Camisards. 4ᵉ éd. P., 1882, in-18.
[8° **U. 1859** A

Bonnemère (L.). Histoire de Vercingétorix. *P.*, 1882, in-16. [8° **U. 1859** B

Bonnet (V.). Précis d'analyse microscopique des denrées alimentaires. *P.*, 1890, in-16. [8° **I. 2004** B

Bonneville, Jaunez (A.), **Paul, Salvetat.** Les arts et les produits céramiques. 3ᵉ éd. *P.*, 1885, 8°. [8° **I. 2005** A

Bonnier (P.). Vertige. *P.* (s. d.), 8°. [8° **I. 2005** D

Bonpaix (A.). Code théorique et pratique des architectes. *P.*, 1888, 8°. [8° **E. 458** A

Bonvalot (Gabriel). De Paris au Tonkin à travers le Tibet inconnu. *P.*, 1892, 4°. [4° **U. 392** A

—— Du Caucase aux Indes à travers le Pamir. *P.*, 1889, 4°. [4° **U. 392** B

Bonzon (J.). Cent ans de lutte sociale. La législation de l'enfance. 1789-1894. *P.*, 1894, in-18. [8° **E. 459** C

Boppe (L.). Traité de sylviculture. *P.*, 1889, 8°. [8° **I. 2007** + A

Bordas-Demoulin. Les pouvoirs constitutifs de l'Église. *P.*, 1855, 8°. [8° **U. 1866** C

Bordeaux (R.). Traité de la réparation des églises. 3ᵉ éd. *P.*, 1888, 8°. [8° **I. 2007** A

Bordet. Les griefs de l'agriculture. *P.*, 1883, 8°. [8° **I. 2007** B

Bordier (Dʳ A.). La géographie médicale. *P.*, 1884, in-16. [8° **I. 2007** F

Bosc (Ernest). Les ivoires. *P.*, 1889, in-16. [8° **I. 2013** C

Bosquet (Em.). Traité théorique et pratique de l'art du relieur. *P.*, 1890, 8°. [8° **I. 2013** D

Bossan (P.). Son œuvre. *Montbrison*, 1891, f°. [Fol. **I. 29** + A

Bossert (A.). Histoire abrégée de la littérature allemande. *P.*, 1891, in-16. [8° **O. 967** Aa

Bottard (A.). Les poissons venimeux. *P.*, 1889, 8°. [8° **I. 2016** C

Bouant (E.). Dictionnaire-manuel illustré des sciences usuelles. *P.*, 1894, in-18. [8° **I. 2017** C

—— Nouveau dictionnaire de chimie. *P.*, 1889, gr. 8°. [4° **I. 257** ++ A

Boucher-Cadart (A.). Hier et aujourd'hui. Discours. *P.*, 1889, 8°. [8° **I. 2029** C

Bouchet (E.). Précis des littératures étrangères. *P.* (s. d.), in-18. [8° **O. 967** B

Bouchot (H.). Les artistes célèbres. Les Clouet et Corneille de Lyon. *P.* (1892), 4°. [4° **I. 257** + A

—— Jacques Callot. *P.*, 1889, in-16. [8° **U. 1881** A

—— Bibliothèque nationale. Département des estampes. Inventaire des dessins et estampes légués par Éd. Fleury. *P.*, 1887, 8°. [8° **U. 1881** + B

—— Les reliures d'art à la Bibliothèque nationale. *P.*, 1888, 4°. [4° **I. 257** A

Boudoin (F.), **Hervé, Du Moncel, Boquillon.** La musique. *P.*, 1886, 8°. [8° **I. 2038** A

Bouffet. Situation financière des départements en 1890, présentée à M. Émile Loubet. *Melun*, 1891, 4°. [4° **U. 397** D

Bougot (A.). Rivalité d'Eschine et Démosthène. *P.*, 1891, 8°. [8° **U. 1892** C

Bouguet, Rouland. Indicateur commercial des postes et télégraphes. 1891, *P.*, 8°. [8° **I. 2039** C

Bouillé (Cᵗᵉ L. de). Les drapeaux français. 2ᵉ éd. *P.*, 1875, 8°. [8° **U. 1894** C

Bouillier, Renan, Réville (Albert), **Boissier** (Gaston), **Deschanel** (Émile). Discours prononcés sur la tombe de M. Ernest Havet. *P.*, 1890, 8°. [8° **U. 1895** C

Bouillier (F.). Nouvelles études familières de psychologie et de morale. *P.*, 1887, in-16. [8° **I. 2044** A

Bouinais (A.). De Hanoï à Pékin. *P.*, 1892, in-16. [8° **U. 1896** ++ A

—— Guadeloupe. *P.*, 1881, in-18. [8° **U. 1896** B

Bouinais (A.) et **Paulus** (A.). La France en Indo-Chine. *P.*, 1886, in-18. [8° **U. 1896** + A

—— La France en Indo-Chine. 2ᵉ éd. *P.*, 1887, in-18. [8° **U. 1896** A

—— Guadeloupe. *P.*, 1881, in-18. [8° **U. 1896** B

—— L'Indo-Chine française contemporaine. Cochinchine. 2ᵉ éd. Cambodge, Tonkin, Annam. *P.*, 1885, 8°. [8° **U. 1896** Ba

Boulanger (Er.). Rapports faits au Sénat sur le budget des exercices 1889, 1890, 1891. P., 1888-1890, 3 vol. 4°.
[4° **U. 401** Bd

—— Rapport fait au Sénat sur les contributions directes en 1891. P., 1890, 4°.
[4° **U. 401** Bf

Boulanger (Général). Projet de loi organique militaire présenté à la Chambre des députés. P., 1886, 4°. [4° **U. 401** Bh

Boulangier (Com¹). Essai sur les origines de la Méditerranée. P., 1890, 8°.
[8° **U. 1909** B

Boulangier (Edgar). Notes de voyage en Sibérie. P., 1891, gr. 8°. [4° **U. 401** C

—— Voyage à Merv. P., 1888, in-16.
[8° **U. 1909** C

Boulay (M.). La pneumonie lobaire aiguë. P. (s. d.), 2 vol. in-16.
[8° **I. 2046** E

Boulen (Ch.). Le droit de chasse en France. P., 1887, 8°. [8° **E. 466** A

Boulloche (Dʳ P.). Les angines à fausses membranes. P. (s. d.), in-16.
[8° **I. 2047** B

Bouloumié (Dʳ P.). Manuel du candidat aux grades de médecin et pharmacien de la réserve et de l'armée territoriale. P., 1890, in-18. [8° **I. 2047** C

Bouquet (H.-L.). L'ancien collège d'Harcourt et le lycée Saint-Louis. P., 1891. 8°.
[8° **U. 1909** F

Bourassé (Abbé J.-J.). Résidences royales et impériales de France. Tours, 1854, gr. 8°.
[4° **U. 401** F

Bourdain (E.). Manuel du commerce des tissus. P. (s. d.), in-18. [8° **I. 2047** E

Bourdeau (J.). Le socialisme allemand et le nihilisme russe. P., 1892, in-18.
[8° **I. 2047** G

Bourde (P.). La fin du vieux temps. P., 1892, in-18. [8° **O. 984** A

Bourdon (B.). L'expression des émotions et des tendances dans le langage. P., 1892, 8°.
[8° **O. 984** B

Bourgade La Dardye (E. de). Le Paraguay. P. (1889), in-18. [8° **U. 1916** + A

Bourges (Dʳ H.). La diphtérie. P., 1892, in-16. [8° **I. 2057** C

Bourget (P.). Célébrités contemporaines. Ernest Renan. P., 1883, in-16.
[8° **U. 1916** A

—— Sensations d'Italie. P., 1891, in-18.
[8° **U. 1916** Ab

Bourgoin (A.). Les maîtres de la critique au xvııᵉ siècle : Chapelain, Saint-Evremond, Boileau, La Bruyère, Fénelon. P., 1889, in-18. [8° **O. 984** C

Bourguignon (A.). Grammaire de la langue d'oïl. P., 1873, in-18. [8° **O. 984** E

Bouriez (A.). Agenda du pharmacien-chimiste. P., 1892, in-18. [8° **I. 2059** ++ A

Bourloton (E.). L'Allemagne contemporaine. P., 1872, in-18. [8° **U. 1926** A

Bournand (F.). Histoire de l'art en France. P., 1891, f°. [Fol. **I. 29** + A

Bourneville, **Bricon** (P.). Manuel de technique des autopsies. P., 1885, in-16.
[8° **I. 2061** A

Bourneville. Rapport sur l'utilisation agricole des eaux d'égout de Paris et l'assainissement de la Seine. P., 1885, 4°.
[4° **I. 260** Ab

Bournon (F.). Paris. P., 1888, 8°.
[8° **U. 1928**

Bouron (H.)., **Hue** (F.). Histoire d'un bloc de houille. P., 1888, 8°. [8° **I. 2063** A

Bourras (Colonel). Rapport sur les opérations du corps franc des Vosges. P., 1892, in-16. [8° **U. 1928** D

Bourru (H.), **Burot** (P.). La suggestion mentale et l'action à distance des substances toxiques et médicamenteuses. P., 1887, in-16. [8° **I. 2065** ++ A

—— Variations de la personnalité. P., 1888, in-16. [8° **I. 2065** + A

Boursier (Dʳ). Histoire de la ville et châtellenie de Creil (Oise). P., 1883, 8°.
[8° **U. 1928** G

Boursier (Ch.). Traité-guide de la comptabilité. Montdidier (1891), 4°. [4° **I. 260** Ac

Boursin (E.), **Challamel** (A.). Dictionnaire de la Révolution française. P., 1893, 4°.
[4° **U. 401** I

Boussard (J.). L'art de bâtir sa maison. P. (s. d.), gr. 8°. [4° **I. 260** B

Boussenard (L.). Les grandes aventures. Les Français au Pôle nord. P. (s. d.), 4°.
[4° **U. 401** L

Boussenard (L.). Le tour du monde d'un gamin de Paris. P. (s. d.), in-18. [8° O. 992 C

Bouteroue (C.). Recherches curieuses des monoyes de France. P., 1666, f°. [Fol. U. 46 D

Boutet (C.). Traité de mignature. P., 1711, in-12. [8° I. 2069 D

Boutmy (E.). Le développement de la constitution et de la société politique en Angleterre. P., 1887, in-18. [8° U. 1931 D

Bouvier (A.). Enseignement populaire et pratique. Les mammifères de la France. P., 1891, in-16. [8° I. 2073 B

Bouvier (Dr L.). Flore des Alpes, de la Suisse et de la Savoie. P., 1878, in-16. [8° I. 2073 C

Boyard, **Vasserot** (Ch.), **Emion** (V.). Manuel des gardes champêtres. P., 1877, in-18. [8° I. 4270 A

Boyer. Guide pratique du magistrat directeur du jury d'expropriation. P., 1885, in-16. [8° E. 475 A

Boyer (G.). Département du Doubs. Notice sur l'orographie des monts Jura (1888). P., 1888, f°. [Fol. U. 47 C

Braddon (E.). Fatalité, trad. par Frédéric Bernard. P., 1889, in-16. [8° O. 998 C

—— La femme du docteur, trad. par C. Bernard-Derosne. P., 1885, 2 vol. in-16. [8° O. 998 Ca

Bramsen (A.). Les dents de nos enfants. P., 1889, in-16. [8° I. 2090 A

Branda (P.). Çà et là. Cochinchine et Cambodge. L'âme khmère, Ang-Kor; 2° éd. P., 1887, in-16. [8° U. 1936 A

—— Le Haut-Mékong ou le Laos ouvert; nouv. éd. P., 1889, 8°. [8° U. 1936 Aa

—— Lettres d'un marin. Calédonie, le Cap, Sainte-Hélène. P., 1881, in-18. [8° U. 1936 Ab

—— La mer universelle. La France sur l'Océan. P., 1888, in-18. [8° I. 2090 B

—— Réformes navales. La France sur l'Océan. P., 1888, in-18. [8° I. 2090 Ba

—— Les trois caps, journal de bord. P., 1877, in-18. [8° U. 1937 A

Brandt (G.). La vie de Michel de Ruiter, trad. Amsterdam, 1698, f°. [Fol. U. 47 G

Brasilier (A.). Traité d'arithmétique commerciale. P., 1889, 8°. [8° I. 2090 D

Brasseur (A.), **Jourdain** (F.). Jean-Jean. P. (s. d.), in-16. [8° O. 1001 B

Brasseur (E.). Chirurgie des dents et de leurs annexes. P. (s. d.), 4°. [4° I. 261 A

Brau de Saint-Pol-Lias. La côte du Poivre. Voyage à Sumatra. P., 1891, 8°. [8° U. 1940 A

Brault (É.). L'Empire allemand à vol d'oiseau. P. (s. d.), in-18. [8° U. 1940 B

Brault (Julien). Histoire de la téléphonie et exploitation des téléphones en France et à l'étranger. P., 1890, in-16. [8° I. 2090 F

Brazza (P. Savorgnan **de**). Conférences et lettres sur ses trois explorations dans l'ouest africain, de 1875 à 1886. P., 1887, gr. 8°. [4° U. 403 + A

Bréal (M.). La réforme de l'orthographe française. P., 1890, in-16. [8° O. 1004 B

Bréant (V.), **Boitard**. Manuel illustré du jardinier-fleuriste. P. (s. d.), in-18. [8° I. 2094 C

Bréart (E.). Manuel du gréement et de la manœuvre des bâtiments à voiles et à vapeur; 4° éd. P. (s. d.), 8°. [8° I. 2094 D

Brehm (A.-E.). Merveilles de la nature. L'homme et les animaux, trad. par Z. Gerbe, E. Sauvage, J. Künckel d'Herculaïs, A.-T. de Rochebrune. P. (s. d.), 9 vol. 4°. [4° I. 261 B

Brelay (E.). Défense de la propriété immobilière. Réformes fiscales projetées. P., 1888-1889, 2 vol. 8°. [8° I. 2096 B

—— La représentation des intérêts dans les municipalités. P., 1884, 8°. [8° E. 479 A

Brémond (Dr F.). Entretiens familiers sur la santé. P., 1884, 8°. [8° I. 2096 D

—— Précis d'hygiène industrielle. P., 1893, in-16. [8° I. 2096 Da

—— Les préjugés en médecine et en hygiène. P., 1892, in-16. [8° I. 2096 Db

Brésil (Le) en 1889. P., 1889, 8°. [8° U. 1942 A

Bressolles (P.). De la femme du commerçant. P., 1888, 8°. [8° E. 480 + A

Bresson (A.). Bolivia. P., 1886, 4°. [4° U. 403 A

Breton (J.). La réorganisation cadastrale et la conservation du cadastre en France. P., 1889, 8°.　　　　[8° **E. 480 B**

—— La vie d'un artiste. Art et nature. P., 1890, in-18.　　　　[8° **U. 1944 + A**

Bretonneau et ses correspondants. P., 1892, 2 vol. 8°.　　　　[8° **I. 2105 D**

Brettes (Vte J. de). Mission géographique dans le Chaco. P., 1889, in-18.
　　　　[8° **U. 1944 A**

Breuillac (H.-G.). De la police sanitaire. Aix, 1885, in-16.　　　　[8° **E. 480 A**

Brevans (J. de). La fabrication des liqueurs et des conserves. P., 1890, in-18.
　　　　[8° **I. 2106 C**

—— Les légumes et les fruits. P., 1893, in-18.　　　　[8° **I. 2106 Ca**

—— Le pain et la viande. P., 1892, in-18.　　　　[8° **I. 2106 D**

Brialmont (Lieut^t-g^l). Les régions fortifiées. P., 1890, 1 vol. 8° et atlas f°.
　　　　[8° **I. 2108 C**
　　　　[Fol. **I. 6 D**

Briand (E.). Leçons de clinique médicale, maladies de la gorge et de l'estomac. P., 1881, 8°.　　　　[8° **I. 2108 E**

Bricard. Journal. 1792-1802. P., 1891, in-18.　　　　[8° **U. 1946 C**

Bricka (C.). Cours de chemins de fer. P., 1894, 2 vol. 8°.　　　　[8° **I. 2110 + A**

Brieger (Dr L.). Microbes, ptomaïnes et maladies, trad. par le Dr Roussy et J. Winter. P., 1887, in-18.　　　　[8° **I. 2110 A**

Briel (Abbé). Épisodes de la guerre de 1870-1871; 3e éd. Nancy, 1892, in-18.
　　　　[8° **U. 1950 C**

Brisse (B^on). La cuisine à l'usage des ménages bourgeois. P. (s. d.), in-18.
　　　　[8° **I. 2123 A**

Brisson (H.). Rapport sur le budget de l'exercice 1892. Ministère de la marine. P., 1891, 4°.　　　　[4° **U. 407 D**

Broc (Vte de). La France sous l'ancien régime. P., 1887-1889, 2 vol. 8°.
　　　　[8° **U. 1950 D**

—— La France pendant la Révolution. P., 1891, 2 vol. 8°.　　　　[8° **U. 1950 Da**

Broch (Dr O.-J.). Les excitants modernes. Nancy, 1887, gr. 8°.　　　　[4° **I. 432 A**

Broglie (Duc de). Le secret du roi (Louis XV); 4e éd. P., 1888, 2 vol. in-18.
　　　　[8° **U. 1956 + A**

Brongniart (C.). Histoire naturelle populaire. P. (s. d.), 4°.　　　　[4° **I. 432 D**

Brosselard-Faidherbe (Capitaine). Casamance et Mellacorée. Pénétration au Soudan. P. (s. d.), 4°.　　　　[4° **U. 408**

Brouard (E.), **Defodon** (C.). Manuel du certificat d'aptitude pédagogique; 5e éd. P., 1888, in-16.　　　　[8° **I. 2133 Aa**

Brouardel (P.). Les maladies évitables : variole, fièvre typhoïde. P., 1891, 8°.
　　　　[8° **I. 2133 + B**

—— Le secret médical. P., 1887, in-16.
　　　　[8° **I. 2133 B**

Browne (Lennox), **Behnke** (Emil). La voix, le chant et la parole, trad. par le Dr P. Garnault. P., 1893, 8°. [8° **I. 2135 B**

—— Traité des maladies du larynx, du pharynx et des fosses nasales, trad. par le Dr D. Aigre. P., 1891, 8°.　　[8° **I. 2135 C**

Bruchon (F.). Textes des lois applicables en matière de simple police. P., 1890, 8°.
　　　　[8° **E. 482 D**

Brun [de Toulon] (V.). Guerres maritimes de la France; Toulon. P., 1861, 2 vol. 8°.　　　　[8° **U. 1959 C**

Brunel (G.). La photographie pour tous. Illustr. P., 1894, 4°.　　　　[4° **I. 433 C**

Brunet (Ch.). Conséquences juridiques de l'annexion de la Savoie et de Nice à la France. P., 1890, 8°.　　　　[8° **E. 485 C**

Brunet (R.). Histoire militaire de l'Espagne. P., 1886, 8°.　　　　[8° **U. 1962 D**

Brunetière (F.). Conférences de l'Odéon. P., 1893, in-18.　　　　[8° **O. 1035 C**

—— Essais sur la littérature contemporaine. P., 1892, in-18.　　[8° **O. 1035 D**

—— L'évolution de la poésie lyrique en France au xixe siècle. P., 1894, in-16.
　　　　[8° **O. 1037 ++**

—— Le roman naturaliste; nouv. éd. P., 1892, in-18.　　　　[8° **O. 1037 + A**

Brunot (F.). Précis de grammaire historique de la langue française. P., 1887, in-18.
　　　　[8° **O. 1037 A**

Bruns (P.). Effets du projectile du nouveau fusil de petit calibre, trad. par E. Hartog. Bruxelles (s. d.), 4°.　　　　[4° **I. 433 D**

Brussaux (P.), **Guittier** (P.). Dictionnaire des patentes. *P.*, 1891, 8°.
[8° **E. 486** C

Bryce (J.). Le saint Empire romain germanique et l'Empire actuel d'Allemagne, trad. par É. Domergue. *P.*, 1890, 8°.
[8° **U. 1963** D

Buchard (H.). L'amiral Cloué. Préface de Jean Aicard. *P.*, 1893, 8°. [8° **U. 1964** B

—— Marines étrangères. *P.*, 1891, 8°.
[8° **U. 1964** C

—— Torpilles et torpilleurs des nations étrangères. *P.*, 1889, 8°. [8° **I. 2142** B

Buchard (J.). Le matériel agricole. *P.*, 1891, in-18. [8° **I. 2142** E

Buchez (P.-J.-B.). Histoire de la formation de la nationalité française. *P.* (s. d.), 2 vol. in-16. [8° **U. 1984** A

Bugnottet (G.), **Noirpoudre de Sauvigney.** Études administratives et judiciaires sur Londres et l'Angleterre. *Besançon*, 1888-1890, 2 vol. 8°. [8° **I. 2283** + A

Buguet (Abel). Résumés de physique. *P.*, 1888, 8°. [8° **I. 2283** A

Bujon (P.). Petite histoire de Paris. *P.* (s. d.), in-18. [8° **U. 2036** A

Bull (G.-J.). Lunettes et pince-nez. *P.*, 1889, 8°. [8° **I. 2284** B

Bulles et documents concernant la grande aumônerie de France et le chapitre de Saint-Denis. *P.*, 1855, 2 vol. gr. 4°.
[4° **U. 423** B

Bulletin de la Société de l'Histoire de France. *P.*, 1835-1889, 43 vol. 8°.
[8° **U. 2036** C

—— de la Société de l'histoire de Paris et de l'Île-de-France. *P.*, 1874-1891, 18 vol. 8°. [8° **U. 2036** D

—— des sommaires des journaux. *P.*, 1888 et s., f°. [Fol. **O. 4** B

Bulletin officiel de la propriété industrielle et commerciale. *P.*, 1885-1886, 2 vol. 4°. [4° **I. 513**

—— officiel du Ministère de la guerre. *P.*, 1887 et ann. suiv., 8°. [8° **U. 2036** G

—— trimestriel de l'Association des anciens élèves de l'École des hautes études commerciales. *Montluçon*, 1886-1889, 5 vol. 8°.
[8° **I. 2301** C

Bunel (H.). Établissements insalubres, incommodes et dangereux; 2ᵉ éd. *P.*, 1887, 8°.
[8° **E. 744** A

Burcker (E.). Traité des falsifications et altérations. *P.*, 1892, 8°. [8° **I. 2313** C

Burdeau (A.). L'Algérie en 1891. *P.*, 1892, in-18. [8° **U. 2039** D

—— Chambre des députés. Séances des 29 juin et 6 juillet 1892. Discours. *P.*, 1892, in-16. [8° **E. 744** D

—— Rapport fait au nom de la commission du budget de 1892 (Ministère de l'intérieur, service de l'Algérie). *P.*, 1891, 4°.
[4° **U. 423** C

—— Rapports généraux sur les budgets des exercices 1890 et 1891. *P.*, 1889-1890, 3 vol. 4°. [4° **U. 423** Cd

Bureau (E.). Nos frontières. *P.*, 1887, in-16. [8° **U. 2040** A

Burggraeve (Dʳ). Hygiène thérapeutique des pays torrides; 2ᵉ éd. *P.*, 1890, in-18.
[8° **I. 2314** D

Burty (P.). Chefs-d'œuvre des arts industriels. *P.* (s. d.), gr. 8°. [4° **I. 523** A

Bussard (L.), **Corblin** (H.). L'agriculture. *P.* (s. d.), in-16. [8° **I. 2315** C

Bussière (G.), **Legouis** (É.). Le général Michel Beaupuy (1755-1796). *P.*, 1891, 8°.
[8° **U. 2052** C

Butel (F.). L'éducation des Jésuites. *P.*, 1890, 8°. [8° **U. 2058** C

C

Cadéac (C.), **Bournay** (J.). Pathologie générale et anatomie pathologique générale des animaux domestiques. *P.*, 1893, in-18.
[8° **I. 2322** D

Cadet (E.). Dictionnaire usuel de législation. 5ᵉ éd. *P.*, 1890, in-18. [8° **E. 754** C

Cadet de Gassicourt (Dʳ). Traité clinique des maladies de l'enfance. 2ᵉ éd. *P.*, 1886-1887, 3 vol. 8°. [8° **I. 2323** + A

Cadiat (E.), **Dubost** (L.). Traité pratique d'électricité industrielle. 3ᵉ éd. *P.*, 1889, 8°.
[8° **I. 2323** A

Cagnat (R.). Cours d'épigraphie latine, 2ᵉ éd. *P.*, 1889, 8°. [8° **O. 1107** C

Cagny (P.). Précis de thérapeutique. P.,
1892, in-18.   [8° **I. 2323** C

Cahun (L.). La vie juive. P., 1886, f°.
                          [Fol. **U. 60** + A

Callimaque. Hymnes, trad. par M. Alfred
de Wailly. P., 1842, 8°.   [8° **O. 1112** D

Callou (L.). Applications de l'électricité
dans la marine. P., 1894, 8°.
                          [8° **I. 2331** C

Calmels (G.), **Saulnier** (E.). Guide pra-
tique du fabricant de savons. P., 1887, in-18.
                          [8° **I. 2336** A

Calmettes (F.). La lutte pour le devoir.
Simplette. P. (s. d.), 4°.   [4° **O. 227** D

Camberlin (E.). Manuel pratique des tri-
bunaux de commerce. P., 1889, 8°.
                          [8° **E. 757** A

Cameron (Verney Lovett). A travers
l'Afrique. Voyage de Zanzibar à Benguela,
trad. par Mᵐᵉ H. Loreau. P., 1881, 8°.
                          [8° **U. 2096** A

Campagnes contemporaines de l'armée
française. P. (s. d.), 9 vol. 8°.
                          [8° **U. 2097** B

Campardon (Dʳ Ch.). Guide de théra-
peutique aux eaux minérales et aux bains de
mer. P., 1884, in-18.   [8° **I. 2340** B

Campardon (É.). Liste des membres de
la noblesse impériale. P., 1889, 8°.
                          [8° **U. 2100** C

Canard (N.-F.). Principes d'économie po-
litique. P., an x, 1801, 8°. [8° **I. 2340** Bd

Cancalon (A.-A.). L'hygiène nouvelle dans
la famille. P. (s. d.), 8°.   [8° **I. 2340** Bc

Candellé (Dʳ H.). Manuel pratique de
médecine thermale. P., 1879, in-18.
                          [8° **I. 2340** C

Canneva (A.). Manuels-Roret. Livre du
tailleur. P., 1838, in-18.   [8° **I. 4377** A

Cannon (D.). Le propriétaire-planteur.
2ᵉ éd. P., 1893, 8°.   [8° **I. 2344** D

Canovas del Castillo (D. A.). Le théâtre
espagnol contemporain, trad. par J.-G. Ma-
guabal. P., 1886, in-18.   [8° **O. 1115** D

Cantu (César). Histoire des Italiens, trad.
par A. Lacombe. P., 1859-1862, 12 vol. 8°.
                          [8° **U. 2108** D

Caors (J.). Manuel de la construction. P.,
1890, 8°.   [8° **I. 2345** C

Cap (P.-A.). Le Muséum d'histoire natu-
relle. P., 1854, 4°.   [4° **I. 526** B

Capelle (M.). Courtiers maritimes et d'as-
surances maritimes. P., 1891, 8°.
                          [8° **E. 760** D

Capitales (Les) du monde. P., 1892, 4°.
                          [4° **U. 438** + Ac

Capus (G.). A travers le royaume de Ta-
merlan (Asie centrale). P., 1892, 8°.
                          [8° **U. 2125** A

———— Le toit du monde. P., 1890, in-16.
                          [8° **U. 2125** B

Carcassonne (Ad.). Pièces à dire; 3ᵉ éd.
P., 1885, in-18.   [8° **O. 1120** + A

Cardinal de Widdern (G.). L'infan-
terie au combat et la petite guerre, trad. par
le capitaine Boillot. P., 1889, 8°.
                          [8° **I. 2347** Aa

Carel (A.). Histoire anecdotique des con-
temporains. P., 1885, 8°.   [8° **U. 2125** E

Carlyle (Th.). Histoire de la Révolution
française, trad. par Elias Regnault, Odysse
Barot et Jules Roche. P., 1866-1867, 3 vol.
in-12.   [8° **U. 2126** A

Carnet (Dʳ J.). Traité pratique des mala-
dies des yeux et de la vue; 3ᵉ éd. P. (s. d.),
in-18.   [8° **I. 2355** + A

Carnet de l'officier d'approvisionnement.
P., 1889, in-16 oblong.   [8° **I. 2355** A

———— (Le) du vieux docteur. P. (s. d.),
2 vol. 8°.   [8° **I. 2356** D

Carnot. Correspondance générale; t. I,
août 1792 - mars 1793. P., 1892, 4°.
                          [4° **U. 444** C

———— Henri Grégoire, évêque républicain.
P., 1882, in-18.   [8° **U. 2126** C

———— Mémoire adressé au roi en juillet
1814. Bruxelles, 1814, in-12.
                          [8° **U. 2126** D

Carnot (Sadi). Rapport sur le budget de
1883. Ministère des travaux publics. P.,
1882, 4°.   [4° **U. 444** D

Caro (E.). Les grands écrivains français.
George Sand. P., 1887, in-16.
                          [8° **U. 2129** A

———— Le matérialisme et la science; 4ᵉ éd.
P., 1883, in-16.   [8° **I. 2357** A

———— Mélanges et portraits. P., 1888,
2 vol. in-16.   [8° **O. 1120** B

———— Philosophie et philosophes. P., 1888,
in-16.   [8° **I. 2359** A

———— Poètes et romanciers. P., 1888,
in-16.   [8° **O. 1120** Aa

Caro (E.). Variétés littéraires. *P.*, 1889, in-16.   [8° **O. 1120** Ba

———— (Mme E.). Amour de jeune fille; 9e éd. *P.*, 1892, in-18.   [8° **O. 1120** C

———— Fruits amers; 7e éd. *P.*, 1892, in-18.   [8° **O. 1120** Ca

Caron (E.). Monnaies féodales françaises. *P.*, 1882, 4°.   [4° **U. 444** F

Carpentier (A.), **Maury** (G.). Traité pratique des chemins de fer. *P.*, 1894, 3 vol. 8°.   [8° **E. 763** A

Carré (H.). Le Barreau de Paris et la radiation de Linguet. *Poitiers*, 1892, 8°.   [8° **U. 2130** B

———— La France sous Louis XV (1723-1774). *P.* (s. d.), 8°.   [8° **U. 2130** C

Carré (N.-A.). Code annoté des juges de paix; 3e éd. *P.*, 1886, 8°.   [8° **E. 763** B

Carrive (P.). La nouvelle législation de l'enseignement primaire. *P.*, 1889, in-16.   [8° **E. 775** B

Carrosses (Les) à cinq sols ou les omnibus du xviie siècle. *P.*, 1828, in-12.   [8° **U. 2131** ⧺ A

Carte de la répartition et de l'emplacement des troupes de l'armée française pour 1889; 2e année. *P.*, 1889, f° plano, rel. 8°.   [8° **U. 2131** + A

———— routière vélocipédique de France. *P.* (s. d.), in-fol., pliée in-18.   8° **U. 2131** + Ae

Casati (G.). Dix années en Equatoria. Le retour d'Emin Pacha, trad. par L. de Hessem. *P.*, 1892, 4°.   [4° **U. 445** C

Casgrain (Abbé H.-R.). Acadie, Nouvelle-Écosse; 3e éd. *P.*, 1889, in-16.   [8° **U. 2132** C

Cassagnac (P. de). Histoire de la troisième République. *P.*, 1875, 8°.   [8° **U. 2132** E

Cassagne (A.). Traité pratique de perspective. *P.*, 1866, 8°.   [8° **I. 2361** A

———— Le dessin enseigné par les maitres. *P.*, 1890, gr. 8°.   [4° **I. 526** C

Cassagne (E.). L'écriture commerciale et administrative; 2e éd. *P.* (s. d.), 4°.   [4° **I. 526** F

Castex (A.). Hygiène de la voix parlée et chantée. *P.* (s. d.), 8°.   [8° **I. 2363** C

Castille (H.). Portraits historiques au xixe siècle. *P.*, 1856-1861, 60 vol. in-16.   [8° **U. 2134** + A

Castle (Egerton). L'escrime et les escrimeurs, trad. par Albert Fierlants. *P.*, 1888, 4°.   [4° **I. 526** I

Catalogue de la bibliothèque Burty. *P.*, 1891, 8°.   [8° **O. 1122** + A

———— des gentilshommes en 1789 et des familles anoblies ou titrées depuis le premier empire jusqu'à nos jours, 1806-1866. *P.*, 1866, 2 vol. 8°.   [8° **U. 2134** D

———— général des manuscrits des bibliothèques publiques de France. *P.*, 1885-1894, 32 vol. 8°.   [8° **O. 1125** B

Catéchisme national. *P.*, 1872, in-16.   [8° **I. 2365** C

Catrin (Dr L.). Le paludisme chronique. *P.* (s. d.), in-16.   [8° **I. 2365** G

Catulle. Poésies, trad. par Eug. Rostand. *P.*, 1882-1890, 2 vol. 8°. [8° **O. 1127** + A

Caussèque (P.). Madagascar. *P.*, janvier 1893, 8°.   [8° **U. 2145** + A

Caustier (E.). Les pigeons voyageurs et leur emploi à la guerre. *P.*, 1892, in-18.   [8° **I. 2366** C

Cauvet (A.). La prononciation française et la diction; 8e éd. *P.*, 1886, in-12.   [8° **O. 1127** A

Cavaglion (E.). 254 jours autour du monde. *P.*, 1892, in-18.   [8° **U. 2145** B

Cavaignac (G.). La formation de la Prusse contemporaine (1806-1808). *P.*, 1891, 8°.   [8° **U. 2145** C

———— Rapport sur le budget de l'exercice 1892. Contributions directes. *P.*, 1891, 4°.   [4° **U. 446** D

Cavilly (G. de). Le divorce et la séparation de corps; 2e éd. *P.*, 1886, in-16.   [8° **E. 808** A

Cazalis (F.). Traité pratique de l'art de faire le vin. *Montpellier*, 1890, 8°.   [8° **I. 2377** C

Cazeaux (P.-E.). Du rôle des femmes dans l'agriculture. *P.*, 1869, in-12.   [8° **I. 5015**

Cazes (É.). La Provence et les Provençaux. *P.* (s. d.), 8°.   [8° **U. 2147** C

Célébrités contemporaines. *P.*, 1882-18.., in-16.   [8° **U.**

[Chaque personnage est classé au nom d'auteur.]

Célières (P.). Les mémorables aventures du docteur J.-B. Quiès. P., 1886, 4°.
[4° O. 227 G

Cellérier (Ch.). Cours de mécanique. P., 1892, 8°.   [8° I. 2384 C

Celnart (Mᵐᵉ). Manuel de la broderie. P. 1840, in-18 et atlas 8°.   [8° I. 4218 A
(Manuels Roret.)

Centenaire de M. Chevreul. 31 août 1886. P., 1886, 4°.   [4° U. 447 A

—— de la proclamation de la République. P. (s. d.), 8°.   (8° U. 2147 D

Cercle national des armées de terre et de mer. Annuaires 1888-1890. P., in-18.
[8° U. 2147 E

Cernuschi (H.). Les assignats métalliques. P., 1885, 4°.   [4° E. 81 + A

—— La danse des assignats métalliques. P., 1885. 4°.   [4° E. 81 A

César (C.-J.). Guerre des Gaules, trad. nouvelle par J. Bellanger. P., 1892, in-16,
[8° O. 1158 A

Chabat (P.). La brique et la terre cuite. P., 1886, 8°.   [8° I. 2385 A

—— Dictionnaire des termes employés dans la construction; 2ᵉ éd. P., 1881, 4 vol. 4°.
[4° I. 530 A

Chabaud-Arnault (C.). Histoire des flottes militaires. P., 1889, 8°.
[8° U. 2148 B

Chabert. Galerie des peintres ou collection de portraits des peintres les plus célèbres de toutes les écoles. P. (s. d.), 2 vol. gr. f°.
[Fol. I. 39 + A

Chabert (De). Voyage fait par ordre du roi en 1750 et 1751 dans l'Amérique septentrionale. P., 1753, 4°.   [4° U. 447 E

Chabrand (É.). De Barcelonnette au Mexique. Inde, Birmanie, Chine, Japon, États-Unis. P., 1892, in-18.
[8° U. 2149 B

Chaffanjon (J.). L'Orénoque et le Caura. P., 1889, in-18.   [8° U. 2149 C

Chaignet (A.-Ed.). Histoire de la psychologie des Grecs. P., 1887, 8°.
[8° I. 2386 E

Chailley-Bert (J.). La colonisation de l'Indo-Chine. L'expérience anglaise. P. (s. d.), in-18.   [8° U. 2149 H

Chalibert-Dancosse. La généralité de

Paris divisée en ses 22 élections. P., 1710, in-12.   [8° U. 2150 + A

Challamel (A.). Histoire de la liberté en France depuis les origines jusqu'à nos jours. P., 1886, 2 vol. 8°.   [8° U. 2150 A

—— **Lacroix** (D.). Révolution française. P., 1889, 4°.   [4° U. 449 A

Challeton (F.). Cent ans d'élections. P., 1891, 3 vol. in-12.   [8° U. 2150 C

Chalon (P.-F.). Le tirage des mines par l'électricité. P., 1888, in-18.
[8° I. 2390 B

Chalot (Dʳ). Nouveaux éléments de chirurgie opératoire. P., 1886, in-18.
[8° I. 2390 C

Chambard (Dʳ E.). Les morphinomanes. P. (s. d.), in-16.   [8° I. 2390 Cd

Chambre syndicale des industries diverses. Les traités de commerce. Séance du 7 mars 1890. P., 1890, 4°.   [4° U. 449 C

—— des tissus et des matières textiles. Les traités de commerce. P., 1890, 8°.
[8° U. 2153 G

—— des tissus et nouveautés. Rapport sur les traités de commerce. P., 1890, 8°.
[8° U. 2153 E

—— du commerce de la nouveauté. La réforme de la législation des patentes. P. (s. d.), 8°.   [8° E. 842 C

Champollion-Figeac (J.-J.). Le palais de Fontainebleau. P., 1866, 2 vol. f°.
[Fol. U. 64 D

Champour (De), **Malepeyre** (F.). Manuel de la fabrication des encres. P., 1875, in-18.   [8° I. 4258 A

Chanal (É.). Voyages en Corse. P. (s. d.), 8°.   [8° O. 1161 D

Chansonnier historique du xviiᵉ siècle. P., 1879-1884, 10 vol. in-18.
[8° O. 1163 A

Chansons (Les) de nos grand'mères. Neuchâtel, 1890, 4° oblong.   [4° O. 227 C

Chantagrel (J.). Propagande républicaine. P. (1889), in-18.   [8° E. 821 A

Chantelauze (R.). Le cardinal de Retz et l'affaire du chapeau. P., 1878, 2 vol. 8°.
[8° U. 2164 C

—— Louis XVII. P., 1884, 8°.
[8° U. 2164 Ca

—— Les derniers chapitres de mon Louis XVII. P., 1887, 8°.   [8° U. 2164 Cb

Chappuis (J.), **Bergeret** (A.). Leçons de physique générale. P., 1891-1892, 3 vol. 8°. [8° I. 2391 C

Charaux (C.). Pensées sur l'histoire. P., 1889, in-16. [8° U. 2465 C

Chardin (J.). Voyages en Perse et autres lieux de l'Orient. P. (s. d.), in-18. [8° U. 2175 A

Charles (Archiduc). Principes de la stratégie développés par la relation de la campagne de 1796 en Allemagne, trad. P., 1818, 3 vol. 8°. [8° I. 2402 C

Charlie (R.). Le poison allemand. P., 1887, in-18. [8° I. 2404 A

Charmes (G.). L'Égypte; 2° éd. P., 1891, in-18. [8° U. 2176 + A

—— Voyage en Syrie. P., 1891, in-18. [8° U. 2178 B

Charnay (D.). A travers les forêts vierges. P., 1890, in-16. [8° U. 2178 C

Charon (E.), **Gevaert** (G.). Chirurgie infantile. Bruxelles, 1891, 8°. [8° I. 2407 C

Charpentier (A.). La lumière et les couleurs au point de vue physiologique. P., 1888, in-16. [8° I. 2407 F

Charton (É.). Voyageurs anciens et modernes. P., 1882, 4°. [4° U. 449 E

Charton-Demeur (M.). Dictionnaire juridique. P. (s. d.), in-18. [8° E. 823 A

Charvériat (F.). Huit jours en Kabylie. P., 1889, in-18. [8° U. 2190 B

Charvet (L.). Enseignement de l'art décoratif. P. (s. d.), gr. 4°. [Fol. I. 39 A

Chasles (É.). Michel de Cervantès; 2° éd. P., 1866, in-18. [8° U. 2190 D

Chassant (A.), **Tausin** (H.). Dictionnaire des devises historiques et héraldiques. Fig. P., 1878, 3 vol. in-12. [8° U. 2190 G

Chassant (Alph.), **Delbarre** (F.-J.). Dictionnaire de sigillographie pratique. P., 1860, in-12. [8° I. 2409 A

Chasse (La) illustrée. Journal. P., 1890, f°. [Fol. I. 39 D

Chassin (Ch.-L.). Les Cahiers des curés. P., 1882, in-18. [8° U. 2192 C

—— Les élections et les Cahiers de Paris en 1789. P., 1888, 8°. [8° U. 2192 Ca

Chastaing (P.), **Barillot** (E.). Chimie organique. P., 1877, in-18. [8° I. 2409 Aa

Chasteau (Mme L.). Leçons de pédagogie. P., 1885, in-16. [8° I. 2409 D

Chatenet (G.). Études sur les poètes italiens. P., 1892, 8°. [8° O. 1195 C

Chaudordy (Cte de). La France à la suite de la guerre de 1870-1871. P., 1887, 8°. [8° U. 2221 A

—— La France en 1889; 2° éd. P. (1889), in-18. [8° U. 2221 Aa

Chaumeil. Leçons populaires d'économie politique. P., 1881, in-18. [8° I. 2414 C

Chautemps (Dr É.). L'organisation sanitaire de Paris. P., 1888, 4°. [4° I. 532 A

Chauveau Des Roches, Belin, Vigreux, Dumont (G.). Hydraulique appliquée; 2° éd. P., 1885, 2 vol. 8°. [8° I. 2417 A

Chavannes (É.). La sculpture sur pierre en Chine au temps des deux dynasties Han. P., 1893, 4°. [4° I. 532 D

Chavasse (Dr P.). Nouveaux éléments de petite chirurgie; 2° éd. P., 1889, in-18. [8° I. 2417 C

Chefs-d'œuvre de la chaire. P. (s. d.), 8°. [8° A. 481 B

—— de la littérature française. P. (s. d.), 2 vol. in-16. [8° O. 1200 + A

Chélard (R.). Les armées françaises jugées par les habitants de l'Autriche. 1797, 1800, 1809. P., 1893, in-18. [8° U. 2225 B

—— La Hongrie contemporaine. P., 1891, in-18. [8° U. 2225 C

Chélu (A.). De l'équateur à la Méditerranée. P., 1891, 4°. [4° U. 449 G

Chemin (O.), **Verdier** (F.). La houille et ses dérivés. P. (s. d.), 8°. [8° I. 2418 Aa

Chemins de fer de l'État. Compte d'administration. Exercice 1886. P., 1887, 4°. [4° I. 533 ++ A

Chenevier (P.). L'incendie de l'Opéra-Comique de Paris et le théâtre de sûreté. P., 1888, 4°. [4° I. 533 + A

Chenevière (A.). Jacques l'intrépide. P. (s. d.), 8°. [8° O. 1200 D

Cherbuliez (V.). L'art et la nature; 2° éd. P., 1892, in-16. [8° I. 2419 C

—— Le secret du précepteur; 4° éd. P., 1893, in-16. [8° O. 1210 ++ A

—— Profils étrangers; 2° éd. P., 1889, in-16. [8° U. 2231 B

Cherville (Mis G. de). Les bêtes en robe de chambre. *P.*, 1891, 4°.   [4° **I. 549** C

—— Caporal, histoire d'un chien. *P.*, 1888, 8°.   . [8° **O. 1210** + A

—— Célébrités contemporaines. Jules Claretie. *P.*, 1883, in-16.   [8° **U. 2250** C

—— Les contes de ma campagne. *P.*, 1891, 4°.   [4° **I. 549** Ca

—— Gaspard l'avisé, histoire d'un loup. *P.*, 1887, 8°.   [8° **O. 1210** C

—— Nouveaux contes d'un coureur des bois. *P.* (s. d.), in-18.   [8° **O. 1210** Aa

—— Les oiseaux chanteurs. *P.*, 1891, 8°.   [8° **I. 2421** A

Chesneau (E.). Pierre Puget. *P.*, 1882, in-16.   [8° **U. 2250** D

Chesnel (A. de). Dictionnaire encyclopédique des armées de terre et de mer. *P.* (s. d.), 2 vol. gr. 8°.   [4° **I. 550** A

Chesnel (E.). Plaies d'Égypte, les Anglais dans la vallée du Nil. *P.* (s. d.), in-18.   [8° **U. 2250** E

Chevalier (É.). La marine française et la marine allemande pendant la guerre de 1870-1871. *P.*, 1873, in-18.   [8° **U. 2250** G

Chevallier (Em.). De l'assistance dans les campagnes. Préface de M. Léon Say. *P.*, 1889, 8°.   [8° **I. 2438** D

Chevallier (Eug.). Faits et anecdotes relatifs à l'histoire de Mirabeau. *Asnières* (s. d.), 8°.   [8° **U. 2250** H

Chevandier. Rapport à la Chambre des députés sur l'exercice de la médecine. *P.*, 1890, 4°.   [4° **E. 82** C

Chevillard (Abbé S.). Siam et les Siamois. *P.*, 1889, in-18.   [8° **U. 2250** I

Chevillier (A.). L'origine de l'imprimerie de Paris. *P.*, 1694, 4°.   [4° **I. 550** D

Chèvremont (A.). Les mouvements du sol sur les côtes occidentales de la France. *P.*, 1882, 8°.   [8° **I. 2444** C

Chevreul (E.). Histoire des connaissances chimiques. *P.*, 1866, 8°.   [8° **I. 2446** A

Chevrier. Manuel du maître d'hôtel. *P.*, 1842, in-18. .   [8° **I. 4306** A
(Manuels Roret.)

Chevrot (R.). Pour devenir financier. *P.*, 1893, 8°.   [8° **I. 2447** A

Cheysson (E.). Les cartogrammes à teintes graduées. *Nancy*, 1887, gr. 8°.
     [4° **I. 551** + A

—— Les charges fiscales de l'agriculteur et les monographies de familles. *Nancy*, 1889, 8°.   [8° **I. 2447** B

—— L'économie sociale à l'Exposition universelle de 1889. *P.* 1889, 8°.
     [8° **I. 2447** C

—— La monographie d'atelier. *P.*, 26 nov. 1887, 8°.   [8° **I. 2447** D

—— La question des habitations ouvrières en France et à l'étranger. *P.*, 1886, 8°.
     [8° **I. 2447** Da

—— Le recensement de 1786. *P.*, 1887, 8°.   [8° **U. 2257** + A

—— Le recensement des professions. *P.*, 1887, gr. 8°.   [4° **I. 551** A

Chézelles (Vte H. de). L'homme de cheval, soldat ou veneur; 3e éd. *P.*, 1894, in-16.   [8° **I. 2447** F

Chiché (A.), **Aimel** (H.), **Jourde**. Proposition de loi ayant pour objet de fonder la liberté communale. *P.*, 1892, 4°.
     [4° **E. 82** F

Child (Th.). Les Républiques hispano-américaines. *P.* (s. d.), 4°.   [4° **U. 449** I

Chirac (A.). La haute banque et les révolutions; nouv. éd. *P.*, 1888, in-18.
     [8° **U. 2258** A

Chiron (J.-P.). Guide pratique ou A B C du meunier; 3e éd. *P.* (1889), in-16.
     [8° **I. 2448** A

Choay (E.). Centres universitaires et établissements hospitaliers à l'étranger. *P.*, 1892, 8°.   [8° **I. 2448** D

Choiseul-Gouffier (M. de). Voyage pittoresque de la Grèce. *P.*, 1782-1822, 2 vol. f°.   [Fol. **U. 72** C

Choisy (Abbé de). Mémoires pour servir à l'histoire de Louis XIV. *P.*, 1888, 2 vol. in-16.   [8° **U. 2260** D

Choix de discours et allocutions de circonstance des plus célèbres orateurs contemporains, par l'abbé J. Guillermin. *P.* (s. d.), 2 vol. 8°.   [8° **A 488** B

—— de lettres du XVIIIe siècle, publ. par J. Labbé. *P.*, 1890, in-12. [8° **O. 1217** A

—— de lettres du XVIIIe siècle, publ. par G. Lanson. *P.*, 1891. in-16. [8° **O. 1217** B

Choix de lettres du xviiiᵉ siècle, publ. par M. Roques. *P.*, 1892, in-18.
[8° **O. 1217 Ba**

—— de nouvelles russes de Lermontof, Pouchkine, von Wiesen, etc., trad. par J.-N. Chopin; nouv. éd. *P.*, 1873, in-18.
[8° **O. 1217 C**

Choppin (H.). Trente ans de la vie militaire. *P.*, 1891, in-16. [8° **U. 2287 C**

Chotard (H.). Louis XIV, Louvois, Vauban et les fortifications du nord de la France. *P.* (s. d.), in-16. [8° **U. 2287 E**

—— Le pape Pie VII à Savone. *P.*, 1887, in-18. [8° **U. 2287 Ea**

Chotteau (L.). L'exportation des vins de France et les informations au commerce. *P.*, 1882, 8°. [8° **I. 2451 + A**

—— Une grande faute économique; 2ᵉ éd. Les salaisons américaines en France. *P.*, 1884, 8°. [8° **I. 2451 A**

Christie (G.), **Chareyre** (E.). Manuel de l'architecte-maçon. *P.* (s. d.), in-16.
[8° **I. 2452 C**

Christophle (A.). Traité théorique et pratique des travaux publics; 2ᵉ éd. *P.*, 1889-1890, 2 vol. 8°. [8° **E. 849 C**

Chronographia regum Francorum, publ. par H. Moranvillé. 1270-1380. *P.*, 1891, 8°.
[8° **U. 2291 + A**

Chuquet (A.). Les grands écrivains français. J.-J. Rousseau. *P.*, 1893, in-16.
[8° **U. 2291 Ab**

—— La première invasion prussienne, 11 août-2 septembre 1792. *P.*, 1886, in-16.
[8° **U. 2291 Ad**

—— Les guerres de la Révolution. *P.* (s. d.), 7 vol. in-16. [8° **U. 2291 Ae**

City of Boston. Annual report of the trustees of the public library. *Boston*, 1854-1885, 25 vol. 8°. [8° **U. 2291 B**

Claparède (A. de). A travers le monde. De ci de là. *P.*, 1894, in-12.
[8° **U. 2295 B**

—— Au Japon. *Genève*, 1889, in-18.
[8° **U. 2295 C**

Clapin (S.). La France transatlantique. Le Canada. *P.*, 1885, in-18. [8° **U. 2295 F**

Clare (G.). Le marché monétaire anglais et la clef des changes, trad. par G. Giraud. *P.*, 1894, 8°. [8° **I. 2471 + A**

Claretie (J.). Camille Desmoulins, Lucile Desmoulins. *P.*, 1875, 8°. [8° **U. 2304 A**

—— Célébrités contemporaines. Émile Augier. *P.*, 1882, in-16. [8° **U. 2304 B**

—— Fr. Coppée. *P.* (s. d.), in-16.
[8° **U. 2304 Ba**

—— Alphonse Daudet. *P.*, 1883, in-16.
[8° **U. 2304 Bb**

—— Paul Déroulède. *P.*, 1883, in-16.
[8° **U. 2304 Bc**

—— A. Dumas fils. *P.*, 1882, in-16.
[8° **U. 2304 Bd**

—— Erckmann-Chatrian. *P.*, 1883, in-16. [8° **U. 2304 Be**

—— O. Feuillet. *P.*, 1883, in-16.
[8° **U. 2304 Bf**

—— Lud. Halévy. *P.*, 1883, in-16.
[8° **U. 2304 Bg**

—— Victor Hugo. *P.* (s. d.), in-16.
[8° **U. 2304 Bh**

—— Eug. Labiche. *P.*, 1883, in-16.
[8° **U. 2304 Bi**

—— Édouard Pailleron. *P.*, 1883, in-16.
[8° **U. 2304 Bj**

—— Jules Sandeau. *P.*, 1883, in-16.
[8° **U. 2304 Bk**

—— Victorien Sardou. *P.*, 1883, in-16.
[8° **U. 2304 Bl**

—— Jules Verne. *P.*, 1883, in-16.
[8° **U. 2304 Bm**

—— Le Drapeau. *P.* (s. d.), 8°.
[8° **U. 2305 C**

—— Peintres et sculpteurs contemporains. *P.*, 1882-1884, 2 vol. 8°. [8° **U. 2305 Ca**

Claretie (Léo). Feuilles de route. En Tunisie. *P.*, 1893, in-18. [8° **U. 2305 E**

—— Le roman en France au début du xviiiᵉ siècle. Lesage. *P.*, 1890, 8°.
[8° **U. 2305 F**

Classiques (Les) de la table; nouv. éd., par Justin Améro. *P.*, 1882, 2 vol. in-18.
[8° **O. 1285 B**

Claude-Michel (F.). Traité pratique de galvanoplastie. *P.*, 1888, in-18.
[8° **I. 2471 A**

Clédat (L.). Les grands écrivains français. Rutebeuf. *P.*, 1891, in-16. [8° **U. 2306 D**

—— Nouvelle grammaire historique du français. *P.*, 1889, in-18. [8° **O. 1287 C**

Clément (D.). Bibliothèque curieuse historique et critique. *Goettingen*, 1750-1760, 9 vol. 4°. [4° O. 228 D

Clément (Félix). Beethoven. P., 1882, in-16. [8° U. 2309 ++ A

—— Histoire abrégée des beaux-arts chez tous les peuples; nouv. éd. P., 1887, gr. 8°. [4° I. 552 + A

—— Mozart. P., 1882, in-16. [8° U. 2309 + A

Clément (J.). L'art de la correspondance commerciale; nouv. éd. P. (s. d.), in-18. [8° I. 2480 B

—— La santé ou la médecine populaire; 17° éd. P. (s. d.), in-18. [8° I. 2480 D

Clément (R.). Des assurances mutuelles. P., 1889, 8°. [8° E. 851 A

Clergeau (E.). Guide pratique du chauffeur et du mécanicien sur les bateaux torpilleurs. P., 1888, 8°. [8° I. 2481 A

Clodd (E.). L'enfance du monde. P., 1882, in-16. [8° I. 2481 D

Clunet (É.). La question des passeports en Alsace-Lorraine. P., 1888, 8°. [8° E. 858 A

Cluseret (Général). Mémoires. P., 1887-1888, 3 vol. in-18. [8° U. 2315 C

Cochard (L.). Paris, Boukara-Samarcande. Notes de voyage. P., 1891, 8°. [8° U. 2316 C

Cocheris (Mme P.). Les parures primitives. P., 1894, 4°. [4° U. 454 D

Cochery (G.). Rapports sur les budgets de 1891 et de 1892 (Ministères de la guerre et de la marine). P., 1890-1891, 3 vol. 4°. [4° U. 454 G

Cochinchine française. Excursions et reconnaissances. N° 17. *Saïgon*, 1884, 8°. [8° U. 2319 A

Code du commerce portugais de 1888. P., 1889, 8°. [8° E. 879 D

—— pénal d'Italie (30 juin 1889), trad. par Jules Lacointa. P., 1890, 8°. [8° E. 879 ++ A

Codes (Les) de l'audience en Belgique jusqu'à 1885, classés par Jules de Broux; 2° éd. *Bruxelles*, 1885, in-16. [8° E. 862 A

—— (Les) belges, annotés par Léonce Limelette. *Bruxelles*, 1885, in-16. [8° E. 862 Aa

Codes (Les) français. Code forestier. P. (s. d.), in-12. [8° E. 869 B

—— (Les) néerlandais, trad. par G. Tripels. P., 1886, 8°. [8° E. 879 + A

Coffinières de Nordeck (A.). Essais sur les phénomènes cosmogoniques. P., 1893, 8°. [8° I. 2489 C

Coffignon (A.). Paris vivant. Le pavé parisien. P. (s. d.), in-18. [8° U. 2321 A

Cogordan (G.). Les grands écrivains français. Joseph De Maistre. P., 1894, in-16. [8° U. 2322 C

Coiffier (Dr). Précis d'auscultation; 2° éd. P., 1890, in-18. [8° I. 2489 D

Collection de mémoires relatifs à la physique. P., 1884-85, 2 vol. 8°. [8° I. 2494 A

—— des anciens alchimistes grecs, publ. par MM. Berthelot et Ch.-Em. Ruelle. P., 1887, 4°. [4° I. 552 B

—— universelle des mémoires particuliers relatifs à l'histoire de France, publ. par Perrin. *Londres*, 1785-1790, 72 vol. 8°. [8° U. 2479 C

Colleville (Vte de). Histoire abrégée des empereurs romains et grecs. P., 1886, 4°. [4° U. 462 A

Collin (Mlle L.). Histoire abrégée de la musique et des musiciens; 7° éd. P., 1891, in-18. [8° I. 2516 C

Collineau (Dr A.). L'hygiène à l'école. P., 1889, in-16. [8° I. 2517 A

Colomb (L.-C.). François Mansart et Jules Hardouin, dit Mansart. P., 1885, in-18. [8° U. 2481 C

Colonies (Les) françaises. Notices illustrées. P. (1889-1890), 6 vol. in-16. [8° U. 2482 B

—— françaises et pays de protectorat à l'Exposition universelle de 1889. P. (1889), in-18. [8° U. 2483 B

Colonna de Cesari Rocca. Histoire de la Corse. P., 1890, in-16. [8° U. 2483 F

Colson (C.). Transports et tarifs. P., 1890, 8°. [8° I. 2519 C

Colson (R.). La photographie sans objectif. P., 1887, in-18. [8° I. 2519 E

—— Procédés de reproduction des dessins par la lumière. P., 1888, in-18. [8° I. 2519 F

Comandré (A.). L'amiral Courbet en Orient. Poème et sonnets. *P.*, 1890, 8°.
[8° **O. 1316** ╫ A

Combarieu (L.), **Combes** (A.), **Malinowski** (J.), **Sarcos** (A.). Dictionnaire des communes du Lot. *Cahors*, 1881, 8°.
[8° **U. 2485** C

—— Traité de la procédure administrative devant les conseils de préfecture. *P.*, 1890, 8°. [8° **E. 902** ╫ A

Combes. Rapport au Sénat sur l'instruction primaire des indigènes de l'Algérie. *P.*, 1892, 4°. [4° **I. 554** D

—— Rapport fait au Sénat sur les dépenses ordinaires de l'instruction primaire publique. *P.*, 1888, 4°. [4° **U. 426** B

Combes (E.). Grammaire russe élémentaire. *P.*, 1892, in-18. [8° **O. 1316** ╋ A

—— Profils et types de la littérature allemande. *P.*, 1888, 8°. [8° **O. 1316** A.

Combes (P.). L'art d'empailler les petits animaux. *P.*, 1889, in-16. [8° **I. 2523** A

Combes de Lestrade (G.). L'Empire russe en 1885. *P.* (s. d.), in-18.
[8° **U. 2487** A

Comby (Dr J.). Les oreillons. *P.* (s. d.), in-16. [8° **I. 2524** C

Comby (J.). Le rachitisme. *P.*, 1892, in-16. [8° **I. 2524** D

Comédiens (Les) du roi. *P.*, 1879, 8°.
[8° **U. 2487** C

Comédies du XVIIe siècle, par T. Martel. *P.*, 1888, in-18. [8° **O. 1316** B

Comettant (O.). Au pays des kangourous et des mines d'or. *P.*, 1890, in-18.
[8° **U. 2487** D

Compagnie générale des omnibus de Paris. Assemblée de 1890. *P.*, 4°. [4° **U. 462** C

Compayré (G.). Études sur l'enseignement et sur l'éducation. *P.*, 1891, in-16.
[8° **I. 2526** A

—— L'évolution intellectuelle et morale de l'enfant. *P.*, 1893, 8°. [8° **I. 2526** B

—— Rapport sur le budget de 1890. Ministère de l'instruction publique. *P.*, 1889, 4°. [4° **U.** ´462 Cd

—— Rapport sur les dépenses ordinaires de l'instruction primaire publique. *P.*, 1887, 4°.
[4° **U. 462** Ce

Compiègne (Mis **de**). L'Afrique équatoriale. Gabonais; 3e éd. *P.*, 1878, in-18.
[8° **U. 2489** ╋ A

—— Okanda; 3e éd. *P.*, 1885, in-18.
[8° **U. 2489** A

Compte définitif des recettes. 1890. *P.*, 1892, 4°. [4° **U. 462** Da

—— général de l'administration de la justice civile et commerciale en France. 1876 et 1888. *P.*, 1878, 1891, 4°. [4° **E. 94** D

—— général de l'administration de la justice criminelle en France. 1876 et 1888. *P.*, 1878, 1891, 4°. [4° **E. 94** F

—— général de l'administration des finances rendu pour les années 1889, 1891. *P.*, 1890-92, 2 vol. 4°. [4° **U. 462** Df

—— général du matériel du département de la marine et des colonies pour 1887. *P.*, 1892, gr. f°. [Fol. **U. 72** D

Compte rendu de la distribution des prix aux élèves de l'école professionnelle de l'imprimerie Chaix. *P.*, 1882, 8°.
[8° **I. 2527** ╋ A

—— des travaux de la Commission de la dette publique d'Égypte. *Le Caire*, 1893, 8°.
[8° **U. 2490** C

—— du deuxième congrès international de sténographie tenu à Paris, du 11 au 17 août 1889. *P.*, 1890, 8°. [8° **I. 2527** C

—— pour le service de la justice. Session de 1891. *P.*, 1892, 4°. [4° **U. 462** E

—— pour le service des cultes. *P.*, 1891, 4°. [4° **U. 462** F

—— sur le recrutement de l'armée pendant les années 1887 et 1890. *P.*, 1888, 1891, 2 vol. 4°. [4° **U. 462** Fc

Comptes généraux présentés par le Ministre de l'intérieur pour l'exercice 1889. *Melun*, 1890, 4°. [4° **U. 462** G

—— généraux présentés par le Ministre de la guerre pour l'exercice 1890. *P.*, 1892, 4°. [4° **U. 462** H

Conférences faites aux matinées classiques du théâtre national de l'Odéon. *P.*, 1889...., . vol. in-18. [8° **O. 1317** B

—— sur la science et l'art industriel. *P.*, 1886-1889, in-18. [8° **I. 2564** D

Congrès international de la protection de l'enfance, pub. par M. Maurice Bonjean. *P.*, 1884-1886, 2 vol. 8°. [8° **I. 2565** A

Conseil supérieur de l'assistance publique. P. (s. d.), 4°. [4° E. 95 B

Conseils à un jeune commissaire de surveillance administrative des chemins de fer. P., 1890, in-18. [8° I. 2566 D

Conseils généraux. Revue des travaux de la session d'avril 1887. P., 1887-18.., . vol. 8°. [8° E. 902 A

Constant (C.). Code général des droits d'auteur sur les œuvres littéraires et artistiques. P., 1888, in-16. [8° E. 906 A

Constantin (Vᵗᵉ de). L'archimandrite Païsi et l'ataman Achinoff; 2ᵉ éd. P., 1891, in-18. [8° U. 2539 C

Contes allemands du temps passé; 3ᵉ éd. P., 1892, in-16. [8° O. 1325 A

—— arabes. Histoire des dix vizirs. (Bakhtiar-Nameh), trad. par René Basset. P., 1883, in-18. [8° O. 1326 A

—— et légendes du Caucase, trad. par J. Mourier. P., 1888, in-16. [8° O. 1326 B

—— populaires de différents pays, par Xavier Marmier. 2ᵉ série. P., 1888, in-16. [8° O. 1327 A

—— populaires, par Félix Arnaudin. P., 1887, in-16. [8° O. 1327 D

Conty (H.-A. de). Collection des Guides-Conty. La Belgique en poche; 5ᵉ éd. P. (s. d.), in-18. [8° U. 2541 A

—— Les bords du Rhin en poche; 3ᵉ éd. P. (s. d.), in-18. [8° U. 2541 Aa

—— Bretagne. Ouest. Îles anglaises; 6ᵉ éd. P. (s. d.), in-18. [8° U. 2541 Ab

—— Côtes de Normandie; 8ᵉ éd. P. (s. d.), in-18. [8° U. 2541 Ac

—— Les environs de Paris. 2ᵉ éd. P. (s. d.), in-18. [8° U. 2541 Ad

—— Le Havre en poche et ses environs. P. (s. d.), in-18. [8° U. 2541 Ae

—— La Hollande circulaire; 4ᵉ éd. P. (s. d.), in-18. [8° U. 2541 Af

—— Londres en poche et ses environs; 4ᵉ éd. P. (s. d.), in-8°. [8° U. 2541 Ag

• —— De Paris à Marseille. P. (s. d.), in-18. [8° U. 2541 Ah

—— Paris à Nice, Monaco-Menton. P. (s. d.), in-18. [8° U. 2541 Ai

—— Une lune de miel à Spa, ou les effets du Pouhon. P. (s. d.), in-18. [8° U. 2543 A

Conty (H.-A. de). La Suisse circulaire. P. (s. d.), in-18. [8° U. 2543 Aa

—— Vichy en poche. P. (s. d.), in-18. [8° U. 2543 Ab

—— Les Vosges en poche; 3ᵉ éd. P. (s. d.), in-18. [8° U. 2543 Ac

Convert (F.). Les entreprises agricoles. Montpellier, 1890, in-16. [8° I. 2566 G

Cook (Capitᵐᵉ), **King** (Lieutᵗ). Le troisième voyage autour du monde, 1776-1780. P. (s. d.), in-18. [8° U. 2543 C

Cooper (F.). L'espion, trad. de La Bédollière; nouv. éd. Limoges (s. d.), 8°. [8° O. 1357 A

—— Les Lions de mer, trad. Defauconpret. Limoges (s. d.), 8°. [8° O. 1357 Aa

—— La prairie, trad. par B. Cram. Limoges, 1881, 8°. [8° O. 1357 Ab

—— Le tueur de daims, trad. La Bédollière; nouv. éd. P., 1886, in-18. [8° O. 1357 Ac

Copin (A.). Talma et la Révolution; 2ᵉ éd. P., 1888, in-18. [8° U. 2546 + A

—— Talma et l'Empire; 2ᵉ éd. P., 1888, in-18. [8° U. 2546 A

Coppée (F.). Œuvres. P. (s. d.), 13 vol. in-12. [8° O. 1357 D

—— Les vrais riches. P. (s. d.), in-16. [8° O. 1360 B

Coquard (A.). De la musique en France depuis Rameau. P., 1891, in-18. [8° I. 2568 C

Coqueugniot (E.). L'avocat des commerçants et des industriels. P., 1892, 8°. [8° E. 909 B

—— L'avocat des propriétaires et locataires; nouv. éd. P. (s. d.), 8°. [8° E. 909 C

Corda (A.). Bibliothèque nationale. Département des imprimés. Catalogue des factums et d'autres documents judiciaires antérieurs à 1790. P., 1890-92, 2 vol. 8°. [8° O. 1362 C

Cordeil (P.). Origines et progrès de la Nouvelle-Calédonie. Nouméa, 1885, 8°. [8° U. 2549 A

Cordemoy (Abbé de). Récit de la conférence du diable avec Luther; 3ᵉ éd. P., 1684, in-12. [8° A. 490 B

Cordemoy (J. de). Travaux maritimes

et construction des ports. *P.*, 1888, 2 vol. 4°. [4° I. 558 + A

Coré (F.). Esquisse historique agricole de la France. *P.*, 1890, in-18. [8° U. 2551 C

Corfield (W.-H.). Les maisons d'habitation, trad. par le Dr P. Jardet. *P.*, 1889, in-16. [8° I. 2570 A

Cormeré (De). Recherches et considérations nouvelles sur les finances. *Londres*, 1789, 2 vol. 8°. [8° U. 2552 D

Corneille. Horace, notes par L. Petit de Julleville. *P.*, 1887, in-16. [8° O. 1394 A

—— Théâtre; nouv. éd., par Félix Hémon. *P.*, 1886-1887, 4 vol. in-18. [8° O. 1394 B

Cornette (C.). L'état civil des Italiens en France. *P.*, 1889, in-16. [8° E. 913 C

—— Guide-manuel de l'officier de l'état civil en matière de divorce; 2° éd. *P.*, 1887, in-18. [8° E. 913 E

Cornevin (Ch.). Des plantes vénéneuses et des empoisonnements qu'elles déterminent. *P.*, 1887, 8°. [8° I. 2575 C

—— Des résidus industriels dans l'alimentation du bétail. *P.*, 1892, 8°. [8° I. 2575 Cb

—— Traité de zootechnie générale. *P.*, 1891, 8°. [8° I. 2575 D

Cornil. Rapport au Sénat sur l'exercice de la médecine. *P.*, 1892, 4°. [4° E. 95 E

Corréard (F.). Hérodote. *P.*, 1892, 8°. [8° O. 1397 B

Correspondance de l'armée française en Égypte, pub. à Londres par E.-T. Simon. *P.*, an VII, 8°. [8° U. 2555 A

—— des beys de Tunis et des consuls de France avec la cour, 1577-1830, par Eugène Plantet. *P.*, 1893, 2 vol. 8°. [8° U. 2555 B

—— des deys d'Alger avec la cour de France, 1579-1833, par Eugène Plantet. *P.*, 1889, 2 vol. 8°. [8° U. 2555 C

Correvon (H.). Les plantes des Alpes. *Genève*, 1885, in-16.]8° I. 2580 A

Corroyer (É.). L'architecture romane; nouv. éd. *P.* (s. d.), 8°. [8° I. 2580 D

Corsin (E.), **Petitcuenot, Martin** (A.). Dictionnaire mathématique des communes de France. *P.*, 1882, in-16. [8° U. 2558 A

Cortambert (R.). Nouvelle histoire des voyages. *P.* (s. d.), 2 vol. 4°. [4° U. 479 B

Corvin (P. de). Le théâtre en Russie. *P.*, 1890, in-18. [8° O. 1397 C

Cosson (É.). Administration communale. *P.*, 1891, 8°. [8° E. 914 C

Costa de Beauregard (Mis). Épilogue d'un règne. *P.*, 1890, 8°. [8° U. 2561 Ca

—— Prologue d'un règne. La jeunesse du roi Charles-Albert. *P.*, 1889, 8°. [8° U. 2561 C

—— Un homme d'autrefois; 5° éd. *P.*, 1886, in-18. [8° U. 2561 Cd

Coste (Ad.). Alcoolisme ou épargne. Le dilemme social. *P.* (s. d.), in-16. [8° I. 2673 + B

—— Les conditions sociales du bonheur et de la force; 3° éd. *P.* 1885, in-18. [8° I. 2673 B

—— De la convention du prête-nom. *P.*, 1891, 8°. [8° E. 914 D

—— Étude d'économie rurale. *Nancy*, 1888, gr. 8°. [4° I. 558 A

—— Étude statistique sur la richesse comparative des départements de la France. *P.*, 1891, 4°. [4° I. 558 B

—— La question monétaire en 1889. *P.*, 1889, 8°. [8° I. 2673 D

Coste (B.), **Boullay** (C.). Précis de droit usuel. *P.*, 1888, in-18. [8° E. 914 E

Coste (H.), **Maniquet** (L.). Traité théorique et pratique des machines à vapeur au point de vue de la distribution; 2° éd. *P.*, 1886, 8° et 1 atlas f°. [8° I. 2764 B
[Fol. I. 47 A

Cotelle (A.). Voyageurs et bagages. *P.*, 1891, in-18. [8° I. 2675 C

Cotteau (E.). En Océanie. Voyage autour du monde en 365 jours. 1884-1885. *P.*, 1888, in-16. [8° U. 2564 A

Coüard-Luys (E.). Jean Pauchet, maître sculpteur à Beauvais au XVII° siècle. *Beauvais*, 1888, 8°. [8° U. 2564 D

—— Notice sur le Christ en croix décorant le maître-autel de l'une des chapelles de l'église de Notre-Dame à Versailles. *Versailles*, 1890, 8°. [8° I. 2675 D

—— Une émeute populaire à Versailles, le 13 septembre 1789. *Versailles*, 1889, 8°. [8° U. 2564 E

Couat (A.). Aristophane et l'ancienne comédie attique. *P.*, 1889, in-18. [8° O. 1408 B

Coubé (S.). Au pays des Castes. *P.*, 1889, in-18. [8° **U. 2565** B

Coubertin (P. de). L'éducation en Angleterre. *P.*, 1888, in-16. [8° **U. 2565** C

Coudert, Cuir. Mémento pratique du certificat d'études primaires; 8° éd. *P.*, 1888, 2 vol. in-12. [8° **I. 2677** A

—— Mémento théorique du certificat d'études primaires. *P.*, 1887, in-12. [8° **I. 2677** B

Coudreau (H.). Chez nos Indiens. *P.*, 1893, 4°. [4° **U. 480** A

—— La France équinoxiale. *P.*, 1886-1887, 3 vol. 8° dont 1 atlas. [8° **U. 2565** D

Cougny (G.). L'art antique. Égypte, Chaldée, Assyrie, Perse, Asie Mineure, Phénicie. *P.*, 1892, 8°. [8° **I. 2679** + A

—— L'art au moyen âge. *P.*, 1894, 8°. [8° **I. 2679** + Aa

—— L'enseignement professionnel des beaux-arts dans les écoles de la ville de Paris. *P.* (s. d.), 8°. [8° **I. 2679** A

—— Promenades au Musée du Louvre. *P.*, 1888, in-16. [8° **I. 2679** Aa

Coulon (Dr H.). Curiosités de l'histoire des remèdes. *Cambrai*, 1892, 8°. [8° **I. 2681** A

Couly (P.). L'exil du Dante, drame. *P.*, 1892, 8°. [8° **O. 1408** D

Coumès (Comt). Aperçus sur la tactique de demain. *P.*, 1892, 8°. [8° **I. 2681** B

Coumoul (J.). De la République en France. *P.*, 1890, in-16. [8° **I. 2681** C

Cour (La) de l'empereur Guillaume. *P.* (s. d.), in-18. [8° **U. 2571** B

Courajod (L.). Histoire du département de la sculpture moderne au musée du Louvre. *P.*, 1894, in-18. [8° **I. 2181** F

Courcy (Mis de). L'Espagne après la paix d'Utrecht. 1713-1715. *P.*, 1891, 8°. [8° **U. 2573** A

Courdaveaux (V.). Comment se sont formés les dogmes. *P.*, 1889, in-18. [8° **A. 490** C

Courgeon (J.-A.). Récits de l'histoire de France. *P.*, 1892, 4 vol. in-18. [8° **U. 2573** D

Courier (P.-L.). OEuvres complètes; nouv. éd. par Armand Carrel. *P.*, 1868, 4°. [4° **O. 230** C

Cournault (C.). Les artistes célèbres. Ligier Richier, statuaire. *P.* (s. d.), 4°. [4° **U. 480** B

Cours (Les) princières d'Europe. *P.* (s. d.), in-18. [8° **U. 2574** A

Cours abrégé d'hippologie. *P.*, 1888, in-16. [8° **I. 2691** A

Courtois (A.). Les banques populaires. *P.*, 1887, 8°. [8° **I. 2696** A

Courtois (Dr E.). Le Tonkin français contemporain. *P.*, 1891, 8°. [8° **U. 2577** C

Cousin (J.). Notice sur un plan de Paris du XVIe siècle. *P.*, 1875, 8°. [8° **U. 2578** B

Cousté (J.). Projet de création d'un musée national du commerce et de l'industrie à Paris. *P.*, 1891, 4°. [4° **I. 561** B

Coutagne (J.-P.-H.). Manuel des expertises médicales en matière criminelle; 2° éd. *Lyon*, 1888, in-16. [8° **I. 2710** A

Coutance (A.). Empoisonneurs, empoisonnés. Venins et poisons. *P.*, 1888, 8°. [8° **I. 2710** B

Coutant (E.-C.). Le collège Chaptal. *P.*, 1889, in-16. [8° **U. 2585** C

Couture (J.). L'éclairage électrique actuel dans différents pays; 2° éd. *P.*, 1890, 8°. [8° **I. 2712** A

Couturier (C.-A.), **Destréguil** (H.). Le code des locations; 2° éd. *Tours*, 1890, in-18. [8° **E. 933** B

Couvreur (E.). Les merveilles du corps humain. *P.*, 1892, in-16. [8° **I. 2712** + B

—— Le microscope. *P.*, 1888, in-16. [8° **I. 2712** B

Couvreux (G.). Code des lois civiques, politiques et municipales. *P.*, 1886, 8°. [8° **E. 933** C

Coyecque (E.). L'Hôtel-Dieu de Paris au moyen âge. *P.*, 1889-1891, 2 vol. 8°. [8° **U. 2591** A

Cozic (H.). La Bourse mise à la portée de tous. *P.* (s. d.), gr. 8°. [4° **I. 561** D

Cozzolino (V.). Hygiène de l'oreille. 2° éd., trad. par le Dr A. Joly. *P.* (s. d.), in-18. [8° **I. 2712** C

Crédit (Le) mutuel et populaire, société anonyme à capital variable. *P.*, 1889, 8°. [8° **I. 2712** D

Crépieux-Jamin (J.). Traité pratique de graphologie. *P.* (s. d.), in-18. [8° **I. 2712** E

Crépon (T.). Code annoté de l'expropriation pour cause d'utilité publique. P., 1885, 8°. [8° **E. 933** E

—— Cour de cassation. P., 1892, 3 vol. 8°. [8° **E. 933** Ec

—— De la négociation des effets publics et autres. P., 1886, 8°. [8° **E. 933** F

Cresson. Usages et règles de la profession d'avocat. P., 1888, 2 vol. 8°. [8° **E. 933** Fd

Creuzer (F.). Religions de l'antiquité, trad. par J.-D. Guigniaut. P., 1825-1851, 3 vol. 8°. [8° **A. 499** C

Crevaux (J.). Voyages dans l'Amérique du Sud (1876-1882), par M. A. Thouar. P. (s. d.), 4°. [4° **U. 480** E

Crèvecœur (R. de). S. John de Crèvecœur. P., 1883, 8°. [8° **U. 2612** C

Crevier. Histoire de l'Université de Paris. P., 1761, 7 vol. in-12. [8° **U. 2612** H

Crinon (J.-L.-F.), **Vasserot.** Le forestier praticien. P., 1852, in-18. [8° **I. 4267** A

Croiset (A.), **Croiset** (M.). Histoire de la littérature grecque. P., 1887-1891, 3 vol. 8°. [8° **O. 1429** C

Croneau (A.). Construction du navire. P. (s. d.), in-16. [8° **I. 2712** Ec

Croos (P. de). Code des tutelles et des conseils de famille. P., 1885, 2 vol. in-18. [8° **E. 933** L

Cros-Mayrevieille (G.). Le droit des pauvres sur les spectacles en Europe. P., 1889, 8°. [8° **E. 935** B

Crozals (J. de). La France. Anthologie géographique. P., 1890, in-18. [8° **U. 2625** Aa

—— Saint-Simon. Grav. P., 1891, 8°. [8° **U. 2625** Ab

Cucheval-Clarigny, Salle (É.), **Rocquigny** (cᵗᵉ de). Les syndicats agricoles et l'assurance. Rapports. P., 1894, 8°. [8° **I. 2718** G

Cudet (F.). Histoire des corps de troupe de la ville de Paris. P., 1887, 4°. [4° **U. 481** C

Cuisine (La) moderne. P., 1893, 8°. [8° **I. 2719** D

Cullerre (Dʳ A.). Les frontières de la folie. P., 1888, in-16. [8° **I. 2720** + A

Culture du chasselas de Fontainebleau. P., 1845, in-18. [8° **I. 4228** A (Manuels Roret.)

Cumberworth. L'anglais tel qu'on le parle. 10ᵉ éd. P., 1889, in-12 oblong. [8° **O. 1432** B

Cummins (Miss). L'allumeur de réverbères. P., 1889, 8°. [8° **O. 1432** C

—— Les cœurs hantés, trad. par Mᵐᵉ de Marche. P., 1886, in-16. [8° **O. 1432** Ca

Cunisset-Carnot. L'avocat de tout le monde. P., 1891, 8°. [8° **E. 936** C

—— Le petit agronome. P. (s. d.), in-18. [8° **I. 2721** C

Curtius (E.). Histoire grecque, trad. sous la direction de A. Bouché-Leclerq. P., 1880-1884, 5 vol. 8°. [8° **U. 2634** A

Curzon (H. de). La maison du Temple de Paris. P., 1888, 8°. [8° **U. 2634** B

Cuvillier-Fleury (A.). Portraits politiques et révolutionnaires; 3ᵉ éd. P., 1889, 2 vol. in-18. [8° **U. 2647** B

Cuyer (É.), **Fau** (Dʳ). Anatomie artistique du corps humain. P., 1886, 8°. [8° **I. 2756** + A

—— Le dessin et la peinture. P., 1893, in-18. [8° **I. 2756** + Ab

—— Éléments d'anatomie des formes. P., 1888, in-16. [8° **I. 2756** + Ad

Cyon (E. de). Études politiques. La Russie contemporaine. P., 1892, in-18. [8° **U. 2647** D

Cyr (J.). Scènes de la vie médicale. P., 1888, in-16. [8° **O. 1437** A

Cyrano de Bergerac. Œuvres diverses. Amsterdam, 1761, 3 vol. in-12. [8° **O. 1437** B

Czartoryski (Pᶜᶜ A.). Mémoires et correspondance avec l'empereur Alexandre Iᵉʳ. P., 1887, 2 vol. 8°. [8° **U. 2647** F

D

Da Costa (G.). Nouvelle méthode d'en-isegnement de la grammaire française. P., 1888-1889, 6 vol. in-12.   [8° **O. 1437** C

Daffry de la Monnoye. Vers le Pôle Nord. En Norvège. Venise. P., 1890, 8°.
[8° **U. 2649** C

Daireaux (E). République Argentine. P., 1889, 8°.   [8° **U. 2650** B

—— La vie sociale et la vie légale des étrangers. P., 1889, 8°.   [8° **U. 2650** C

—— La vie et les mœurs à La Plata. P., 1888, 2 vol. 8°.   [8° **U. 2650** D

Dallet (G.). Manuel pratique d'arpentage et de levé des plans. P. (s. d.), 8°.
[8° **I. 2762** + A

—— Les merveilles du ciel. P., 1888, in-16.   [8° **I. 2762** A

—— La navigation aérienne. P. (s. d.), in-16.   [8° **I. 2762** Aa

Dalligny (A.). Agenda de la curiosité, des artistes et des amateurs. P., 1889, in-16.
[8° **U. 2650** F

Dalloz (É.), **Vergé** (C.), **Janet** (J.). Code civil annoté. P., 1873-1875, 2 vol. 4°.
[4° **E. 114** C

—— **Giboulot** (A.). Code de procédure civile annoté. P., 1876, 4°.   [4° **E. 114** Ca

—— Les codes annotés. Code de commerce. P., 1877-1878, 4°.   [4° **E. 114** Cb

—— Code des lois politiques et administra-tives. P., 1887-1893, 4 vol. 4°.
[4° **E. 114** Cc

—— Code forestier. P.,1884, 4°.
[4° **E. 144** Cd

—— Les codes annotés. Code pénal. P., 1881-1886, 4°.   [4° **É. 114** Ce

—— Jurisprudence générale. Supplément. P., 1888-18.., .vol. 4°.   [4° **E. 161**

Dalton (J.-C.). Physiologie et hygiène des écoles. P. (s. d.), in-18.   [8° **I. 2764**+A

Dampierre (Mᵐᵉ **de**). Discours à l'ouver-ture de la 21ᵉ session annuelle de la Société des agriculteurs. P., 1890, 8°.
[8° **I. 2766** C

Dan (P.). Le Trésor des merveilles de la maison royale de Fontainebleau. P., 1642, fol.   [Fol. **U. 78**

Dancourt. La maison de campagne. Nouv. éd. P. (s. d.), in-18.   [8° **O. 1437** D

Daniel (Le P. G.). Abrégé de l'histoire de-la Milice françoise. P., 1773, 2 vol. in-12.
[8° **U. 2668** + A

Dans l'attente de la guerre; trad. de Serge Nossoff. P., 1887, in-16.   [8° **U. 2668** A

Darchez (V.). Nouveaux exercices de des-sin à main levée. P., 1888, 4°.
[4° **I. 585** D

Daremberg (G.). Traitement de la phtisie pulmonaire. P., 1892, 2 vol. in-16.
[8° **I. 2769** D

Dargenty (G.). Les artistes célèbres. An-toine Watteau. P. (s. d.), 4°. [4° **U. 504** A

Darimon (A.). L'agonie de l'empire. Nouv. éd. P., 1891, in-18.   [8° **U. 2681** C

—— Histoire d'un jour : 12 juillet 1870. P., 1888, in-18.   [8° **U. 2681** Ca

—— Histoire d'un parti. Les irréconci-liables sous l'Empire. P., 1888, in-18.
[8° **U. 2681** Cb

—— Histoire d'un parti. Les Cent seize et le ministère du 2 janvier (1869-1870). [2ᵉ éd.]. P., 1889, in-18. [8° **U. 2681** Cc

—— Notes pour servir à l'histoire de la guerre de 1870; 2ᵉ éd. P., 1888, in-18.
[8° **U. 2681** Cd

Darmesteter (A.). Reliques scientifiques, recueillies par son frère. P., 1890, 2 vol. 8°.
[8° **O. 1444** + A

—— Traité de la formation des mots com-posés dans la langue française; 2ᵉ éd. P., 1894, 8°.   [8° **O. 1444** + Ab

—— La vie des mots étudiée dans leurs significations; 3ᵉ éd. P., 1889, in-18.
[8° **O. 1444** A

Darmesteter (J.). Les prophètes d'Israël. P., 1892, 8°.   [8° **U. 2681** G

Darwin (C.). Les récifs de corail, trad. par L. Cosserat. P., 1878, 8°.   [8° **I. 2778** A

Dary (G.). L'électricité dans la nature. Figures. P., 1892, in-16.   [8° **I. 2779** C

—— La navigation électrique. 2ᵉ éd. P., 1883, in-16.   [8° **I. 2781** A

Daryl (P.). La vie partout. A Londres. P., 1887, in-18.   [8° **U. 2693** ++ A

Daryl (P.). Les Anglais en Irlande. 2ᵉ éd. P. (s. d.), in-18. [8° **U. 2693** + A

Da Silva (S.). Le portugais tel qu'on le parle. P., 1877, in-12, oblong. [8° **O. 1444** + B

Daubrée (A.). Les eaux souterraines. P., 1887, 3 vol. 8°. [8° **I. 2782** ++ A

—— Les régions invisibles du globe et des espaces célestes. P., 1888, 8°. [8° **I. 2782** + A

Daudet (E.). Célébrités contemporaines. Le duc d'Aumale. P., 1883, in-16. [8° **U. 2696** A

—— Le duc de Broglie. P., 1883, in-16. [8° **U. 2696** Aa

—— Le maréchal de Mac-Mahon. P., 1883, in-16. [8° **U. 2696** Ab

—— Le comte de Paris. P. (s. d.), in-16. [8° **U. 2696** Ac

—— Jules Simon. P., 1883, in-16. [8° **U. 2696** Ad

—— Histoire de l'émigration. P. (s. d.), 8°. [8° **U. 2697** A

—— Coblentz. 1789-1793. P. (s. d.), 8°. [8° **U. 2697** Aa

—— Les émigrés et la seconde coalition. 1797-1800. P. (s. d.), 8°. [8° **U. 2697** Ab

—— Histoire diplomatique de l'alliance franco-russe (1873-1893). 3ᵉ éd. P., 1894, 8°. [8° **U. 2698** B

Dautreville (E.), **Clément** (E.). Dictionnaire cynologique. Corbeil, 1887, in-18. [8° **I. 2785** C

Davanne (A.). La photographie. P., 1886-88, 2 vol. 8°. [8° **I. 2786** A

David (Dʳ Th.). Les microbes de la bouche, précédé d'une lettre-préface de M. L. Pasteur. P., 1890, 8°. [8° **I. 2786** D

David d'Angers. Relations littéraires. Correspondance. P., 1890, 8°. [8° **O. 1444** Cd

David de Penanrun. Les architectes et leurs rapports avec les propriétaires. P., 1892, 8°. [8° **E. 944** C

David-Sauvageot (A.). Le réalisme et le naturalisme. P., 1890, in-16. [8° **O. 1444** C

Davin (A.). 50,000 milles dans l'Océan Pacifique. P., 1886, in-16. [8° **U. 2706** B

Davin (A.). Noirs et jaunes. P., 1888, in-16. [8° **U. 2706** D

Davons (A.). Voyage de l'Empereur en Normandie et en Bretagne. 2ᵉ éd. P., août 1858, 4°. [4° **U. 504** B

Dayot (A.). Raffet et son œuvre. P. (s. d.), 4°. [4° **I. 587** + A

De l'instruction tactique des officiers, par P. G. P., 1894, 8°. [8° **I. 2787** C

Debans (C.). Les coulisses de l'Exposition. P., 1889, in-18. [8° **U. 2706** G

Debauve (A.). Stephenson. P., 1883, in-16. [8° **U. 2706** J

Debidour (A.). Histoire diplomatique de l'Europe (1814-1878). P., 1891, 2 vol. 8°. [8° **U. 2707** C

Debierre (Ch.). Traité élémentaire d'anatomie de l'homme. P., 1890, 2 vol. 8°. [8° **I. 2790** C

Debove (G.-M.), **Rémond** (de Metz). Lavage de l'estomac. P., 1892, in-16. [8° **I. 2790** F

—— **Courtois-Suffit.** Traitement des pleurésies purulentes. P., 1892, in-16. [8° **I. 2790** G

—— **Renault** (J.). Ulcère de l'estomac. P., 1892, in-16. [8° **I. 2790** Ga

Décadent (Le), revue littéraire. P., 1887-1889, 8°. [8° **O. 1499** C

Decès (Dʳ J.-B.-L.). Science et vérité; 2ᵉ éd. P., 1883, in-18. [8° **I. 2796** Bd

Dechambre (A.), **Duval** (M.), **Lereboullet** (L.). Dictionnaire usuel des sciences médicales. P., 1885, 4°. [4° **I. 587** A

Decharme (P.). Euripide et l'esprit de son théâtre. P., 1893, 8°. [8° **O. 1499** E

Dechaux (P.-M.). Les quatre points cardinaux de la médecine. P., 1891, in-16. [8° **I. 2796** B

Déchérac (L.). Manuel pratique du contribuable; 3ᵉ éd. P., 1889, in-16. [8° **E. 945** + A

Deck (Th.). La faïence. P. (1887), 8°. [8° **I. 2796** C

Déclat (Dʳ). Manuel de médecine antiseptique. P., 1890, in-18. [8° **I. 2796** D

Décret du 2 août 1881 relatif à l'organisation des écoles… maternelles. P., 1886, 8°. [8° **E. 945** A

—— du 14 janvier 1889 portant règlement sur l'administration et la comptabilité des corps de troupe. *P.*, 1889, 8°. [8° **E. 945** C

Decrue de Stoutz (F.). La cour de France et la société au xvı° siècle. *P.*, 1888, in-18. [8° **U. 2708** C

Défense (La) du Var et le passage des Alpes, publ. par C. Auriol. *P.*, 1889, in-18. [8° **U. 2708** E

—— (La) nationale dans le Nord, de 1792 à 1802, publ. par P. Foucart et J. Finot. T. I. *Lille*, 1890, 4°. [4° **U. 504** C

Deffis (Général). Rapport au sujet du recrutement. *P.*, 1888, 2 vol. 4°. [4° **U. 504** D

Dejonc (E.). La mécanique pratique à la portée de l'ouvrier mécanicien; 2° éd. *P.*, 1885, in-16. [8° **I. 2814** A

Delaborde (Vte H.). Les artistes célèbres. Gérard Edelinck. *P.* (s. d.), 4°. [4° **U. 504** E

Delaborde (H.-F.). L'expédition de Charles VIII en Italie. *P.*, 1888, 4°. [4° **U. 504** F

Delabrousse (L.). Célébrités contemporaines. Jules Grévy. *P.*, 1882, in-16. [8° **U. 2708** G

Delacroix (E.). Lettres publ. par P. Burty. T. II (1848-1863). *P.*, 1880, in-18. [8° **O. 1499** G

Delafosse (J.). Hommes et choses. *P.*, 1888, in-18. [8° **U. 2708** K

Delahaye (L.). Crimée. (Poésies.) *Abbeville*, 1856-1859, in-18. [8° **O. 1501** A

Delahaye (O.). Les bureaux de poste ambulants. *P.*, 1889, 8°. [8° **I. 2818** B

Delahaye (Ph.). L'année électrique. *P.*, 1885-1890, 6 vol. in-18. [8° **I. 2818** D

—— L'industrie moderne. L'éclairage. *P.* (1887), 8°. [8° **I. 2818** E

Delalande (Ed.). Étude théorique et pratique sur la loi Béranger. *Havre*, 1893, 8°. [8° **E. 951** D

Delaplace (E.). Culture des fleurs dans les appartements. *P.* (s. d.), in-18. [8° **I. 2822** C

Delatour (A.). L'impôt. *P.*, 1890, in-16. [8° **I. 2824** C

Delavigne (C.). OEuvres complètes; nouv. éd. *P.*, 1880, 4 vol. 8°. [8° **O. 1501** D

Delaville Le Roulx (J.). La France en Orient au xıv° siècle. *P.*, 1886, 2 vol. 8°. [8° **U. 2709** B

Delbos (L.). Les deux rivales, l'Angleterre et la France. *P.*, 1890, in-18. [8° **U. 2709** E

Delcourt (P.). Ce qu'on mange à Paris. *P.* (s. d.), in-18. [8° **I. 2827** A

Deldevez (E.-M.-E.). De l'exécution d'ensemble. *P.*, 1888, 8°. [8° **I. 2827** B

Delerot (E.). Gœthe. *P.*, 1882, in-16. [8° **U. 2710** + A

Delille. Les jardins; 2° éd. *P.*, 1782, 8°. [8° **O. 1506** A

Delinotte (L.-P.). Dictionnaire pratique des synonymes français. *P.* (s. d.), in-12. [8° **O. 1506** B

Delisle (L.). Inventaire des mss. de la Bibliothèque nationale. Fonds de Cluni. *P.*, 1884, 8°. [8° **O. 1506** C

—— Inventaire général et méthodique des mss. français de la Bibliothèque nationale. *P.*, 1876, 2 vol. 8°. [8° **O. 1506** Ca

Delivet (E.-E.). Lettre à la Société des employés de commerce du Havre. *Havre*, 1890, 8°. [8° **I. 2833** A

—— Une expérience mutuelliste d'enseignement professionnel au Havre. *Havre*, 1890, 8°. [8° **I. 2833** Ac

Delmas (G.), **Sotte** (L.). Album du taillandier et du forgeron. *Souillac*, 1889, in-18. [8° **I. 2833** B

Delmas (Dr P.). Manuel d'hydrothérapie. *P.*, 1885, in-18. [8° **I. 2833** C

Deloison (G.). Traité des valeurs mobilières françaises et étrangères et des opérations de Bourse. *P.*, 1890, 8°. [8° **I. 2833** F

Delombre (P.). Le projet de budget de l'exercice 1892 et les conventions de 1883. *P.*, 1891, 8°. [8° **U. 2712** C

Delon (C.). La grammaire française d'après l'histoire. *P.*, 1888, in-16. [8° **O. 1506** D

Delorme (A.). Journal d'un sous-officier. 1870. *P.*, 1891, in-16. [8° **U. 2718** C

Delorme (R.). Le Musée de la Comédie française. *P.*, 1878, 8°. [4° **I. 596** D

Delorme (S.). Le prince Halil. *P.* (s. d.), 4°. [4° **O 239** D

Delthil (D^r). Traité de la diphtérie. *P.*, 1891, 8°.   [8° I. 2837 D

Deltour (F.). Histoire de la littérature romaine (1re partie). *P.*, 1887, in-18.
          [8° O. 1507 A

—— *P.*, 1889, in-18.   [8° O. 1507 Aa

Demanche (G.). Au Canada et chez les Peaux-Rouges. *P.*, 1890, 8°.
          [8° U. 2720 C

Demanet (A.). Guide pratique du constructeur. Maçonnerie. *P.* (s. d.), in-18.
          [8° I. 2839 A

Demarteau (S.). Le roman des proverbes en action. *P.* (s. d.), 2 vol. in-18.
          [8° O. 1507 B

Demay (E.). Recueil des lois sur la chasse en Europe et dans les principaux pays d'Amérique, d'Afrique et d'Asie. *P.*, 1894, 8°.
          [8° E. 972 C

Demengeot (C.). Dictionnaire du chiffre-monogramme. *P.*, 1881, f°.   [Fol. I. 52 A

Demeny (G.). L'éducation physique en Suède. *P.*, 1892, in-18.   [8° I. 2839 C

Demoulin (Mme G.). Ampère. *P.*, 1881, in-18.   [8° U. 2720 F

—— Leçons de choses. *P.*, 1881, in-16.
          [8° I. 2842 C

—— Montyon. *P.*, 1884, in-18.
          [8° U. 2720 Fa

—— Oberlin. *P.*, 1884, in-18.
          [8° U. 2720 Fb

—— Philippe de Girard. *P.*, 1884, in-18.   [8° U. 2720 Fc

Demoulin (M.). Les paquebots à grande vitesse et les navires à vapeur. *P.*, 1887, in-16.   [8° I. 2842 A

Deneuve (G.-H.). Les pigeons voyageurs. *P.*, 1888, in-18.   [8° I. 2842 Aa

Denfer (J.). Architecture et constructions civiles. *P.*, 1892, 8°.   [8° I. 2842 F

Denis (E.). Fin de l'indépendance bohème. *P.*, 1890, 8°.   [8° U. 2721 C

Denis de Lagarde (G.), **Godfernaux** (A.). Conseil d'État. *P.*, 1890, in-16.
          [8° É. 1009 C

Denoisel (M.). Aux mines d'or de Montézuma. *P.* (s. d.), 8°.   [8° U. 2722 ++ A

Dénombrement de la population. 1891. *P.*, 1892, 8°.   [8° U. 2722 + A

Deny (Ed.). Études sur la fonderie. *P.*, 1886, 8°.   [8° I. 2843 A

Département de la Seine. Budgets annuels. *P.*, 1871-1884, 4°.   [4° U. 510 A

Depasse (H.). Célébrités contemporaines Paul Bert. *P.*, 1883, in-16. [8° U. 2722 A

—— Carnot. *P.*, 1885, in-18.
          [8° U. 2722 A + a

—— Challemel-Lacour. *P.*, 1883, in-16.
          [8° U. 2722 Aa

—— De Freycinet. *P.*, 1883, in-16.
          [8° U. 2722 Ab

—— Léon Gambetta. *P.* (s. d.), in-16.
          [8° U. 2722 Ac

—— Henri Martin. *P.*, 1883, in-16.
          [8° U. 2722 Ad

—— Ranc. *P.*, 1883, in-16.
          [8° U. 2722 Ae

—— Spuller. *P.*, 1883, in-16.
          [8° U. 2722 Af

Depelchin (P.). Promenades historiques chez les Anglais. *Tours*, 1881, 8°.
          [8° U. 2722 E

Derenbourg (H.), **Spiro** (J.). Chrestomathie élémentaire de l'arabe littéral; 2e éd. *P.*, 1892, in-16.   [8° O. 1525 C

Derisoud (Em.), **Falcou** (R.). Guide du télégraphiste en campagne. *P.*, 1891, in-16.   [8° I. 2848 C

Déroulède (P.). Chants patriotiques. *P.*, 1883, in-18.   [8° O. 1526 A

Dérué (Comm^t). L'escrime dans l'armée. *P.* (s. d.), 8°.   [8° I. 2849 D

—— Nouvelle méthode d'escrime à cheval. *P.*, 1885, 8°.   [8° I. 2849 Da

Desbeaux (É.). Physique populaire. *P.*, 1891, 4°.   [4° I. 598 C

Descartes. Les principes de la philosophie, par L. Liard. *P.*, 1885, in-18.
          [8° I. 2851 + A

Deschamps (G.). La Grèce d'aujourd'hui. *P.*, 1892, in-18.   [8° U. 2734 ++ A

Deschamps (Léon). Histoire de la question coloniale en France. *P.*, 1891, 8°.
          [8° U. 2734 + A

Deschamps (Louis). Le coton. *P.* (1888), 8°.   [8° I. 2851 A

—— La philosophie de l'écriture. *P.*, 1892, 8°.   [8° I. 2851 B

3.

Deschamps (T.), **Serpantié**. Biographie de E. de Mirecourt; 2ᵉ éd. P., 1855, in-16. [8° U. 2734 A

———— 3ᵉ éd., 1857. [8° U. 2734 Aa

Deschanel (É.). Le romantisme des classiques, 4ᵉ série. Boileau, Charles Perrault. P., 1888, in-18. [8° O. 1535 A

Deschanel (P.). Discours prononcés à la Chambre des députés. P. (s. d.), in-18. [8° I. 2851 D

———— Figures de femmes. P., 1889, in-18. [8° U. 2735 B

———— Figures littéraires. P., 1889, in-18. [8° O. 1535 C

———— Les intérêts français dans l'Océan Pacifique. P., 1888, in-16. [8° U. 2735 Ba

———— Orateurs et hommes d'État. P., 1888, in-18. [8° U. 2735 Bb

Deschaumes (E.). La France moderne. Journal d'un lycéen (1870-1871). P., 1890, 4°. [4° U. 510 Ac

———— La retraite infernale, armée de la Loire (1870-1871). P., 1889, gr. 8°. [4° U. 510 B

———— Pour bien voir Paris. P., 1891, in-18. [8° U. 2737 C

Desclozeaux. Gabrielle d'Estrées. P., 1889, 8°. [8° U. 2737 G

Description des phares existant sur le littoral maritime du globe. P., 1884, in-18. [8° U. 2763 ++ A

Descubes (A.). Nouveau dictionnaire d'histoire et de géographie. P., 1889, 2 vol. et 1 atlas 4°. [4° U. 510 C

Des Essarts (E.). Portraits de maîtres. P., 1888, in-16. [8° U. 2763 + A

Desfossés (E.). La Tunisie sous le protectorat. P., 1886, 8°. [8° U. 2763 A

Desgrand (L.). Les principes chrétiens. Lyon, 1887, 8°. [8° I. 2855 A

Desjardins (A.). De la liberté politique dans l'État moderne. P., 1894, 8°. [8° I. 2855 D

Desmaze (C.). Le Châtelet de Paris. P., 1863, 8°. [8° U. 2766 + A

———— Les criminels et leurs grâces. P., 1888, in-18. [8° U. 2766 A

Desnoiresterres (G.). Le chevalier Dorat et les poètes légers au xviiiᵉ siècle. P., 1887, in-16. [8° U. 2769 C

Desnoyers (L.). Les mésaventures de Jean-Paul Choppart. 8ᵉ éd. P. (s. d.), in-18. [8° O. 1535 D

Desormeaux (P.), **Ott** (H.), **Maigne** (W.). Manuel du tonnelier et du jaugeage; nouv. éd. P., 1875, in-18. [8° I. 4382 A

———— **Darthuy** (E.). Manuel du treillageur. P., 1881, 2 vol. in-18. (Manuels Roret.) [8° I. 4387 A

Desormes (E.). Notions de typographie. P., 1888, 8°. [8° I. 2856 + A

Despetis (Dʳ L.-P.). Traité pratique de la culture des vignes américaines; 2ᵉ éd. Montpellier, P., 1887, in-18. [8° I. 2856 A

Desprez (A.). Les grands conquérants. P., 1887, in-16. [8° U. 2794 A

Desrues (A.). Traité des justices de paix. P., 1885, in-18. [8° E. 1023 B

Destréguil (H.). Contributions directes. Tours, 1889, in-18. [8° E. 1023 D

Desvoyes. Obligations de la gendarmerie à l'égard de l'armée; 2ᵉ éd. P., 1885, in-18. [8° E. 1023 Fa

Dethan (G.). De l'organisation des Conseils généraux. P., 1889, 8°. [8° E. 1023 H

Détroyat (L.). La France dans l'Indo-Chine. P., 1886, in-18. [8° U. 2797 C

Deutsch (H.). Le pétrole et ses applications. P. (s. d.), 8°. [8° I. 2859 D

Deville (V.). Manuel de géographie commerciale. P., 1883, 2 vol. 8°. [8° U. 2799 D

Devillez (A.). Éléments de constructions civiles. P., 1882, 2 vol. 8° dont un atlas. [8° I. 2866 A

Dezallier d'Argenville (A.-J.). Abrégé de la vie des plus fameux peintres. P., 1745, 2 vol. 4°. [4° U. 516 G

Dhombres (G.). La Révolution française (1789-1804). P., 1883, in-16. [8° U. 2812 C

Dickens (Ch.). Aventures de Monsieur Pickwick. P., 1885, 8°. [8° O. 1549 A

———— Le mystère d'Edwin Drood, trad. par C. Bernard-Derosne. P., 1880, in-16. [8° O. 1552 A

———— Nicolas Nickleby. P. (s. d.), 4°. [4° O. 239 F

Dictionnaire archéologique de la Gaule. P., 1875, fᵒ. [Fol. U. 100 C

Dictionnaire biographique universel. *P.*, 1840, 25 tomes en 13 vol. in-18.
[8° **U. 2822 A**

——— (Nouveau) d'économie politique. *P.*, 1891-1892, 2 vol. gr. 8°. [4° **I. 606 D**

——— de pédagogie. *P.*, 1882-1887, 4 vol. 8°. [8° **I. 2889 A**

——— des dictionnaires. *P.* (s. d.), 6 vol. 4°.
[4° **O. 267 A**

——— des ennoblissemens. *P.*, 1788, 8°.
[8° **U. 2822 B**

——— des finances. *P.*, 1883-188.. vol. 4°.
[4° **I. 612 A**

——— des lois. *P.* (1891), 2 vol. 4°.
[4° **E. 162 C**

——— des parlementaires français. *P.*, 1891, 5 vol. 8°. [8° **U. 2822 C**

——— des sciences anthropologiques. *P.* (1889), gr. 8°. [4° **I. 612 C**

——— encyclopédique de la théologie catholique. *P.*, 1869-1870, 26 vol. 8°.
[8° **A. 511 C**

——— français-berbère. *P.*, 1844, gr. 8°.
[4° **O. 268 C**

——— militaire en quatre langues : français, russe, turc et persan. *Saint-Pétersbourg*, 1889, 8°. [8° **I. 2970 B**

——— (Nouveau) militaire. *P.*, 1892, 8°.
[8° **I. 2970 C**

Dictionnaires (Les) départementaux. *P.*, 1893, 8°. [8° **U. 2823 B**

Dide (A.). Jules Barni; 2° éd. *P.*, 1892, in-18. [8° **U. 2823 C**

Didon (Le P.). Jésus-Christ. *P.*, 1891, 2 vol. 8°. [8° **U. 2824 A**

Didsbury (H.). Hygiène; tartre dentaire. *P.*, 1885, 8°. [8° **I. 2990 D**

Dierx (L.). Poésies complètes. *P.*, 1889-1890, 2 vol. in-16. [8° **O. 1569 C**

Dietz (H.). Les littératures étrangères. *P.* (s. d.), 2 vol. in-18. [8° **O. 1569 E**

Dieulafoy (Mme Jane). A Suse. Journal. *P.*, 1888, f°. [Fol. **U. 100 D**

——— La Perse, la Chaldée et la Susiane. 1881-1882. A Suse. Journal des fouilles (1884-1886). *P.* (s. d.), 4°. [4° **U. 535 C**

Diguet (C.). L'armée cynégétique. *P.*, 1886, in-18. [8° **I. 2991 B**

——— Les jolies femmes de Paris. *P.* (s. d.), 4°. [4° **I. 617 + A**

Dillaye (F.). La théorie, la pratique et l'art en photographie. *P.* (s. d.), 8°.
[8° **I. 2992 C**

——— La vie aux quatre coins du globe. Les millions du marsouin. *P.* (s. d.), in-18.
[8° **O. 1572 C**

Dislère (P.), **Dalmas**, **Devillers**. Traité de législation coloniale. *P.*, 1886-1888, 4 vol. 8°. [8° **E. 1040 B**

Documents inédits sur l'histoire de France. *P.*, 1836-1892, 206 vol. 4°. [4° **U 535 E**

——— militaires du lieutenant-général de Campredon. La défense du Var et le passage des Alpes. *P.*, 1889, in-18. [8° **U. 2827 C**

——— parisiens sur l'iconographie de saint Louis, publ. par Longnon. *P.*, 1882, 8°.
[8° **U. 2827 E**

——— sur les falsifications des matières alimentaires; 2° rapport. *P.* (1883), 4°.
[4° **I. 617 B**

Dollo (L.). La vie au sein des mers. *P.*, 1891, in-16. [8° **I. 2994 B**

Domergue (J.). La révolution économique. *P.*, 1890, 8°. [8° **I. 2994 C**

Doncieux (G.). Un jésuite homme de lettres au XVII° siècle; le P. Bonhours. *P.*, 1886, 8°. [8° **U. 2833 C**

Donnadieu (F.). Les précurseurs des Félibres. 1800-1855. *P.*, 1888, 8°.
[8° **O. 1579 A**

Donné (Al.). Conseils aux mères sur les nouveau-nés; 7° éd. *P.* (s. d.), in-18.
[8° **I. 2994 E**

Donville (F. de). Guide pour le choix d'une profession. *P.* (s. d.), in-18.
[8° **I. 2994 H**

Doris, trad. par E. Dian. *P.*, 1887, 2 vol. in-16. [8° **O. 1579 B**

Dorvault. L'officine; 11° éd. *P.*, 1886, 8°.
[8° **I. 2997 A**

Dostoïevsky (Th.). Les étapes de la folie, trad. par E. Halperine-Kaminsky. *P.*, 1892, in-16. [8° **O. 1579 Da**

Douarche (A.). L'Université de Paris et les Jésuites. *P.*, 1888, 8°. [8° **U. 2834 A**

Douin (I.). Nouvelle flore des mousses et des hépatiques. *P.* (s. d.), in-18.
[8° **I. 2997 C**

Doumenjou (H.). Études sur la revision du code forestier. *P.*, 1883, in-16.
[8° **E. 1040 D**

Dovérine-Tchernoff (A.). L'esprit national russe sous Alexandre III. P., 1890, in-18. [8° **U. 2841** B

—— France et Russie. P. (s. d.), in-18. [8° **U. 2841** C

Drevet (Mme L.). Nouvelles et légendes dauphinoises. VIII. *Grenoble*, 1876, 8°. [8° **O. 1581** A

Dreyfous (M.). Les trois Carnot (1789-1888). P. (s. d.), gr. 8°. [4° **U. 536** B

Dreyfus (F.-C.). L'évolution des mondes et des sociétés. P., 1888, 8°. [8° **I. 3000** B

Dreyfus (F.). Vauban économiste. P. (s. d.), in-16. [8° **U. 2850** C

Dreyfus-Brisac (L.), **Bruhl** (I.). Phtisie aiguë. P., 1892, in-16. [8° **I. 3000** C

Droit (Le) social de l'Église. P., 1892, 8°. [8° **E. 1042** C

Dronsart (Mme M.). Le prince de Bismarck. P., 1887, in-18. [8° **U. 2856** B

—— Portraits d'outre-Manche. P., 1889, in-18. [8° **U. 2856** D

Drouet (H.). Alger et le Sahel. P., 1887, in-18. [8° **U. 2856** G

Drujon (F.). Essai bibliographique sur la destruction volontaire des livres ou bibliolytie. P., 1889, 4°. [4° **O. 271** B

—— Les livres à clef. P., 1888, 2 vol. 8°. [8° **O. 1581** B

Drumont (É.). La dernière bataille. P., 1890, in-18. [8° **U. 2859** C

—— Les fêtes nationales à Paris. P., 1879, f°. [Fol. **U. 101** A

—— La fin d'un monde. P., 1889, in-18. [8° **U. 2859** Ca

—— La France juive devant l'opinion. P., 1886, in-16. [8° **U. 2859** Cc

—— Le testament d'un antisémite. P., 1891, in-18. [8° **U. 2859** Cd

Dubarry (A.). Les tueurs de serpents. P. (s. d.), gr. 8°. [4° **O. 271** E

Dubief (A.), **Gottofrey** (V.). Code ecclésiastique à l'usage des conseils de fabrique. P., 1888, in-18. [8° **E. 1045** A

Dubief (E.). L'abbé de l'Épée et l'éducation des sourds-muets. P. (s. d.), in-18. [8° **U. 2862** B

—— Le journalisme. P., 1892, in-16. [8° **I. 3004** + B

Dubief (L.-F.). L'immense trésor des vignerons et des marchands de vins. P. (s. d.), in-18. [8° **I. 3004** B

Dubief (Dr H.). Manuel pratique de microbiologie. P., 1888, in-18. [8° **I. 3005** A

Du Bled (V.). Orateurs et tribuns. 1789-1794. P., 1891, in-18. [8° **U. 2862** C

—— Le prince de Ligne et ses contemporains. P., 1890, 8°. [8° **U. 2862** Ca

Dubois (A.). Du bénéfice de l'assurance sur la vie. P., 1887, in-18. [8° **I. 3006** A

Dubois (É.). Technologie commerciale. Les produits naturels commerçables. Produits animaux. P., 1889, in-18. [8° **I. 3006** B

—— Les produits végétaux alimentaires. P., 1892, in-18. [8° **I. 3006** Ba

Dubois (Dr J.-B.). Dictionnaire des maladies; 16° éd. P., 1893, in-16. [8° **I. 3006** C

Dubois (M.). Examen de la géographie de Strabon. P., 1891, 8°. [8° **U. 2864** A

—— Géographie de la France et de ses colonies. P., 1892, in-16. [8° **U. 2864** Ab

—— Géographie économique de l'Europe. P. (1889), in-16. [8° **U. 2864** B

Dubois (N.-A.). Manuels Roret. Manuel de mythologie. P. (s. d.), in-18. [8° **I. 4327** A

Dubois (U.). La cuisine d'aujourd'hui. P., 1889, 8°. [8° **I. 3017** B

Dubois de Saint-Gelais. Histoire journalière de Paris (1716-1717). P., 1885, 8°. [8° **U. 2865** B

Du Breuil (A.). Culture des arbres et arbrisseaux à fruits de table. P. (s. d.), in-18. [8° **I. 3022** B

Dubrisay (Dr J.), **Yvon** (P.). Manuel d'hygiène scolaire. P., 1887, in-18. [8° **I. 3023** A

Dubuisson. Armorial des principales maisons et familles du royaume. P., 1757, 2 vol. in-12. [8° **U. 2865** C

Dubuisson-Aubenay. Journal des guerres civiles, 1648-1652, pub. par Gustave Saige. P., 1883-1885, 2 vol. 8°. [8° **U. 2865** D

Du Camp (M.). Les grands écrivains français. Théophile Gautier. P., 1890, in-16. [8° **U. 2870** C

—— Paris bienfaisant. P., 1888, 8°. [8° **U. 2878** A

Du Cange. Histoire de l'empire de Constantinople sous les empereurs françois. *P.*, 1657, f°.					[Fol. **U. 103 D**

Ducasse (M.). Précis de pharmacie vétérinaire pratique. *P.*, 1893, in-18.					[8° **I. 3026 C**

Du Castel (Dr R.). Les tuberculoses cutanées. *P.* (s. d.), in-16.					[8° **I. 3026 D**

Du Cellier (C.). Ma cave. *P.* (s. d.), in-18.					[8° **I. 3027 C**

Du Cerceau. Histoire de Rienzi. *Limoges* (s. d.), 8°.					[8° **U. 2884 B**

Du Chastel (O.). Regain d'amour. *P.*, 1892, in-16.					[8° **O. 1584 C**

Du Chastelet Desboys. L'Odyssée ou diversité d'avantures, rencontres et voyages en Europe, Asie et Affrique. *La Flèche*, 1665, 4°.					[8° **U. 2884 E**

Duché (G.), **Marinovitch** (B.), **Meylan** (E.), **Szarvady** (G.). Aide-mémoire de l'ingénieur-électricien. 2e éd. *P.*, 1890, in-16.					[8° **I. 3029 C**

Duchesne aîné. Essai sur les nielles. *P.*, 1826, 8°.					[8° **I. 3029 F**

Duchesne (Louis). Carte des environs de Paris. État-major 1/80,000. Les routes vélocipédiques. 3e éd. *P.* (s. d.), in-fol. pliée 8°.					[8° **U. 2884 H.**

Duchier (C. et A.). La loi pour tous. *P.* (s. d.), in-18.					[8° **E. 1049 C**

Ducoudray (G.). Histoire sommaire de la civilisation. *P.*, 1886, in-16.					[8° **U. 2885 + A**

Ducret (L.). L'exploitation des téléphones. *P.*, 1888, in-18.					[8° **I. 3034 ++ A**

—— Rapport présenté à M. le Ministre du commerce et de l'industrie, sur la participation des ouvriers à l'Exposition de 1889. *P.*, 1887, in-18.					[8° **I. 3034 + A**

Ducrocq (Th.). Association française pour l'avancement des sciences. Congrès de Blois. 1884. *P.* (s. d.), 8°.					[8° **E. 1049 E**

—— La chambre de commerce de Marseille, par M. O. Teissier. *P.*, 1893, 8°.					[8° **U. 2885 + Ad**

—— Réponse à la question : «La profession d'avocat est-elle constituée en France en conformité des principes de l'économie politique?» *P.*, 1887, 8°.					[8° **I. 3034 A**

—— Statistique des libéralités aux personnes morales. *Nancy*, 1890, gr. 8°.					[4° **E. 163 C**

Dufaux de La Jonchère (Erm.). Le travail manuel. Traité pratique de la broderie et de la tapisserie. *P.* (s. d), 8°.					[8° **I. 3034 D**

Dufferin (Mme de). Quatre ans aux Indes anglaises, 1884-1888, trad. par Robert de Cerisy; 2e éd. *P.*, 1890, 2 vol. in-18.					[8° **U. 2886 B**

Dufour (L.). Souvenirs d'un savant français, 1780-1865. *P.*, 1888, 8°.					[8° **U. 2887 + A**

Dufourmantelle (M.). Code manuel de droit industriel. I. 2e éd. *P.*, 1893, in-18.					[8° **E. 1059 + A**

Dufréné (H.). Les droits des inventeurs en France et à l'étranger. *P.* (s. d.), in-18.					[8° **I. 3039 A**

Du Fresne de Beaucourt (G.). Histoire de Charles VII. *P.*, 1881-1885, 3 vol. 8°.					[8° **U. 2887 B**

Duguet (C.). Physique qualitative : l'électricité. *P.*, 1889, 8°.					[8° **I. 3044 C**

Duhourcau (Dr E.). Les cagots aux bains de Cauterets. *Toulouse*, 1892, 8°.					[8° **I. 3049 C**

—— Quelques pages authentiques de l'histoire médicale de Cauterets. *Toulouse*, 1892, 8°.					[8° **I. 3049 Ca**

Dujardin-Beaumetz (Dr). Conférences de thérapeutique de l'hôpital Cochin, 1886-1887. *P.*, 1888, 8°.					[8° **I. 3049 F**

—— L'hygiène prophylactique, 1 planche. *P.*, 1889, 8°.					[8° **I. 3049 Fa**

—— Dictionnaire de thérapeutique. *P.*, 1883-1889, 4 vol. 4°.					[4° **I. 624 A**

—— Histoire graphique de l'industrie houillère en Angleterre, en Belgique et en France depuis 1865. *P.*, 1888-1889, 3 vol. f°.					[Fol. **I. 54 + A**

—— **Égasse** (E.). Les plantes médicinales indigènes et exotiques. *P.*, 1889, gr. 8°.					[4° **I. 624 D**

Dumas père (A.). Le capitaine Paul. *P.*, 1889, in-18.					[8° **O. 1596 H A**

—— Théâtre complet. Nouv. éd. *P.*, 1874-1889, 25 vol. in-18.					[8° **O. 1596 + A**

Dumas fils (A.). Nouveaux entr'actes. *P.*, 1890, 1re série, in-18.					[8° **O. 1596 A**

—— Théâtre complet. *P.*, 1890, 6 vol. in-18.					[8° **O. 1596 B**

Dumas (F.-G.). Paris. *P.*, 1889, 8°. [8° **U. 2916** B

Dumersan. Description des médailles antiques du cabinet de feu M. Allier de Hauteroche. *P.*, 1829, 4°. [4° **U. 552** D

Du Mesnil (A.). Propos interrompus. *P.*, 1882, in-16. [8° **O. 1596** E

Du Mesnil (Dʳ O.). L'hygiène à Paris. *P.*, 1890, in-16. [8° **I. 3060** B

Dumont (J.-B.). Les grands travaux du siècle. *P.*, 1891, 4°. [4° **I. 624** F

Dumoulin (Eug.). La photographie sans laboratoire. *P.*, 1886, in-18. [8° **I. 3081** + A

Du Moulin (G.). Les Conquestes et les trophées des Norman-François aux royaumes de Naples et de Sicile. *Rouen*, 1658, f°. [Fol. **U. 111** D

Dumoulin (S.). Le Tonkin. Exploration du Mékong. *P.*, 1888, gr. 8°. [4° **U. 559** A

Dunan (M.). Atlas général des cinq parties du monde. *P.*, 1891, f°. [Fol. **U. 112** C

——— Histoire romaine. *P.*, 1890, in-18. [8° **U. 2918** D

Dunoyer (C.). OEuvres. *P.*, 3 vol. 8°. [8° **I. 3081** A

Dunoyer de Segonzac (L.). Étude sur l'organisation du Tonkin et des pays de protectorat. *P.*, 1886, 8°. [8° **E. 1059** A

Dupaigne (A.). Les montagnes. 5ᵉ éd. *Tours*, 1883, 8°. [8° **I. 3081** C

Du Perron (Le cardinal). Ambassades et négociations. *P.*, 1623, f°. [Fol. **U. 112** D

Duplessis (G.). Les artistes célèbres. Les Audran. *P.* (1892), 4°. [4° **I. 624** I

——— Inventaire de la collection d'estampes relatives à l'histoire de France, legs Hennin. *P.*, 1877-1884, 4 vol. 8°. [8° **I. 3086** F

Duplessis (J.). Les maladies de la vigne. *P.*, 1889, 8°. [8° **I. 3087** B

Duponchel (A.). La circulation des vents et de la pluie dans l'atmosphère. *P.*, 1892, 8°. [8° **I. 3088** C

Duponchel (Dʳ Em.). Traité de médecine légale militaire. *P.*, 1890, in-18. [8° **I. 3088** D

Dupont (E.). Lettres sur le Congo. *P.*, 1889, 8°. [8° **U. 2927** B

Dupont-White. L'individu et l'État. 3ᵉ éd. *P.*, 1865, in-18. [8° **I. 3090** A

Du Pradel (A.). Le livre commode des adresses de Paris pour 1692, annoté par Ed. Fournier. *P.*, 1878, 2 vol. in-16. [8° **U. 2927** D

Dupriez (L.). Les ministres dans les principaux pays d'Europe et d'Amérique. *P.*, 1892-1893, 2 vol. 8°. [8° **U. 2927** F

Dupuy (A.). L'État et l'Université. *P.*, 1890, in-16. [8° **I. 3097** D

——— Galerie française. Côte-d'Or. *P.* (s. d.), in-18. [8° **U. 2941** B

——— Histoire de la littérature française au xviiᵉ siècle. *P.*, 1892, 8°. [8° **O. 1605** C

Dupuy (Ch.). Rapport sur le budget de 1892. Ministère de l'instruction publique et des beaux-arts. *P.*, 1891, 4°. [4° **U. 562** C

Dupuy (Élie). Un sou épargné est un sou gagné. *P.*, 1884, in-18. [8° **I. 3098** C

Dupuy (V.). Souvenirs militaires, 1794-1816. *P.*, 1892, in-18. [8° **U. 2941** D

Durand (J.). Les étrangers devant la loi française. *P.*, 1890, 8°. [8° **E. 1066** D

Durand (T.). Aux États-Unis du Brésil. *P.* (s. d.), gr. 8°. [4° **U. 562** D

Durand-Claye (A.), **Launay** (F.). Hydraulique agricole et génie rural. *P.*, 1890-1892, 2 vol. gr. 8°. [4° **I. 625** B

Durand-Claye (Ch.-L.). Chimie appliquée à l'art de l'ingénieur. *P.*, 1885, 8°. [8° **I. 3103** + A

——— **Marx** (L.). Routes et chemins vicinaux. *P.*, 1885, 8°. [8° **I. 3103** A

Durand-Morimbeau. Souvenirs d'un journaliste français à Rome. 6ᵉ éd. *P.*, 1886, in-18. [8° **U. 2946** B

Durassier (E.). Aide-mémoire de l'officier de marine. *P.*, 1890, vol. in-16. [8° **I. 3105** B

Dureau (B.). Les États-Unis en 1850. *P.*, 1891, in-18. [8° **U. 2946** D

Duroziez (Dʳ P.). Traité clinique des maladies de cœur. *P.*, 1891, 8°. [8° **I. 3107** D

Durrieu (P.). Un grand enlumineur parisien au xvᵉ siècle, Jacques de Besançon et son œuvre. *P.*, 1892, 8°. [8° **U. 2947** C

Duruy (A.). L'armée royale en 1789. *P.*, 1888, in-18. [8° **U. 2948** A

Duruy (V.). Histoire de France, depuis

l'invasion des barbares dans la Gaule romaine jusqu'à nos jours. Nouv. éd. P., 1892, 4°.
[4° **U. 581 A**

Duruy (V.). Petite histoire des temps modernes (1453-1789). Nouv. éd. P., 1883, in-16. [8° **U. 2970 A**

Durvelle (J.-P.). Fabrication des essences et des parfums. P., 1893, in-18.
[8° **I. 3107 G**

Duval (E.). Traité pratique et clinique d'hydrothérapie. P., 1888, 8°. [8° **I. 3110 A**

Duval (L.). État de la généralité d'Alençon sous Louis XIV. *Alençon*, 1890, 4°.
[4° **U. 581 C**

Duvaux (L.). Livre-journal. 1748-1758. P., 1873, 2 vol. 8°. [8° **U. 2988 D**

Duveyrier (H.). Exploration du Sahara. Les Touareg du Nord. P., 1864, 8°.
[8° **U. 2998 C**

Dybowski (J.). La route du Tchad. Du Loango au Chari. P., 1893, 4°.
[4° **U. 581 G**

E

East (J.-T.). Amusing rhymes for young people. Historiettes rythmées et rimées. P. (s. d.), in-16. [8° **O. 1622 C**

Ebers (G.). Ouarda, roman de l'antique Égypte, trad. par C. d'Hermigny. I. P., 1882, in-12. [8° **O. 1622 E**

Ebn Acem. Traité de droit musulman, par O. Houdas et F. Martel. *Alger*, 1882, 8°.
[8° **E. 1099 C**

École du cavalier, à pied, à cheval. Illustr. par le cap. L. Picard et le Dʳ G. Bouchard. P., 1894, 8°. [8° **I. 3114 B**

École française de Rome. Mélanges d'archéologie et d'histoire. P., 1889-1893, 8°.
[8° **I. 3114 C**

Écolier (L') illustré. P., 1890, 4°.
[4° **O. 280 C**

Edgeworth (Miss). Old Poz, le vieux positif. Texte et trad. par F. Berger. 5ᵉ éd. P., 1882, in-16. [8° **O. 1629 A**

Edmond (C.). Célébrités contemporaines. Louis Blanc. P., 1882, in-16.
[8° **U. 3005 + A**

Egasse (Ed.), **Guyenot** (Dʳ). Eaux minérales naturelles autorisées de France et de l'Algérie. P., 1891, 8°. [8° **I. 3124 C**

Egger (É.). Essai sur l'histoire de la critique chez les Grecs. 3ᵉ éd. P., 1887, in-18.
[8° **O. 1630 A**

Elaroff (J.-B.). Saint-Pétersbourg et ses environs. *Saint-Pétersbourg*, 1892, in-16.
[8° **U. 3005 Ac**

Élections (Les) et les Cahiers de Paris en 1789, recueillis par Ch.-L. Chassin. P., 1888, 2 vol. 8°. [8° **U. 3005 B**

Eliot (G.). Adam Bede, trad. par F. d'Albert-Durade. Nouv. éd. P., 1886, 2 vol. in-16. [8° **O. 1632 C**

Elly Reuss (E. Nelly). Vouloir c'est pouvoir, trad. par le Dʳ G. Lauth père. P., 1891, 2 vol. in-18. [8° **O. 1632 D**

Éloquence (L') française depuis la Révolution jusqu'à nos jours; textes accompagnés de notices par J. Reinach. P., 1894, in-18.
[8° **O. 1632 Db**

Embry (J.-A.). Dictionnaire raisonné d'escrime. P., 1859, 8°. [8° **I. 3124 E**

Emery (H.). La vie végétale. P., 1878, gr. 8°. [4° **I. 625 D**

Emilia Wyndham, trad. P., 1851, deux tomes en 1 vol. in-18. [8° **O. 1632 Dc**

Emion (V.), **Bardies** (Ch.). Dictionnaire des usages et règlements de Paris... en matière de locations, constructions, voirie, etc. P., 1893, in-18. [8° **E. 1099 C**

Empire (L') d'Annam et le peuple annamite, publ. par J. Silvestre. P., 1889, in-18.
[8° **U. 3005 Ba**

Enault (L.). Le châtiment. P., 1887, in-16. [8° **O. 1632 E**

Encausse (L.). De l'absorption cutanée des médicaments, 2ᵉ éd. P., 1882, 8°.
[8° **I. 3127 D**

Encyclopédie internationale de chirurgie. P., 1883-1886, 6 vol. 4°. [4° **I. 628 A**

Enfantin (P.). La vie éternelle passée, présente, future. 3ᵉ éd. P. (s. d.), in-16.
[8° **A. 531 C**

Engel (R.). Nouveaux éléments de chimie. 3ᵉ éd. P., 1888, 8°. [8° **I. 3141 A**

Épictète. Les entretiens, recueillis par

Arrien, trad. par V. Courdaveaux. 2ᵉ éd. P., 1882, in-16. [8° I. 3144 A

Épopée (L') serbe, trad. par A. Dozon. P., 1888, 8°. [8° O. 1737 + A

Époques des guerres de la Révolution française et du premier Empire, 1792-1815. P., 1887, in-18. [8° U. 3009 + A

Épreuves écrites et orales des examens du brevet élémentaire. P., 1888, in-16. [8° O. 1737 A

Erckmann (J.). Le Maroc moderne. P., 1885, 8°. [8° U. 3009 A

Erckmann-Chatrian. Alsace! drame. P. (s. d.), in-18. [8° O. 1738 D

—— L'ami Fritz. 10ᵉ éd. P. (s. d.), in-18. [8° O. 1738 D

—— Le Banni. Roman patriotique. 5ᵉ éd. P. (s. d.), in-18. [8° O. 1738 D

—— Le blocus. 28ᵉ éd. P. (s. d.), in-18. [8° O. 1738 D

—— Le brigadier Frédéric. 17ᵉ éd. P. (s. d.), in-18. [8° O. 1738 D

—— Confidences d'un joueur de clarinette. 8ᵉ éd. P. (s. d.), in-18. [8° O. 1738 D

—— Contes des bords du Rhin. 7ᵉ éd. P. (s. d.), in-18. [8° O. 1738 D

—— Contes populaires. 8ᵉ éd. P. (s. d.), in-18. [8° O. 1738 D

—— Contes vosgiens. 3ᵉ éd. P. (s. d.), in-18. [8° O. 1738 D

—— Les deux frères. 18ᵉ éd. P. (s. d.), in-18. [8° O. 1738 D

—— Le grand-père Lebigre. 5ᵉ éd. P. (s. d.), in-18. [8° O. 1738 D

—— La guerre. 9ᵉ éd. P. (s. d.), in-18. [8° O. 1738 D

—— Histoire d'un conscrit de 1813. 80ᵉ éd. P. (s. d.), in-18. [8° O. 1738 D

—— Histoire d'un homme du peuple. 14ᵉ éd. P. (s. d.), in-18. [8° O. 1738 D

—— Histoire d'un paysan. P. (s. d.), 4 vol. in-18. [8° O. 1738 D

—— Histoire d'un sous-maître. 15ᵉ éd. P. (s. d.), in-18. [8° O. 1738 D

—— Histoire du plébiscite. 23ᵉ éd. P. (s. d.), in-18. [8° O. 1738 D

—— L'illustre docteur Mathéus. 8ᵉ éd. P. (s. d.), in-18. [8° O. 1738 D

Erckmann-Chatrian. L'invasion, ou le fou Yégof. 32ᵉ éd. P. (s. d.), in-18. [8° O. 1738 D

—— Madame Thérèse. 69ᵉ éd. P. (s. d.), in-18. [8° O. 1738 D

—— La Maison forestière. 9ᵉ éd. P. (s. d.), in-18. [8° O. 1738 D

—— Maître Daniel Rock. 6ᵉ éd. P. (s. d.), in-18. [8° O. 1738 D

—— Maître Gaspard Fix. 10ᵉ éd. P. (s. d.), in-18. [8° O. 1738 D

—— Quelques mots sur l'esprit humain. Nouv. éd. P. (s. d.), in-18. [8° I. 3147 A

—— Souvenirs d'un ancien chef de chantier de l'isthme de Suez. 4ᵉ éd. P. (s. d.), in-18. [8° O. 1738 D

—— Une campagne en Kabylie. P. (s. d.), in-18. [8° O. 1738 D

—— Les vieux de la vieille. 6ᵉ éd. P. (s. d.), in-18. [8° O. 1738 D

—— Waterloo. 38ᵉ éd. P. (s. d.), in-18. [8° O. 1738 D

Ernouf (Bᵒⁿ), Alphand (A.). L'art des jardins. 3ᵉ éd. P. (s. d.), 4°. [4° I. 629 B

Errington de La Croix (J.). Vocabulaire français-malais et malais-français. P., 1889, in-18. [8° O. 1739 C

Escande (G.). Hoche en Irlande, 1795-1798. P., 1888, in-18. [8° U. 3013 C

Eschine. Harangues d'Eschine et de Démosthène sur la couronne, trad. par P.-A. Plougoulm. P., 1834, 8°. [8° O. 1739 F

Ésope. Fables choisies expliquées en français, par J. Boulenger. Nouv. éd. P., 1866, in-12. [8° O. 1742 A

Esprit (L') et la sagesse des autres, par E. Quartier-La-Tente. P. (s. d.), in-18. [8° O. 2159 B

Estournelles de Constant (J. d'). Guide pratique de l'enseignement primaire. P., 1893, in-18. [8° I. 3157 C

État itinéraire des routes nationales. P., 1889, 2 vol. 4°. [4° U. 621 C

—— présent de la noblesse française. 5ᵉ éd. P., 1887, 8°. [8° U. 3020 D

Étienne (C.-P.). La Nouvelle-Grenade. P. (s. d.), in-12. [8° U. 3038 C

Étincelle. Carnet d'un mondain. P., 1881-1882, 2 vol. in-12. [8° O. 2162 A

Eugène de Mirecourt. Sa biographie et ses erreurs. *P.*, 1856, in-16.
[8° **U. 3039** A

Europe (L') illustrée. *Zurich* (s. d.), 64 vol. in-16. [8° **U. 3039** B

Eymieu (H.). Études et biographies musicales. *P.*, 1892, in-16. [8° **U. 3051** C

Expansion (L') coloniale, moniteur des colonies françaises. 1. *P.*, 1884 et ann. suiv., f°. [Fol. **U. 116** A

Exposition universelle de 1889. Catalogue détaillé des ouvrages exposés par le Ministère du commerce, de l'industrie et des colonies (Bureau de la statistique générale de France). *P.*, 1889, 8°. [8° **I. 3240** A

Exposition universelle de 1889. Groupe de l'Économie sociale, congrès et conférences. *P.*, 1890, 8°. [8° **I. 3240** B

—— Congrès international du repos hebdomadaire. *P.*, 1889, 8°. [8° **I. 3240** C

—— Les expositions de l'État. *P.*, 1890, 2 vol. f°. [Fol. **I. 80** C

—— Guide bleu du *Figaro* et du *Petit Journal*. *P.*, 1889, in-18. [8° **U. 3044** A

—— Tarifs du syndicat des Compagnies d'assurances contre l'incendie au 15 mars 1889. *P.*, 1889, 8°. [8° **E. 1102** A

—— (L') de Moscou. *P.* (1891), f°. [Fol. **I. 81** A

F

Fabié (F.). Voix rustiques. *P.*, 1892, in-18. [8° **O. 2167** D

—— Œuvres, Poésies. 1880-1887. *P.*, 1891, in-16. [8° **O. 2167** C

Fables turques, trad. par J.-A. Decourdemanche. *P.*, 1882, in-18. [8° **O. 2167** G

Fabre (C.). Traité encyclopédique de photographie. *P.*, 1889-1890, 4 vol. 8°. [8° **I. 3252** B

Fabre (J.). Jeanne d'Arc. *P.* (s. d.), 8°. [8° **U. 3055** A

Fabre de Navacelle (H.). Précis des guerres du second Empire. *P.*, 1887, in-18. [8° **U. 3056** A

—— Précis des guerres de la France de 1848 à 1885; nouv. éd. *P.*, 1890, in-18. [8° **U. 3056** Aa

Fabre-Domergue (P.). Guide du photographe. *P.*, 1888, in-16. [8° **I. 3254** B

—— Les invisibles. *P.*, 1887, in-18. [8° **I. 3254** C

—— Manuel pratique d'analyse micrographique des eaux. *P.*, 1890, in-16. [8° **I. 3254** D

Faguet (É.). Dix-huitième siècle. Études littéraires; 6° éd. *P.*, 1890, in-18. [8° **O. 2169** C

—— Les grands maîtres du XVII° siècle; 4° éd. *P.*, 1888, in-18. [8° **O. 2170** + A

—— Études littéraires sur le XIX° siècle; 4° éd. *P.*, 1887, in-18. [8° **O. 2170** A

Faguet (É.). Politiques et moralistes du XIX° siècle. 1re série; 3° éd. *P.*, 1891, in-18. [8° **U. 3057** C

Faideau (F.). La botanique amusante. *P.* (s. d.), 8°. [8° **I. 3254** De

—— La chimie amusante. *P.* (s. d.), 8°. [8° **I. 3254** E

Falcon y Ozcoidi (D' M.). Christophe Colomb et l'Université de Salamanque, trad. par J.-G. Magnabal. *P.*, 1892, in-18. [8° **U. 3060** + A

Faligan (E.). Histoire de la légende de Faust. *P.*, 1888, 8°. [8° **U. 3060** A

Fallet (C.). Histoire des ducs de Normandie. *Limoges* (s. d.), 8°. [8° **U. 3060** D

Fallot (E.). Madagascar et le protectorat français. *Marseille*, 1888, 8°. [8° **U. 3061** A

Fallières. Rapport sur le budget de 1883. Ministère de l'intérieur. *P.*, 1882, 4°. [4° **U. 623** A

Falloux (C¹° de). Études et souvenirs. *P.*, 1885, 8°. [8° **U. 3063** A

—— Mémoires d'un royaliste; 2° éd. *P.*, 1888, 2 vol. 8°. [8° **U. 3065** A

Falret (D' J.). Les aliénés et les asiles d'aliénés. *P.*, 1890, 8°. [8° **I. 3254** F

Fanor (L.-B.). Traité pratique de vélocipédie militaire. *P.*, 1892, in-16. [8° **I. 3254** G

Farabeuf (L.-H.). Précis de manuel opératoire; 3° éd. *P.*, 1889, 8°. [8° **I. 3254** H

Farcy (G.). Monographie de l'École militaire de Paris. *P.*, 1890, in-16.
[8° **U. 3065** D

Farges (L.). Stendhal diplomate. Rome et l'Italie de 1829 à 1842. *P.*, 1892, in-18.
[8° **U. 3065** G

Farina (S.). L'écume de la mer, trad. par S. Blandy. *P.*, 1888, in-18.
[8° **O. 2170** D

Farini (G.-A.). Huit mois au Kalahari, trad. par Mme L. Trigant. *P.*, 1887, in-16.
[8° **U. 3068** A

Faucon (N.). Le livre d'or de l'Algérie, t. I. *P.*, 1889, 8°. [8° **U. 3073** C

Faulquier (J.). Étude théorique sur la législation des chemins ruraux. *P.*, 1888, 8°.
[8° **E. 1106** A

Faure (A.). Les Français en Cochinchine au XVIIIe siècle. Mgr Pigneau de Behaine, évêque d'Adran. *P.*, 1891, 8°.
[8° **U. 3073** D

Faure (F.). Les budgets contemporains. *P.*, 1887, f°. [Fol. **U. 121** A

—— Rapport portant fixation du budget général de 1889. Ministère des travaux publics. *P.*, 1888, 4°. [4° **U. 623** B

—— Rapport sur la fixation du budget général de l'exercice 1889. Ministère des finances. *P.*, 1888, 4°. [4° **U. 623** Bc

Faure (M.). Rapport sur le budget de 1892. Ministère de l'intérieur. Service pénitentiaire. *P.*, 1891, 4°. [4° **U. 623** Be

—— Rapport sur le budget général de 1889. (Ministère de la justice et des cultes.) Budget annexe de la Légion d'honneur. *P.*, 1888, 4°. [4° **U. 623** Bf

Fauré (P.). Blanc et noir. La décoration géométrique. *P.* (s. d.), 8°. [8° **I. 3258** A

Faure-Biguet (Général). Le fusil de chasse. *P.*, 1891, in-18. [8° **I. 3258** C

Fauvelet Du Toc. Histoire des secrétaires d'Estat. *P.*, 1668, 4°. [4° **U. 623** C

Favre (Mme J.). La morale d'Aristote. *P.*, 1889, in-18. [8° **I. 3258** F

—— La morale de Cicéron. *P.*, 1891, in-16. [8° **I. 3258** Fa

Favyn (A.). Histoire de Navarre. *P.*, 1612, f°. [Fol. **U. 121** B

Fay (Général). Marches des armées allemandes. *P.*, 1889, f°. [Fol. **U. 121** C

Femmes (Les) de France poètes et prosateurs, par P. Jacquinet. *P.*, 1888, in-18.
[8° **O. 2174** C

—— (Les) écrivains. OEuvres choisies. *P.* (s. d.), 8°. [8° **O. 2174** D

Fénelon. Aventures de Télémaque. *P.*, 1879, 8°. [8° **O. 2203** A

—— Traité de l'éducation des filles, pub. par Paul Rousselot. *P.*, 1883, in-18.
[8° **O. 2203** B

Féré (Ch.). Dégénérescence et criminalité. *P.*, 1888, in-18. [8° **I. 3264** C

—— Du traitement des aliénés dans les familles. *P.*, 1889, in-18. [8° **I. 3264** Da

—— Les épilepsies et les épileptiques. *P.*, 1890, 8°. [8° **I. 3264** D

Fernandez (R.). La France actuelle; préface de M. Jules Simon. *P.* (s. d.), 8°.
[8° **U. 3100** A

Fernay (J.). La Brioulette, scènes du pays basque. *P.*, 1892, 8°. [8° **O. 2204** C

—— Le Moujik. *P.* (s. d.), 8°.
[8° **O. 2204** D

Féron (Mme A.). L'homme. *P.*, 1890, in-16. [8° **I. 3264** F

Ferrand (E.), **Delpech** (A.). Premiers secours en cas d'accidents et d'indispositions subites; 3e éd. *P.*, 1888, in-18.
[8° **I. 3266** A

Ferrand (J.). Bibliographie du Dauphiné. *P.*, 1887, in-18. [8° **U. 3103** C

Ferraz. Histoire de la philosophie en France au XIXe siècle. *P.*, 1887, 8°.
[8° **I. 3269**

Ferré (E.). L'Irlande. *P.*, 1887, 8°.
[8° **U. 3104** A

Ferrière (É.). Le darwinisme; 3e éd. *P.* (s. d.), in-16. [8° **I. 3272** + A

—— La matière et l'énergie. *P.*, 1887, in-18. [8° **I. 3272** A

Ferry (Ch.). Rapport sur l'ouverture et l'annulation de crédits extraordinaires sur les exercices 1879, 1880, 1881 et 1882. *P.*, 1882, 4°. [4° **U. 642** B

Ferry (J.). Discours et opinions. *P.*, 1893, 8°. [8° **U. 3106** A

—— La loi sur le Conseil supérieur de l'instruction publique devant le Sénat. Discours. *P.*, 1880, 8°. [8° **E. 1131** + A

Ferry (J.). Le Tonkin et la mère-patrie; 12ᵉ éd. P., 1890, in-18. [8° U. 3106 B

——— 13ᵉ éd. P., 1890, in-18. [8° U. 3106 Ba

Ferry de la Bellone (Dʳ C. de). La truffe. P., 1888, in-16. [8° I. 3272 B

Fertel (M.-D.). La science pratique de l'imprimerie. Saint-Omer, 1723, 4°. [4° I. 645 D

Ferville (E.). L'industrie laitière. P., 1888, in-16. [8° I. 3272 Ba

Feuillet (O.). Théâtre complet. P., 1892-1893, 5 vol. in-18. [8° O. 2210 A

Fichet (G.). Épître adressée à Robert Gaguin le 1ᵉʳ janvier 1472 sur l'introduction de l'imprimerie à Paris. P., 1889, 8°. [8° I. 3272 C

Ficheur (E.). Description géologique de la Kabylie du Djurjura. Alger, 1890, 8°. [8° I. 3272 D

Fichtenberg. Manuel du fabricant de papiers de fantaisie. P., 1852, in-18. [8° I. 4339 A

Filhol (H.). La vie au fond des mers. P., 1886, 8°. [8° I. 3291 A

Fillis (J.). Principes de dressage et d'équitation. P., 1890, 8°. [8° I. 3292 A

Fillon (Alph.). La sylviculture pratique. P., 1890, in-16. [8° I. 3292 B

Filon (Aug.). Mérimée et ses amis. P., 1894, in-16. [8° U. 3123 B

——— Nos grands-pères. P., 1887, in-16. [8° U. 3123 C

——— Profils anglais. P., 1893, in-18. [8° U. 3123 Ca

Filoz (N.). Cambodge et Siam. P., 1889, 8°. [8° U. 3123 E

Fiore (P.). Organisation juridique de la société des États, trad. par A. Chrétien. P., 1890, 8°. [8° E. 1136 C

Flacourt (De). Histoire de la grande isle Madagascar. Troyes, 1661. 4°. [4° U. 642 D

Flammarion (C.). Qu'est-ce que le ciel? P., 1892, in-16. [8° I. 3302 A

Flassan (De). Histoire générale et raisonnée de la diplomatie française. P., 1811, 7 vol. 8°. [8° U. 3126 + A

——— Apologie de l'histoire de la diplomatie française. P., 1812, 8°. [8° U. 3126 + Aa

Flaubert (G.). Œuvres. Trois contes. P., 1882, in-16. [8° O. 2214 B

Flers (Mⁱˢ de). Le comte de Paris; 2ᵉ éd. P., 1888, 8°. [8° U. 3126 A

Fleuriot (Mˡˡᵉ Zénaïde). Papillonne. P., 1892, gr. 8°. [4° O. 311 C

Fleury (J.). A propos du tarif des douanes. P., 1891, 8°. [8° I. 3304 C

——— Les effets du protectionnisme. Discours. P., 1891, in-18. [8° I. 3304 Ca

——— Le pain et la viande. P. (s. d.), in-18. [8° I. 3304 D

Fleury-Hermagis (J.). Bibliothèque de l'amateur photographe. L'atelier de l'amateur; 2ᵉ éd. P., 1889, in-18. [8° I. 3304 E

——— Rossignol. Traité des excursions photographiques. P., 1889, in-18. [8° I. 3304 Ed

Flint (R.). La philosophie de l'histoire en Allemagne, trad. par L. Carrau. P., 1878, 8°. [8° I. 3304 F

——— La philosophie de l'histoire en France, trad. par L. Carrau. P., 1878, 8°. [8° I. 3304 Fa

Florian. Fables. P., 1863, in-18. [8° O. 2230 A

Floucaud-Pénardille (É.). Exposé de la loi sur les droits de l'époux survivant dans la succession de son conjoint. P., 1894, 8°. [8° E. 1142 C

Flourens (E.). Alexandre III. P., 1894, 8°. [8° U. 3132

Focillon (Ad.). Les grandes inventions des temps modernes. Tours, 1885, 8°. [8° I. 3310 + A

Foëx (G.). Cours complet de viticulture. Montpellier, 1886, 8°. [8° I. 3310 A

Foncin (P.). Géographie générale. P., 1888, 4°. [4° U. 678 A

——— Atlas général d'histoire et de géographie. P., 1889, 4°. [4° U. 678 B

——— Géographie historique. P., 1888, 4°. [4° U. 678 C

Fonssagrives (J.-B.). Traité de matière médicale. P., 1885, 8°. [8° 3318 A

Font (A.). Favart, l'opéra-comique et la comédie-vaudeville. P., 1894, 8°. [8° O. 2241 D

Fontaine (H.). Électrolyse. P., 1885, 8°. [8° I. 3318 B

Fontaine (L.). Le théâtre et la philosophie au xviii° siècle. P., 1879, 8°.
[8° **I. 3318** B + a

Fontan (J.-M.). L'art de conserver la santé des animaux dans les campagnes. P., 1887, 8°.   [8° **I. 3318** Ba

Fontan (D' J.), **Ségard** (D' Ch.). Éléments de médecine suggestive. P., 1887, in-18.   [8° **I. 3318** Bb

Fontanier (V.). Voyage dans l'Inde et dans le golfe Persique par l'Égypte et la mer Rouge. P., 1844-1846, 3 vol. 8°
[8° **U. 3137** B

Font-Réaulx (H. **de**). Les canaux. P. (s. d.), in-18.   [8° **U. 3137** C

—— La Tour d'Auvergne. P., 1891, 8°.
[8° **U. 3137** Ca

Fonvielle (W. **de**). La catastrophe du ballon *l'Arago*. P., 1888, 8°.
[8° **I. 3320** A

—— Histoire de la lune. P., 1886, in-16.
[8° **I. 3322** A

—— Les navires célèbres. P., 1890, gr. 8°.   [4° **U. 678** E

—— Le pétrole. P., 1888, in-16.
[8° **I. 3323** B

—— Le pôle Sud. P., 1889, in-16.
[8° **U. 3137** F

Forfer (T.). Histoire de Gustave-Adolphe. P., 1889, 4°.   [4° **U. 680** B

Forgeais (A.). Collection de plombs historiés trouvés dans la Seine. P., 1862, 8°.
[8° **U. 3137** H

Forgues (E.). Les artistes célèbres. Gavarni. P. (s. d.), 4°.   [4° **U. 680** C

Forneron (H.). Louise de Kéroualle. 1649-1734. P., 1886, in-16.
[8° **U. 3143** A

Fort (F.), **Cazaux** (G.). Guide de Pau et des environs. *Pau* (s. d.), in-18.
[8° **U. 3143** D

Foucart (G.). Le commerce et la colonisation à Madagascar. P., 1894, in-18.
[8° **U. 3143** E

Fouillée (A.). L'enseignement au point de vue national. P., 1891, in-16.
[8° **I. 3325** C

Fouillée (A.). Les grands écrivains français. Descartes. P., 1893, in-16.
[8° **U. 3143** G

—— La philosophie de Platon; 2° éd. P., 1888-1889, 4 vol. in-16.   [8° **I. 3327** A

Foulché-Delbosc (R.). Grammaire espagnole; 2° éd. P., 1889, 8°. [8° **O. 2249** C

Fouqué (F.). Les tremblements de terre. P., 1888, in-16.   [8° **I. 3329** A

Fouquier (A.). Passe-temps. P., 1890, 8°.
[8° **O. 2249** E

Fouquier (H.). Au siècle dernier. *Bruxelles* (1884), in-18.   [8° **U. 3144** A

Fourcy (A.). Histoire de l'École polytechnique. P., 1828, 8°.   [8° **U. 3144** D

Fourmestraux (E.). Étude sur Napoléon III. P., 1862, 8°.   [8° **U. 3144** G

Fournel (V.). Maman capitaine. P., 1889, in-16.   [8° **O. 2251** C

—— Le théâtre au xvii° siècle. La comédie. P., 1892, in-18.   [8° **O. 2251** Cb

Fournier (Ed.). Énigmes des rues de Paris. P., 1860, in-12.   [8° **U. 3147** C

Fournier (E.). Histoire des jouets et des jeux d'enfants. P., 1889, in-18.
[8° **I. 3331** B

Fournier (G.). Les sonneries électriques. Installation et entretien, d'après O. Canter. P., 1888, in-16.   [8° **I. 3334** + A

—— Terminologie électrique. P., 1887, in-16.   [8° **I. 3334** A

Fournier de Flaix. Exposition universelle de 1889. Congrès monétaire international. P., 1889, 8°.   [8° **I. 3337** B

—— Traité de critique et de statistique comparée. P., 1889, 8°.   [8° **I. 3338** B

Foussat (J.). Arboriculture française. P., 1894, in-16.   [8° **I. 3338** Bd

—— Le jardinage. P., 1891, in-16.
[8° **I. 3338** C

Foveau de Courmelles. L'hygiène à table. Préface du D' Dujardin-Beaumetz. P. (s. d.), 8°.   [8° **I. 3338** Cd

Foville (A. **de**). La France économique. P., 1887, in-18.   [8° **U. 3150** A

Foville (D' A.). Les nouvelles institutions de bienfaisance. P., 1888, in-16.
[8° **I. 3388** Fb

Fraipont (G.). L'art de peindre les fleurs. *P.* (s. d.), 8°. [8° **I. 3340 D**

—— L'art de peindre les marines. *P.* (s. d.), 8°. [8° **I. 3340 Da**

—— L'art de peindre les paysages. *P.* (s. d.), 8°. [8° **I. 3340 Db**

—— L'art de peindre un croquis et de l'utiliser; 3ᵉ éd. *P.* (s. d.), 8°. [8° **I. 3340 Dc**

Fraitot (V.). Olivier de Serres. *P.*, 1882, in-18. [8° **U. 3164 + A**

France (A.). L'étui de nacre; 9ᵉ éd. *P.*, 1893, in-18. [8° **O. 2254 + A**

—— La vie littéraire; 3ᵉ éd. *P.*, 1889, in-18. [8° **O. 2254 A**

France (La) artistique et monumentale. *P.* (s. d.), f°. [Fol. **I. 83 C**

—— (La) parlementaire : Frédéric Passy. *P.*, 1890, 4°. [4° **U. 689 A**

—— (La) pittoresque. *P.* (s. d.), 4 vol. 4°. [4° **U. 689 B**

Franceschi (G.). Manuel de la nationalité française. *P.*, 1893, in-18. [8° **E. 1152 B**

—— Manuel municipal. *P.*, 1892, in-18. [8° **E. 1152 C**

Franck (A.). Études orientales. *P.*, 1861, 8°. [8° **U. 3167 Ac**

—— Nouveaux essais de critique philosophique. *P.*, 1890, in-16. [8° **I. 3341 C**

—— Réformateurs et publicistes de l'Europe. Moyen âge, Renaissance. *P.*, 1864, 8°. [8° **I. 3342 A**

—— —— xviiᵉ siècle. *P.*, 1881, 8°. [8° **I. 3342 Aa**

—— —— xviiiᵉ siècle. *P.*, 1893, 8°. [8° **I. 3342 Ab**

François (J.). Mariage des militaires. *P.*, 1890, 8°. [8° **E. 1154 D**

Frank (F.), **Chenevière** (A.). Lexique de la langue de Bonaventure Des Périers. *P.*, 1888, 8°. [8° **O. 2254 C**

Frank (L.). La femme avocat. *Bruxelles*, 1888, 8°. [8° **U. 3167 Af**

Franklin (A.). Les anciens plans de Paris. *P.*, 1878-1880, 2 vol. 4°. [4° **U. 689 C**

Franklin (A.). La vie privée d'autrefois. *P.*, 1877-1894, 15 vol. in-18. [8° **U. 3167 B**

— Annonce (L') et la réclame, les cris de Paris.
— Apothicaires (Les) et les médicaments.
— Café (Le), le thé et le chocolat.
— Chirurgiens (Les).
— Comment on devient patron.
— Cuisine (La).
— Écoles et collèges.
— Hygiène (L').
— Magasins (Les) de nouveautés.
— Médecins (Les).
— Mesure (La) du temps.
— Repas (Les).
— Soins (Les) de la toilette, le savoir-vivre.
— Variétés chirurgicales.
— Variétés gastronomiques.

Franqueville (Cᵗᵉ de). Le gouvernement et le parlement britanniques. *P.*, 1887, 3 vol. 8°. [8° **U. 3168 A**

—— Le système judiciaire de la Grande-Bretagne. *P.*, 1893, 2 vol. 8°. [8° **E. 1154 H**

Frebault (A.). La chimie contemporaine. *P.*, 1889, 8°. [8° **I. 3351 A**

Frédé (P.). Les logements d'ouvriers. *P.*, 1884, 8°. [8° **I. 3351 Ac**

Fredericq (L.), **Nuel** (J.-P.). Éléments de physiologie humaine à l'usage des étudiants en médecine; 2ᵉ éd. *P.*, 1888, 8°. [8° **I. 3351 B**

Frèrejouan Du Saint (G.). Jeu et pari au point de vue civil, pénal et réglementaire. Loteries et valeurs à lots, jeux de Bourse, marchés à terme. *P.*, 1893, 8°. [8° **E. 1156 D**

Frey (Colonel). Côte occidentale d'Afrique. *P.*, 1890, 4°. [4° **U. 690 C**

—— Pirates et rebelles au Tonkin. *P.*, 1892, in-16. [8° **U. 3177 C**

Fritsch (J.). Nouveau traité de la fabrication des liqueurs. *P.*, 1891, 8°. [8° **I. 3361 A**

—— **Guillemin** (E.). Traité de la distillation des produits agricoles et industriels. *P.*, 1890, 8°. [8° **I. 3361 B**

Frochot (A.). Guide théorique et pratique de cubage et d'estimation des bois; 3ᵉ éd. *P.* (s. d.), in-18. [8° **I. 3361 C**

Froment (Lᵗ A.). L'espionnage militaire et les fonds secrets de la guerre. *P.* (s. d.), in-18. [8° **U. 3192 A**

—— Manuel des obligations militaires des Français. *P.* (s. d.), in-18. [8° **E. 1157 + A**

Froment (L' A.). La mobilisation et la préparation à la guerre. *P.* (s. d.), in-18.
[8° **I. 3361** D

—— Vingt-quatre millions de combattants. Les armées et les marines européennes en 1888. *P.* (s. d.), in-18. [8° **U. 3492** B

Fuchs (Ed.), **Launay** (L. de). Traité des gîtes minéraux et métallifères. *P.*, 1893, 2 vol. 8°. [8° **I. 3362** D

Fumaroli (D.). La Corse française; nouv. éd. *Marseille*, 1887, 8°. [8° **U. 3196** A

Funck-Brentano (E.). Grandeur et décadence des aristocraties. *Bruxelles* (s. d.), 8°.
[8° **U. 3196** B

Furbringer (Dʳ P.). Traité des maladies des organes génito-urinaires. *P.*, 1892, 2 vol. 8°. [8° **I. 3363** C

Furrer (C.). En Palestine, trad. par Revilliod. *Genève*, 1886, 2 vol. in-16.
[8° **U. 3196** D

Fustel de Coulanges. Histoire des institutions politiques de l'ancienne France. L'alleu et le domaine rural pendant l'époque mérovingienne. *P.*, 1889, 8°. [8° **U. 3199**

—— Les origines du système féodal. *P.*, 1890, 8°. [8° **U. 3199**

—— Nouvelles recherches sur quelques problèmes d'histoire. *P.*, 1891, 8°.
[8° **U. 3199** Aa

—— Questions historiques. *P.*, 1893, 8°.
[8° **U. 3199 +** A

G

Gabillot (C.). Les artistes célèbres. Les Huet, Jean-Baptiste et ses trois fils. *P.* (s. d.), 4°. [4° **I. 662** B

Gabourd (A.). Histoire de Paris depuis les temps les plus reculés jusqu'à nos jours. *P.*, 1863-1865, 5 vol. 8°. [8° **U. 3202** A

Gaffarel (P.). Campagnes du premier Empire, période des désastres (1813-1815). *P.*, 1891, gr. 8°. [4° **U. 691** B

—— Le Sénégal et le Soudan français. *P.*, 1890, 8°. [8° **U. 3206** A

Gaillard. Histoire de François Iᵉʳ. 2ᵉ éd. *P.*, 1769, 8 vol. in-12. [8° **U. 3217** A

Gailly de Taurines (Ch.). La nation canadienne. *P.*, 1894, in-18. [8° **U. 3218** C

Gaisberg (Bᵒⁿ von). Manuel de montage des appareils pour l'éclairage électrique. Trad. par Charles Baye. 2ᵉ éd. *P.* (s. d.), in-18.
[8° **I. 3364** A

Gale (S.). An Essay on the nature and principles of public credit. *London*, 1784-1786, 8°. [8° **I. 3364** E

Galland (A.). Journal pendant son séjour à Constantinople (1672-1673), publié par C. Schefer. *P.*, 1881, 2 vol. gr. 8°.
[4° **U. 691** Bd

Galletti (J.-A.). Histoire illustrée de la Corse. *P.*, 1863, in-4°. [4° **U. 691** Bg

Galli (H.). 1806. L'armée française en Allemagne. *P.*, 1888, 8°. [8° **U. 3225** C

Galliard (Dʳ L.). Le choléra. *P.* (s. d.), in-16. [8° **I. 3368 ++** A

—— Le pneumothorax. *P.* (s. d.), in-16.
[8° **I. 3368 +** A

Γαλλικῶν συγγραφεῖς Ἑλληνικοί. *Extraits des auteurs grecs concernant la géographie et l'histoire des Gaules*, texte et traduction par Edm. Cougny. *P.*, 1880-86, 5 vol. 8°.
[8° **U. 3044** C

Gallieni (Lieutenant-colonel). Deux campagnes au Soudan français. 1886-1888. *P.*, 1891, gr. 8°. [4° **U. 691** C

Galopin (A.). Le tabac, l'absinthe et la folie. *P.* (s. d.), in-18. [8° **I. 3369** A

Gamaleïa (Dʳ N.). Les poisons bactériens. *P.*, 1892, in-16. [8° **I. 3370** C

Gandillot (R.). Principes de la science des finances. *P.* (1874), 3 vol. 8°.
[8° **I. 3370** F

Ganier (H.), **Frœlich** (J.). Voyage aux châteaux historiques des Vosges septentrionales. *P.*, 1889, gr. 8°. [4° **U. 696** A

Garcin (Dʳ). Étude sur la valeur du traitement de la tuberculose pulmonaire par les inhalations fluorhydriques. *P.*, 1889, 8°.
[8° **I. 3377** C

Garcin (Mᵐᵉ E.). Jacques Cœur. *P.*, 1881, in-16. [8° **U. 3237** C

Garcin (F.). Au Tonkin. Un an chez les Muongs. *P.*, 1891, in-18. [8° **U. 3237** B

Garçon (A.). Histoire du canal de Panama. P., 1886, 8°. [8° **U. 3237** D

—— Honneur aux héros inconnus. P. (s. d.), 8°. [8° **O. 2301** C

Garnier (É.). Dictionnaire de la céramique. P. (s. d.), 8°. [8° **I. 3385** C

—— Histoire de la verrerie et de l'émaillerie. Tours, 1886, gr. 8°. [4° **I. 662** C

Garnier (J.). Manuel du ciseleur. P., 1859, in-18. [8° **I. 4236** A

Garnier (J.). Campagnes de 1870-1871. Les volontaires du génie dans l'Est. P., 1872, in-18. [8° **U. 3251** C

Garnier (L.). Ferments et fermentations. P., 1888, in-16. [8° **I. 3394** A

Garnier (Dʳ P.). La folie à Paris. P., 1890, in-16. [8° **I. 3395** C

Garofalo (R.). La criminologie. P., 1888, 8°. [8° **I. 3398** + A

Garola (C.-V.). La pratique des travaux de la ferme. P., 1893, in-16. [8° **I. 3398** + Ad

Garrod (Dʳ A.). Traité du rhumatisme et de l'arthrite rhumatoïde, trad. par le Dʳ Brachet. P. (s. d.), 8°. [8° **I. 3398** D

Garsault. Le département de la Seine-Inférieure. P. (s. d.), in-16. [8° **U. 3261** + A

Garsonnet (E.). Procédure civile. Traité élémentaire des voies d'exécution. P., 1892, 8°. [8° **E. 1168** A

Gasquet (A.). Études byzantines. L'Empire byzantin et la monarchie franque. P., 1888, 8°. [8° **U. 3263** + A

—— Précis des institutions de l'ancienne France. P., 1885, 2 vol. in-16. [8° **U. 3263** A

Gasser (Dʳ J.). Les causes de la fièvre typhoïde. P. (s. d.), in-16. [8° **I. 3406** C

Gasté (J. de). Quelques réflexions sur le budget de 1883. P., 1882, 8°. [8° **E. 1169** A

Gattel (L'abbé). Nouveau dictionnaire de poche français-espagnol et espagnol-français. P., 1798, 2 vol. in-12. [8° **O. 2304** B

Gaubert (B.). Manuel pratique de législation pour l'organisation et l'exécution du service des pompes funèbres. P., 1890, in-18. [8° **E. 1169** B

Gaucher (M.). Causeries littéraires. 1872-1888. P., 1890, in-18. [8° **O. 2304** C

Gaudin (P.), **Zuber** (J.). Le chemin de fer métropolitain de Berlin. P., 1887, 8°. [8° **I. 3412** A

Gaullieur (H.). Études américaines. P., 1891, in-18. [8° **U. 3267** C

Gaure (J.). Le conseiller du contribuable. P., 1894, 8°. [8° **E. 1169** Bd

—— Questions pratiques de droit rural et usuel. P., 1890, in-16. [8° **E. 1169** C

Gausseron (B.-H.). La vie en famille. Comment vivre à deux? P. (s. d.), in-18. [8° **I. 3416** + A

Gautier (A.). Cours de chimie. P., 1887-1892, 3 vol. 8°. [8° **I. 3416** B

Gautier (H.). Les curiosités de l'Exposition de 1889. 3ᵉ éd. P., mai 1889, 8°. [8° **U. 3273** + A

—— Les Français au Tonkin, 1787-1886. 5ᵉ éd. P., 1887, in-18. [8° **U. 3273** A

—— Mémorial du Centenaire. P. (s. d.), 4°. [4° **U. 705** A

Gautier (L.). Les épopées françaises. 2ᵉ éd. P., 1878-1882, 4 vol. 8°. [8° **O. 2306** C

Gautier de Sibert. Histoire des ordres de Notre-Dame du Mont-Carmel et de Saint-Lazare de Jérusalem. P., 1772, 4°. [4° **U. 705** D

Gauvin (P.). Cours d'assurances contre l'incendie. P. (1887), 4°. [4° **E. 185** A

Gay (C.). Négociations relatives à l'établissement de la maison de Bourbon sur le trône des Deux-Siciles, P., 1853, 8°. [8° **U. 3275** D

Gay (J.). Lectures scientifiques. P., 1891, in-16. [8° **I. 3422** C

Gayet (Al.). Itinéraire illustré de la Haute-Égypte. P. (s. d.), in-18. [8° **U. 3275** G

Gazette des tribunaux. P., 1892 et s., f°. [Fol. **E. 29** A

Gazier (A.). Nouveau dictionnaire classique illustré. 6ᵉ éd. P., 1888, in-12. [8° **O. 2310** A

—— 16ᵉ éd. P. (s. d.), in-12. [8° **O. 2310** Ad

—— Petite histoire de la littérature française. P. (s. d.), in-18. [8° **O. 2310** B

Gebhart (E.). Vie de Dante. P., 1882, in-16. [8° **U. 3278** A

Gedoelst (L.). Traité de microbiologie. *Lierre*, 1892, 8°.   [8° **I. 3424** C

Geikie (A.). La géographie physique, trad. par H. Gravez. *P.* (s. d.), in-16.   [8° **I. 3425** C

Genella (É.), **Dujour** (H.). L'indicateur viticole, vinicole et agricole de l'Algérie et de la Tunisie. *P.*, 1890, 8°.   [8° **I. 3426** B

Genevoix (Dr F.). Les procédés industriels. *P.* (s. d.), in-16.   [8° **I. 3426** C

Gennevraye (A.). Pour l'honneur. *P.*, 1892, in-18.   [8° **O. 2326** D

Genty (L.). La Basoche notariale. Origines et histoire du xive siècle à nos jours de la cléricature. *P.*, 1888, 8°.   [8° **U. 3283** C

Geoffroy (A.). Études d'après Fromentin. *P.*, 1882, in-18.   [8° **U. 3283** E

Geoffroy (H.). Des brevets d'invention en droit international. *P.*, 1888, 8°.
                [8° **E. 1169** E

Geoffroy de Grandmaison. La Congrégation (1801-1830). *P.*, 1889, 8°.
                [8° **U. 3283** G

Géographie administrative de l'Alsace-Lorraine. 2e éd. *P.*, 1891, 8°.
                [8° **U. 3287** C

Géographies départementales de la France. *P.* (s. d.), 2 vol. 4°. [4° **U. 705** D

Georges (H.), **Guigonet** (J.). La nouvelle Chambre, élue les 20 août et 3 septembre 1893. *P.*, 1894, in-18.
                [8° **U. 3287** F

George (H.). Progrès et pauvreté. Trad. par P.-L. Le Monnier. *P.*, 1887, 8°.
                [8° **I. 3428** A

—— Protection et libre-échange. Trad. par Louis Vossion. *P.*, 1888, 8°.
                [8° **I. 3428** Aa

Gérando (De). Le visiteur du pauvre. 3e éd. *P.*, 1826, 8°. [8° **I. 3432** + A

Gérard (A.). Manuel complet et pratique du cubage des bois. 2e éd. *Mons*, 1884, in-16.
                [8° **I. 3432** A

Gérard (F.). Correspondance, publ. par M. Henri Gérard, son neveu. *P.*, 1867, 8°.
                [8° **U. 3298** C

Gérard (G.). Le lavis et l'aquarelle. *P.*, 1890, 2 vol. in-16.   [8° **I. 3432** C

Gerhardt (Lieutenant-colonel A.). Traité des résistances du cheval. *P.*, 1889, 8°.
                [8° **I. 3434** B

Gérin-Roze (L. de). Manuel du navigateur anglais et français. *P.*, 1840, in-12.
                [8° **I. 3436** D

Germain (Ch.), **Aubert** (Oct.). La Révolution, son œuvre et ses bienfaits. *P.*, 1888, in-18.   [8° **U. 3304** C

Gerspach (E.). La manufacture des Gobelins. *P.*, 1892, 8°.   [8° **I. 3439** Aa

—— Les tapisseries coptes. *P.*, 1890, 4°.
                [4° **I. 669** A

Gerville-Réache. Proposition de loi sur la protection des enfants abandonnés. *P.*, 1886, 4°.   [4° **I. 669** Ad

—— Rapport sur le budget de 1889. Ministère de la marine. *P.*, 1888, 4°.
                [4° **U. 705** G

Gevin-Cassal (Mme O.). Souvenirs du Sundgau. *P.*, 1892, in-18. [8° **O. 2339** C

Geymet. Traité pratique de photolithographie. 3e éd. *P.*, 1888, in-18.
                [8° **I. 3443** + B

—— Traité pratique de phototypie. Nouv. éd. *P.*, 1888, in-18.   [8° **I. 3443** B

Gheusi (P.-B.). Le blason héraldique. *P.*, 1892, 8°.   [8° **I. 3443** D

Giavi (V.). Brises d'Orient et bises du Nord. *P.* (s. d.), 8°.   [8° **O. 2339** D

—— Israël! Poème. *P.*, 1890, 8°.
                [8° **O. 2339** E

Gibier (Dr P.). Physiologie transcendantale. Analyse des choses. *P.* (1889), in-18.
                [8° **I. 3444** B

Gibon (A). Les accidents du travail et l'industrie. *P.*, 1890, 4°.   [4° **I. 669** B

Giffard (P.). Nos mœurs. La vie au théâtre. *P.* (s. d.), in-18.   [8° **U. 3327** A

Gigot (F.). Le pigeon voyageur et les colombiers militaires. *Bruxelles*, 1887, 8°.
                [8° **I. 3446** B

Gille (P.). La bataille littéraire. 1875-1878. 3e éd. *P.*, 1889, in-18. [8° **O. 2342** B

Gilles (F.). Manuel théorique et pratique des actes sous seing privé. 5e éd. *P.*, 1889, 8°.   [8° **E. 1170** C

Gilles de la Tourette (D^r). L'hypnotisme et les états analogues. *P.*, 1887, 8°.
                [8° **I. 3447** A

Gillet de Grandmont (D^r). Berlin au point de vue de l'hygiène. *P.*, 1891, 4°.
                [4° **I. 669** Bc

Ginisty (P.). Choses et gens de théâtre. P., 1892, in-16. [8° O. 2356 Aa

Giquel (E.). Manuel de navigation. P., 1861, in-18. [8° I. 4330 A

Girard (A.). Recherches sur la culture de la pomme de terre. 2ᵉ éd. P., 1891, 8° et atlas 4°. [8° I. 3450 + A
[4° I. 669 C

Girard (Ch.), **Brevans** (J. de). La margarine et le beurre artificiel. P., 1889, in-16. [8° I. 3450 A

Girard (J.). Les rivages de la France. 3ᵉ éd. P., 1888, 8°. [8° I. 3454 + A

Girard (L.), **Arrenaud**. La musique sans professeur, en 50 leçons. P. (s. d.), 4°. [4° I. 669 D

Girard (M.). Les abeilles. Organes et fonctions. 2ᵉ éd. P., 1887, in-18. [8° I. 3454 A

—— Cours complet d'enseignement dans les écoles normales primaires. Histoire naturelle. Zoologie (2ᵉ année). P., 1883, in-18. [8° I. 3454 Aa

Girard (P.). L'éducation athénienne au vᵉ et au ivᵉ siècle av. J.-C. P., 1889, 8°. [8° I. 3455 B

—— La peinture antique. P. (s. d.), 8°. [8° I. 3455 C

Girardin (J.). Necker. P., 1882, in-16. [8° U. 3333 C

Giraud (A.). M. Eugène de Mirecourt. P., 1856, in-16. [8° U. 3334 A

Girod (P.). Les sociétés chez les animaux. P., 1891, in-16. [8° I. 3463 B

Giroux (Mᵐᵉ A.). Manuel d'examen pour l'enseignement de la coupe et de l'assemblage des vêtements de femmes et d'enfants. P., 1881, 8°. [8° I. 3463 C

—— Traité de la coupe et de l'assemblage des vêtements de femmes et d'enfants. P., 1890, in-16. [8° I. 3463 Ca

Giry (A.). Manuel de diplomatique. P., 1894, 8°. [8° I. 3463 F

Gladstone (W. E.). Questions constitutionnelles (1873-1878). Trad. par Albert Gigot. P., 1880, 8°. [8° U. 3337 A

Glasson (E.). Histoire du droit et des institutions de la France. P., 1887-93, 5 vol. 8°. [8° E. 1186 A

Gloires et souvenirs militaires. P., 1894, gr. 8°. [4° U. 708 C

Gobat (A.). La République de Berne et la France pendant les guerres de religion. P., 1891, 8°. [8° U. 3337 C

Gobineau (Cᵗᵉ **de**). La Renaissance. P., 1877, in-16. [8° U. 3337 D

Goblet (R.), **Sarrien**, **Carnot** (S.). Projet de loi sur les dépenses de l'instruction primaire publique P., 1886, 2 vol. 4°. [4° U. 708 F

Godard (L.). Description et histoire du Maroc. P., 1860, 2 parties en 1 vol. 8°. [8° U. 3337 G

Godefroy (F.). Histoire de la littérature française aux xviiᵉ, xviiiᵉ et xixᵉ siècles. P., 1877-1880, 3 vol. 8°. [8° O. 2373 + A

Godefroy (Théodore). Le cérémonial françois... recueilly par Théodore Godefroy... mis en lumière par Denys Godefroy... P., 1649, 2 vol. fᵒ. [Fol. U. 143

Godet (P.). Études et causeries. P., 1889, in-16. [8° O. 2373 A

Godin (E.). La Lyre de Cahors. P., 1888, in-18. [8° O. 2376 A

Gœpp (Éd.). Les grands hommes de la France. Marins. 3ᵉ éd. P., 1885, in-18. [8° U. 3338 D

Gogol (N.). Tarass Boulba, traduit du russe par L. Viardot. P., 1892, 8°. [8° O. 2403 G

Goguillot (L.). Comment on fait parler les sourds-muets. P., 1889, 8°. [8° I. 3472 B

Goirand (J.-P.). Documents historiques sur Alais pendant la Révolution. 1ʳᵉ série. Alais, 1889, 8°. [8° U. 3346 D

Goldsmith (O.). Le vicaire de Wakefield, trad. par B.-H. Gausseron. P. (s. d.), gr. 8°. [4° O. 319 C

Gomot. Rapport sur la fixation des recettes et dépenses de 1889. Ministère de la justice et des cultes. P., 1888, 4°. [4° U. 709 D

Goncourt (E. et J. de). Journal. Mémoires de la vie littéraire, 1851-1884. P., 1888-1892, 6 vol. in-18. [8° U. 3354 + A

Gondinet (E.). Théâtre complet. 2ᵉ éd. P., 1892-1894, 3 vol. in-18. [8° O. 2405 C

Gonse (L.). L'art japonais. P. (s. d.), 8°. [8° I. 3474 A

—— Les chefs-d'œuvre de l'art au xixᵉ siècle. P. (s. d.), fᵒ. [Fol. I. 102 + A

Good (A.) [Tom Tit]. La science amusante. 5ᵉ éd. P. (s. d.), 8°. [8° I. 3474 D

4.

Gordon (Th.). Discours historiques et politiques sur Salluste, trad. P., 1759, 2 vol. in-12.   [8° U. 3357 D

Gosset (A.). Traité de la construction des théâtres. P., 1886, f°.   [Fol. I. 102 + A

Gottstein (Dr J.). Maladies du larynx. Trad. par le Dr L. Rougier. P., 1888, 8°.
[8° I. 3483 C

Goudareau (G.). Excursions au Japon. P. (s. d.), 4°.   [4° U. 710 + A

Gouguenheim (A), **Lermoyez** (M.). Physiologie de la voix et du chant. P. 1885, in-18.   [8° I. 3486 A

Gouilly (Al.). Transmission de la force motrice par air comprimé ou raréfié P. (s. d.), in-16.   [8° I. 3486 A + a

Gouin (F.). Essai sur une réforme des méthodes d'enseignement. P., 1880, in-12.
[8° O. 2408 A

Goulette (L.). Avant, pendant et après l'affaire Schnæbelé. P. (s. d.), in-18.
[8° U. 3360 A

Goupil (F.). L'art de modeler et de sculpter. P. (s. d.), in-16. [8° I. 3486 Aa

———— Le dessin expliqué à tous. Nouv. éd. P. (s. d.), 8°.   [8° I. 3486 Ab

———— Géométrie artistique, pratique et familière. Nouv. éd. P. (s. d.), 8°.
[8° I. 3436 Ac

———— Manuel général de l'ornement décoratif. P., 1862, 8°.   [8° I. 3486 Ad

———— Manuel général de la peinture à l'huile. Nouv. éd. P., 1884, 8°.
[8° I. 3486 Ae

———— Manuel renfermant tout ce qu'un peintre doit apprendre. P. (s. d.), 8°.
[8° I. 3486 Af

———— Manuel général du modelage. P. (s. d.), 8°.   [8° I. 3486 Ag

———— Le miniaturiste. Nouv. éd., par Frédéric Dillaye. P. (s. d.), 8°.
[8° I. 3486 Ah

———— Le pastel simplifié et perfectionné. Nouv. éd. P. (s. d.), 8°. [8° I. 3486 Ai

———— La perspective. P. (s. d.), 8°.
[8° I. 3486 Aj

———— Traité de paysage mis à la portée de tous. P. (s. d.), 8°.   [8° I. 3486 Ak

———— **Renauld**. Traité du dessin au trait en général. P., 1869, 8°. [8° I. 3486 Al

Goupil (F.). Traité général des peintures à l'eau ou lavis. 4e éd. P. (s. d.), 8°.
[8° I. 3486 Am

———— Traité général des peintures vitrifiables sur porcelaine. Nouv. éd., par Frédéric Dillaye. P. (s. d.), 8°. [8° I. 3486 An

———— Traité méthodique du dessin, de l'aquarelle et du lavis. P. (s. d.), 8°.
[8° I. 3486 Ao

———— Traité méthodique et raisonné de la peinture à l'huile. 4e éd. P. (s. d.), 8°.
[8° I. 3486 Ap

Gourdault (J.). L'Europe pittoresque. Pays du nord. P., 1892, gr. 8°.
[4° U. 710 + Ac

———— L'Italie. P., 1887, f°.
[Fol. U. 154 B

———— La Suisse. P., 1879-1880, 2 vol. f°.
[Fol. U. 154 C

———— Venise et la Vénétie. P., 1886, 8°.
[8° U. 3362 A

Gourdon de Genouillac (H.). L'art héraldique. P. (s. d.), 8°.   [8° I. 3486 D

———— Grammaire héraldique. P. (s. d.), in-16.   [8° I. 3486 Da

———— Paris à travers les siècles. P., 1879-1882, 5 vol. 4°.   [4° U. 710 A

Gourdoux père et fils. Carte commerciale des chemins de fer français. 7e éd. P. (s. d.), f° plano.   [Fol. U. 154 D

Gourliau (E.). Méthode pour l'étude de l'arabe écrit. Corrigé. Miliana, 1888, 8°.
[8° O. 2428 A

Gouts (A.). Les îles Carolines. P., 1885, 8°.
[8° U. 3364 A

Gouzy (P.). Voyage d'une fillette au pays des étoiles. P., 1885, 8°. [8° I. 3487 C

Gow (Dr J.). Minerva. P., 1890, in-16.
[8° O. 2428 B

Goyau (L.). Traité pratique de maréchalerie. 3e éd. P., 1890, in-18.
[8° I. 3486 E

Grad (Ch.). A travers l'Alsace et la Lorraine. 1884. P. (s. d.), 4°. [4° U. 710 Aa

———— Le peuple allemand, ses forces et ses ressources. P., 1888, in-16.
[8° U. 3365 + A

Graëtz. Histoire des Juifs, trad. de l'allemand par M. Wogue et M. Moïse Bloch. P., 1882-1893, 4 vol. 8°.   [8° U. 3365 A

Graffigny (H. **de**). Les industries d'amateurs. *P.*, 1889, in-18.   [8° **I. 3487 Ga**

—— Le liège et ses applications. *P.*, 1888, in-18.   [8° **I. 3487 Gb**

—— Manuel de l'horloger et du mécanicien amateur. *P.* (s. d.), 8°. [8° **I. 3487 Gc**

—— Les voyages fantastiques. *P.*, 1887, 8°.   [8° **O. 2428 D**

Gramont (Duc **de**). La France et la Prusse avant la guerre. 2ᵉ éd. *P.*, 1872, 8°.   [8° **U. 3370 + A**

Gran (J.). Fonctionnement de la justice militaire dans les différents États de l'Europe. *Christiania*, 1884-1885, 3 vol. 8°.   [8° **E. 1192 B**

Grand annuaire de l'Algérie et de la Tunisie, 1886-1887. *P.*, 1886-1887, 8°.   [8° **I. 3489 + A**

Grand-Carteret (J.). xɪxᵉ siècle (en France). *P.*, 1893, 4°.   [4° **U. 710 + B**

—— Les mœurs et la caricature en France. *P.* (s. d.), 4°.   [4° **U. 710 B**

Grande (La) encyclopédie. *P.* (s. d.), .. vol. 4°.   [4° **O. 321 A**

Grandeau (L.). Études agronomiques. *P.*, 1887-1888, 2 vol. in-16.   [8° **I. 3490 A**

Grandes (Les) puissances militaires. *P.* (s. d.), 8°.   [8° **U. 3370 A**

Grandmaison (F. **de**). La variole. *P.* (s. d.), 8°.   [8° **I. 3492 ++ A**

Grandmaison (Mᵐᵉ **de**). Le savoir-vivre et ses usages. *P.* (s. d.), in-18.   [8° **I. 3492 + A**

Grands (Les) écrivains français; 4ᵉ éd. des écoles. *P.* (1885), in-18.   [8° **O. 2430 C**

—— Éd. des familles. [8° **O. 2430 Ca**

Gras (Félix). Toloza, geste provençale. *P.*, 1881, in-18.   [8° **O. 2430 D**

Grasset (J.). Leçons sur la grippe de l'hiver 1889-1890. *Montpellier*, 1890, 8°.   [8° **I. 3493 C**

Gratiolet (L.). Souvenirs d'un artilleur de l'armée du Rhin. *P.*, 1892, in-18.   [8° **U. 3374 ++ A**

Gray (T.). Élégie du cimetière de village, par G. de la Quesnerie. *P.* (s. d.), 8°.   [8° **O. 2430 E**

Gréard (Oct.). L'éducation des femmes par les femmes. *P.*, 1886, in-16.   [8° **I. 3501 A**

—— Éducation et instruction. Enseignement supérieur. 2ᵉ éd. *P.*, 1889, in-16.   [8° **I. 3501 Ad**

—— Edmond Scherer. *P.*, 1890, in-16.   [8° **U. 3374 + A**

—— Prévost-Paradol. *P.*, 1894, in-16.   [8° **U. 3374 + Ac**

Grégoire, évêque de Tours. Histoire ecclésiastique des Francs, trad. par J. Guadet et Taranne. *P.*, 1837-...., . vol. in-8°.   [8° **U. 3374 D**

Gréhant (N.). Les poisons de l'air. *P.*, 1890, in-16.   [8° **I. 3504 B**

Grenier (Ch.). Situation du gouvernement et du pays au commencement de l'année 1833. *P.*, mars 1833, 8°.   [8° **U. 3379 C**

Gresset. Œuvres choisies. *P.* (s. d.), in-18.   [8° **O. 2434 A**

Gréville (H.). Péril. *P.* (s. d.), in-18.   [8° **O. 2434 C**

—— Le vœu de Nadia. *P.*, 1883, 4°.   [4° **O. 321 D**

Grévy (J.). Discours politiques et judiciaires, rapports et messages. *P.* (s. d.), 2 vol. 8°.   [8° **U. 3380 C**

Grignon (E.). Le cidre. *P.*, 1887, in-18.   [8° **I. 3507 A**

Grimaux (E.). Lavoisier, 1743-1794. *P.*, 1888, 8°.   [8° **U. 3381 + A**

Grin (F.). Charles Gordon. Un héros. *P.*, 1886, in-18.   [8° **U. 3381 A**

Grisard (J.), **Vanden-Berghe** (M.). Les bois industriels indigènes et exotiques. 2ᵉ éd. *P.* (s. d.), 2 vol. gr. 8°. [4° **I. 675 + A**

Grisez-Droz (J.). Heures de mélancolie. 1886-1892. Nouv. éd. *Montdidier*, 1892, 8°.   [8° **O. 2454 A**

Grisot (Général), **Coulombon** (Lieutᵗ). La légion étrangère de 1831 à 1887. *P.*, 1888, 8°.   [8° **U. 3381 B**

Gruner (Ed.). Les syndicats industriels en Allemagne. *P.*, 1887, 8°. [8° **I. 3520 A**

Gruson (H.), **Barbet** (L.-A.). Étude sur les moyens de franchir les chutes des canaux, écluses. *P.*, 1890, 8° et atlas f° de 28 pl.   [8° **I. 3520 C**
     [Fol. **I. 102 A**

Guadet (J.). Les Girondins. Nouv. éd. P., 1889, in-16. [8° **U. 3394 B**

Guardia (J.-M.). Histoire de la médecine. P., 1884, in-18. [8° **I. 3525 B**

Gubernatis (A. de). Dictionnaire international des écrivains du jour. *Florence,* 1891, 3 vol. 4°. [4° **U. 715 A**

Guchen (D.). Cinquante ans au Maduré. 1837-1887. *Trichinopoly,* 1887-1889, 2 vol. gr. 8°. [4° **U. 715 B**

Gudin du Pavillon (Ch.), **Rey** (P.). Manuel électoral. 3ᵉ éd. P., 1890, in-16. [8° **E. 1199 A**

Guechot. La conquête du globe. xiiiᵉ au xviᵉ siècle. P. (s. d.), 8°. [8° **U. 3394 C**

Guédy (T.). Musées de France et collections particulières. P. (s. d.), in-18. [8° **U. 3394 E**

Guelle (J.). Précis des lois de la guerre sur terre. P., 1884, 2 vol. in-18. [8° **E. 1200 A**

Guérard (Ed.). Dictionnaire encyclopédique d'anecdotes. 4ᵉ éd. P., 1879, 2 vol. 8°. [8° **O. 2460 C**

Guerber (A.). Constructions modernes et économiques. P. (s. d.), 4 vol. f°. [Fol. **I. 102 C**

Guéroult (G.). Le centenaire de 1789. P., 1889, in-18. [8° **U. 3402 A**

Guerre (Mᵐᵉ A.). Nouvelle méthode de coupe. P., 1886, in-18. [8° **I. 3530 + A**

Guerrier (L.), **Rotureau** (L.). Manuel pratique de jurisprudence médicale. P., 1890, in-16. [8° **E. 1201 C**

Guers (Chanoine E.). Récits et souvenirs de 1870-1871. P. (s. d.), 8°. [8° **U. 3408 A**

Guesde (L.). Petite école d'agriculture coloniale. *Basse-Terre,* 1889, in-16. [8° **I. 3530 C**

Guesviller (G.). En musique, roman contemporain. P., 1893, in-18. [8° **O. 2464 B**

—— Oreilles fendues. P., 1891, in-18. [8° **O. 2464 C**

Gueullette (Ch.). Acteurs et actrices du temps passé. La Comédie Française. 1ʳᵉ série. III. P., 1881, 8°. [8° **U. 3408 Ac**

—— Répertoire de la Comédie Française. 1883-1891. P., 1885-1892, 8 vol. in-18. [8° **O. 2465 C**

Guibout (Dʳ E.). Les vacances d'un médecin. 9ᵉ série. 1888. P., 1889, in-18. [8° **U. 3408 B**

Guide de l'acheteur. Annuaire des fabricants et commerçants. 40ᵉ ann. (1894). P., 8°. [8° **I. 3533 + A**

—— du commerce. *Lyon,* 1884, in-16. [8° **I. 3533 A**

—— méthodique pour l'instruction de la compagnie d'infanterie. P., 1889, in-18. [8° **I. 3534 + A**

—— officiel de la navigation intérieure. P., 1887, in-18 et atlas f°. [8° **I. 3534 A** [Fol. **I. 102 E**

—— pratique des sciences médicales. P., 1891-...., . vol. in-18. [8° **I. 3534 C**

Guiffrey (J.). Les Conventionnels. P., 1889, 8°. [8° **U. 3409 C**

—— Histoire de la tapisserie. *Tours,* 1886, gr. 8°. [4° **I. 680 D**

Guignet (Ch.-Er.). Les couleurs. P., 1889, in-16. [8° **I. 3534 D**

Guilhaumon (J.-B.). Éléments de navigation et de calcul nautique. P., 1891; 1ʳᵉ partie, 8°; 2ᵉ partie, 4°. [8° **I. 3536 A**

Guilhermy (Bᵒⁿ de). Papiers d'un émigré, 1789-1829. P., 1886, 8°. [8° **U. 3411 A**

Guilhiermoz (P.). Enquêtes et procès. P., 1892, 4°. [4° **E. 187 B**

Guillaume (E.). Études d'art antique et moderne. P., 1888, 8°. [8° **I. 3537 + A**

Guillaume (J.). Pestalozzi. P., 1890, in-16. [8° **U. 3413 D**

Guillemain (P.). Navigation intérieure. P., 1885, 2 vol. 8°. [8° **I. 3537 A**

Guillemaut (L.). Un petit coin de la Bourgogne à travers les âges. Histoire de la Bresse louhannaise. *Louhans* (s. d.), 8°. [8° **U. 3415 A**

Guillemin (A.). Le beau et le mauvais temps. P., 1887, in-16. [8° **I. 3537 B**

—— Esquisses astronomiques. Autres mondes. P., 1892, in-18. [8° **I. 3541 A**

—— Petite encyclopédie populaire. Le magnétisme et l'électricité. P., 1890, in-16. [8° **I. 3542 A**

Guillois (A.). Pendant la Terreur : le poète Roucher. 1745-1794. P., 1890, in-18. [8° **U. 3415 B**

Guillot (A.). Paris qui souffre. Les prisons de Paris. P., 1890, 8°. [8° U. 3415 C

Guillot (E.). Grand atlas départemental de la France et de l'Algérie. P., 1889, f°. [Fol. U. 158 D

Guiraud (P.). Lectures historiques, rédigées pour la classe de quatrième. P., 1893, in-16. [8° U. 3415 D

Guize (E.-H.). Le militarisme en Europe. P., 1890, 8°. [8° U. 3415 G

Guizot. Shakespeare et son temps. Nouv. éd. P., 1876, in-16. [8° O. 2468 A

—— Le temps passé. Mélanges. P., 1887, 2 vol. in-16. [8° O. 2468 Aa

Guizot (Mme). Éducation domestique. 6e éd. P., 1881, 2 vol. in-18. [8° I. 3554 A

Gulbenkian (C.-S.). La Transcaucasie et la péninsule d'Apchéron. Souvenirs de voyage. P., 1891, in-16. [8° U. 3496 C

Gumplowicz (L.). La lutte des races, trad. par Ch. Baye. P., 1893, 8°. [8° I. 3556 + A

Gun (Colonel). L'artillerie actuelle en France et à l'étranger. P., 1889, in-16. [8° I. 3556 A

Guy (C.). Nos historiens nationaux. P., 1890, 8°. [8° U. 3496 F

Guy (J.). Les femmes de l'antiquité. P., 1891, 4°. [4° U. 736 + A

Guy de Chauliac. La grande chirurgie, revue, avec des notes, un glossaire et une table alphabétique par E. Nicaise. P., 1890, 4°. [4° I. 682 C

Guyau. La morale d'Épicure. 3e éd. P., 1886, 8°. [8° I. 3558 A

Guyho (C.). Études d'histoire parlementaire. P., 1889, in-18. [8° U. 3499 A

Guyon (Ch.). Des Ardennes en Italie. P., 1890, 8°. [8° U. 3499 C

Guyot (Yves). Discours. Projet de loi relatif aux contributions directes. P., 1887, 4°. [4° U. 736 A

—— Discours sur la réglementation du travail des femmes. P., 1888, fol. [Fol. E. 29 B

—— L'impôt sur le revenu. P., 1887, in-18. [8° E. 1207 A

—— Les principes de 89 et le socialisme. P. (1894), 8°. [8° I. 3565 B

—— La tyrannie socialiste. P., 1893, 8°. [8° I. 3566 A + a

Guyot-Daubès. L'art d'aider la mémoire. 5e éd. P., 1889, in-18. [8° I. 3566 Aa

—— Curiosités physiologiques. P., 1886, 8°. [8° I. 3566 B

Guyou (E.). Description et usage des instruments nautiques. P., 1889, 8°. [8° I. 3566 E

—— Théorie du navire. P., 1887, 8°. [8° I. 3566 F

H

Haag (P.). Cours de calcul différentiel et intégral. P., 1893, in-8°. [8° I. 3566 I

Hachet-Souplet (P.). [Calixte Rachet.] Louis-Napoléon prisonnier au fort de Ham. La vérité sur l'évasion de 1846. P. (s. d.), in-18. [8° U. 3500 C

Hadley (A.-T.). Le transport par les chemins de fer, trad. par A. Raffalovich et L. Guérin. P., 1887, 8°. [8° E. 1207 B

Haeffelé (E.). Guide des sociétés de tir. P., 1888, 8°. [8° I. 3569 A

Hagen (Dr R.). Manuel pratique de diagnostic et de propédeutique. Éd. française. P., 1890, in-16. [8° I. 3569 D

Hallays (A.). Le secret professionnel. P., 1890, 8°. [8° E. 1207 F

Hamerton (P.-G.). Français et Anglais, trad. de G. Labouchère. P., 1891, 2 vol. in-16. [8° U. 3504 D

Hamonic (Dr P.), Schwartz (E.). Manuel du chanteur et du professeur de chant. P., 1888, in-16. [8° I. 3575 A

Hamont (T.). Un essai d'empire français dans l'Inde au xviiie siècle. Dupleix. 2e éd. P. (s. d.), in-18. [8° U. 3524 A

Hannequin (A.). Cours de philosophie. P., 1890, in-16. [8° I. 3576 B

Hanot (V.). La cirrhose hypertrophique avec ictère chronique. P., 1892, in-16. [8° I. 3576 C

Hanotaux (G.). Études historiques sur le xvie et le xviie siècle en France. P., 1886, in-16. [8° U. 3525

Hanotaux (G.). Histoire du Cardinal de Richelieu. *P.*, 1893, 8°.   [8° **U. 3525 B**

Hardy de Périni (Com¹). Études militaires historiques. Bayard (1495-1524). 2ᵉ éd. *P.*, 1887, in-8°.   [8° **U. 3532 C**

—— —— Les Français en Italie de 1494 à 1559. *P.*, 1880, 8°.   [8° **U. 3532 Ca**

—— —— La guerre de Cent ans (1346-1453). *P.*, 1879, 8°.   [8° **U. 3532 Cb**

—— —— Les guerres de religion de 1562 à 1594. *P.*, 1880, 8°. [8° **U. 3532 Cc**

—— —— Les Valois de 1515 à 1589. *P.*, 1880, 8°.   [8° **U. 3532 Cd**

Harold Frédéric. Un jeune empereur. Guillaume II, trad. par J. de Clesles. *P.*, 1894, in-16.   [8° **U. 3535 C**

Hartig (R.). Traité des maladies des arbres, trad. par J. Gerschel et E. Henry. *P.*, 1891, 8°.   [8° **I. 3586 B**

Hartley (A.). Les voies navigables de l'Europe; conférence. *P.* (s. d.), 8°.   [8° **I. 3586 D**

Hartmann (G.). La Chambre de commerce de Paris et la représentation commerciale. *P.*, 1890, 4°.   [4° **E. 187 C**

Hauck (W.-Ph.). Les piles électriques, trad. par G. Fournier. *P.*, 1885, in-16.   [8° **I. 3587 Ba**

Haucour (L. d'). Gouvernements et ministères de la IIIᵉ République française. *P.*, 1893, 8°.   [8° **U. 3545 C**

Haupt (O.). Arbitrages et parités. 7ᵉ éd. *P.*, 1887, 8°.   [8° **I. 3587 Bb**

Hauriou (M.). Précis de droit administratif. 2ᵉ éd. *P.*, 1893, 8°. [8° **E. 1207 H**

Hauser (A.). Retouche des clichés. *P.*, 1875, 8°.   [8° **I. 3590 A**

Hausmann (Bᵒⁿ). Mémoires. 4ᵉ éd. *P.*, 1890, 4 vol. 8°.   [8° **U. 3545 C**

Haussonville (Cᵗᵉ d'). Études biographiques et littéraires. Prosper Mérimée, Hugh Elliot. *P.*, 1885, in-18.   [8° **U. 3551 A**

—— Les grands écrivains français. Mᵐᵉ de Lafayette. *P.*, 1891, in-16. [8° **U. 3551 B**

Havard (H.). Les arts de l'ameublement. La décoration. *P.* (s. d.), 8°. [8° **I. 3592 C**

—— —— L'horlogerie. *P.* (s. d.), 8°.   [8° **I. 3592 Ca**

—— —— La menuiserie. *P.* (s. d.), 8°.   [8° **I. 3592 Cb**

Havard (H.). Les arts de l'ameublement. L'orfèvrerie. *P.* (s. d.), 8°.   [8° **I. 3592 Cc**

—— —— La serrurerie. *P.* (s. d.), 8°.   [8° **I. 3592 Cd**

—— —— La tapisserie. *P.* (s. d.), 8°.   [8° **I. 3592 Ce**

—— Les artistes célèbres. Les Boulle. *P.* (s. d.), 4°.   [4° **I. 686 D**

Havet (A.-G.). Le français enseigné par la pratique. *P.*, 1887, in-12. [8° **O. 2479 A**

Havet (A.-R.). La Birmanie et la Chine méridionale. *P.*, 1885, 8°.   [8° **U. 3554 A**

Havet (E.). Études d'histoire religieuse. La modernité des prophètes. *P.*, 1891, 8°.   [8° **U. 3558 A**

Havet (L.). Abrégé de grammaire latine. *P.*, 1886, in-16.   [8° **O. 2481 A**

—— Abrégé de métrique grecque et latine. *P.*, 1894, in-18.   [8° **O. 2481 Aa**

Hayem (G.). Leçons de thérapeutique. Les grandes médications. *P.*, 1887, 8°.   [8° **I. 3594 A**

Hayem (J.), **Périn** (J.). Traité du contrat d'apprentissage. *P.*, 1878, 8°. [8° **E. 1214 C**

Hégel. Philosophie de l'esprit, trad. par A. Véra. *P.*, 1867-69, 2 vol. 8°.   [8° **I. 3600 B**

—— Philosophie de la nature, trad. par A. Véra. *P.*, 1863-66, 3 vol. 8°.   [8° **I. 3600 C**

—— Philosophie de la religion, trad. par A. Véra. *P.*, 1876-78, 2 vol. 8°.   [8° **I. 3600 D**

Heilmann (E.). Un ménage bourgeois. *P.*, 1892, in-16.   [8° **I. 3600 E**

Heimweh (J.). La question d'Alsace. *P.*, 1889, in-16.   [8° **U. 3569 B**

Heinrich (G.-A.). Histoire de la littérature allemande. 2ᵉ éd. *P.*, 1888-89, 2 vol. 8°.   [8° **O. 2484 C**

Helbig (W.). Guide dans les musées d'archéologie classique de Rome, trad. par J. Toutain. *Leipzig*, 1893, 2 vol. in-16.   [8° **I. 3600 H**

Hélène (M.). Le bronze. *P.*, 1890, in-16.   [8° **I. 3602 B**

Hellyer (S.-S.). Traité pratique de la salubrité des maisons, trad. par Poupard aîné. *P.*, 1889, 2 vol. 8°.   [8° **I. 3605 A**

Helyot (Le P.). Histoire des ordres monastiques, religieux et militaires. *P.*, 1714-1719, 8 vol. in-4°. [4° **U. 749** D

Hément (F.). Petit traité des punitions et des récompenses. *P.*, 1890, in-18.
[8° **I. 3607** ++ A

Hémon (F.). Cours de littérature à l'usage des divers examens. *P.*, 1890-91, 2 vol in-18.
[8° **O. 2484** E

Hénard (E.). Exposition universelle de 1889. Le Palais des machines. *P.*, 1891, f°.
[Fol. **I. 102** H

Hennebert (L'-colonel). L'art militaire et la science. *P.*, 1885, 8°. [8° **I. 3607** + A

—— L'artillerie. *P.*, 1887, in-16.
[8° **I. 3607** A

—— L'Autriche en 1888. *P.* (s. d.), in-18.
[8° **U. 3582** + A

—— La guerre. *P.*, 1893, in-16.
[8° **I. 3607** B

—— Histoire d'Annibal. *P.*, 1878, 2 vol. in-8°. [8° **U. 3583** B

Hennequin (E.). La critique scientifique. *P.*, 1888, in-16. [8° **I. 3608** A

Henrichs (P.). Napoléon III. *P.*, 1857, in-18. [8° **U. 3595** C

Henriet (F.). Les campagnes d'un paysagiste. *P.*, 1891, 4°. [4° **I. 687** C

Henriet (M.). Guide du maire, officier de l'état civil. *P.*, 1891, 8°. [8° **E. 1227** C

Henriot. Le secrétaire illustré. *P.* (s. d.), in-12. [8° **O. 2486** A

Henry (C.). Cercle chromatique. *P.*, 1888, in-18. [8° **I. 3610** ++ A

Henry (E.). Code annoté du service vicinal. *P.*, 1889, 8°. [8° **E. 1228** B

Henry (V.). Précis de grammaire comparée du grec et du latin. *P.*, 1888, 8°.
[8° **O. 2487** A

Hérail (J.), **Bonnet** (V.). Manipulations de botanique médicale et pharmaceutique. *P.*, 1891, 8°. [8° **I. 3610** + A

Hérard (F.), **Sirey** (Ch.). Les canalisations d'éclairage électrique. *P.*, 1894, 8°.
[8° **E. 1228** D

Hérard (H.), **Cornil** (V.), **Hanot** (V.). La phtisie pulmonaire. 2ᵉ éd. *P.*, 1888, 8°.
[8° **I. 3610** A

Héraud (Dʳ A.). Les secrets de la science, de l'industrie et de l'économie domestique. *P.*, 1879, in-18. [8° **I. 3612** A

Herbelot (D'). Bibliothèque orientale. *P.*, 1697, f°. [Fol. **U. 159** D

—— Bibliothèque orientale..... par MM. C. Visdelou et A. Galand, supplément à celle de M. d'Herbelot. *P.*, 1780, f°.
[Fol. **U. 159** D

—— —— Nouvelle édition, par M. D. *P.*, 1781-1783, 6 vol. in-8°.
[8° **U. 3596** + A

Herbert (Lady). L'Algérie contemporaine illustrée. *P.*, 1882, 8°. [8° **U. 3596** A

Hérédia (J.-M. de). Les trophées. *P.*, 1893, in-18. [8° **O. 2490** C

Héricault (Charles d'). La France révolutionnaire (1789-1889). *P.*, 1889, 4°.
[4° **U. 763** B

—— Histoire anecdotique de la France. *P.* (s. d.), 7 vol. 8°. [8° **U. 3596** B

Héricourt (Achmet d'). Manuel de l'histoire de France. *P.*, 1844, 2 vol. in-8°.
[8° **U. 3599** C

Hérisson (Comte d'). Le cabinet noir. Louis XVII, Napoléon, Marie-Louise. 8ᵉ éd. *P.*, 1887, in-18. [8° **U. 3599** E

—— La chasse à l'homme. Guerres d'Algérie. *P.*, 1891, in-18. [8° **U. 3599** Ea

—— Les girouettes politiques. Un constituant. 4ᵉ éd. *P.*, 1892, in-18.
[8° **U. 3599** Eb

—— La légende de Metz. *P.*, 1888, in-18.
[8° **U. 3600** A

—— Le prince impérial (Napoléon IV). 15ᵉ éd. *P.*, 1890, in-18. [8° **U. 3600** D

Hermant (A.). L'architecte moderne devant le code civil. *P.* (s. d.), 8°.
[8° **E. 1229** C

Hernandez (P.). Description de la généralité de Paris. *P.*, 1759, 8°.
[8° **U. 3601** + A

Héroïsme (L') contemporain. *Limoges*, 1886, 8°. [8° **U. 3601** A

Hertzberg (G.-F.). Histoire de la Grèce sous la domination des Romains, trad. de l'allemand. *P.*, 1887, 8°. [8° **U. 3601** B

Hervé-Bazin (F.). Les grands ordres et congrégations de femmes. *P.*, 1889, 8°.
[8° **U. 3601** G

Hervier (M.). Les explosions de chaudières à vapeur. Causes, effets, moyens préventifs. *P.*, 1894, 8°. [8° **I. 3616** C

Hervieu (H.). Les ministres, leur rôle. P., 1893, 8°. 　　　　　　[8° **E. 1230** C

Hervilly (E. d'). Aventures d'un petit garçon préhistorique en France. P. (s. d.), 4°. 　　　　　　[4° **O. 322** C

———— L'île des parapluies. Aventure du gâte-sauce Talmouse. P. (s. d.), 8°. 　　　　　　[8° **O. 2496** C

Heuzé (G.). Manuel complet des constructions agricoles. P., 1876, in-18 et atlas gr. 8° de 16 planches. 　[8° **I. 4241** A *Manuels Roret.*

———— Les plantes industrielles. 3ᵉ éd. P., 1893, 3 vol. in-18. 　　[8° **I. 3620** A

Hewitt (J.). Ancient armour and weapons in Europe. *Oxford*, 1855, 3 vol. 8°. 　　　　　　[8° **I. 3620** D

Heylli (G. d'). Dictionnaire des pseudonymes. Nouv. éd. P., 1887, in-18. 　　　　　　[8° **O. 2499** A

Heym (J.). Dictionnaire portatif, 1ʳᵉ partie : françois-russe-allemand. *Riga et Leipzig*, 1805, in-18. 　　　[8° **O. 2499** D

———— Deutsch - Russisch - Franzoesisches Taschen-Woerterbuch, herausgegeben... *Riga und Leipzig*, 1805, in-18. [8° **O. 2499** Da

———— Dictionnaire portatif, 1ʳᵉ partie : russe-françois-allemand, publié par J. Heym. *Riga et Leipzig*, 1805, 2 vol. in-18. 　　　　　　[8° **O. 2499** Db

Hilliard d'Auberteuil. Essais historiques et politiques sur la révolution de l'Amérique septentrionale. *Bruxelles*, 1872, 2 vol. in-4°. 　　　　　　[4° **U. 763** Bd

Hippeau (E.). Histoire diplomatique de la IIIᵉ République (1870-1889). P., 1889, 8°. 　　　　　　[8° **U. 3622** A

Histoire chantée de la Iʳᵉ République (1789 à 1799). P., 1892, 8°. 　　　　　　[8° **O. 2503** B

Histoire (L') de Guillaume le Maréchal, régent d'Angleterre de 1216 à 1219, poème français, publié par Paul Meyer. P., 1891, 3 vol. 8°. 　　　　[8° **O. 2503** C

Histoire de l'école navale. P., 1889, gr. 8°. 　　　　　　[4° **U. 763** C

Histoire de l'école spéciale militaire de Saint-Cyr. P., 1886, 4°. 　[4° **U. 763** D

Histoire de la pairie de France et du parlement de Paris. *Londres*, 1745, in-12. 　　　　　　[8° **U. 3626** C

Histoire et description des principales villes de l'Europe. P., 1835, gr. in-8°. 　　　　　　[4° **U. 763** Dc

Histoire générale de Paris. P., Imp. nat., 1866, 6 vol. in-f°. 　[Fol. **U. 166** E

Histoire générale, du ivᵉ siècle à nos jours : publiée sous la direction de MM. Ernest Lavisse et Alfred Rambaud. P., 1893, 3 vol. 8°. 　　　　　　[8° **U. 3633** C

Hoche (J.). Causes célèbres de l'Allemagne : La terreur d'Eldagsen, le mystère de Nüremberg. P., 1888, in-18. 　　　　　　[8° **E. 1232** + A

Homère. Iliade, trad. par Dugas Montbel. 5ᵉ éd. P., 1879, in-18. 　[8° **O. 2522** A

Honneur et patrie à travers les âges. Morale et patriotisme chez les philosophes anciens et modernes. P. (s. d.), in-18. 　　　　　　[8° **I. 3646** C

Horion. Explication du théâtre classique. Nouv. éd. P., 1891, in-12. [8° **O. 2530** C

Horn (E.). La grande nation (1870-1871). P., 1891, in-18. 　　[8° **U. 3638** D

Horoy. Des rapports du sacerdoce avec l'autorité civile, à travers les âges et jusqu'à nos jours, au point de vue légal. P., 1883-1884, 2 vol. 8°. 　　[8° **E. 1232** A

Horsin-Déon (L.). Histoire de l'art en France jusqu'au xivᵉ siècle. P. (s. d.), 8°. 　　　　　　[8° **I. 3646** F

Hospitalier (E.). Formulaire pratique de l'électricien, 7ᵉ année (1889). P., 1889, in-18. 　　　[8° **I. 3647** + A

———— La physique moderne. L'électricité dans la maison. 2ᵉ éd. P., 1887, 8°. 　　　　　　[8° **I. 3647** A

Houdard (A.). Essai sur le service des billets de banque à propos du projet de prorogation du privilège de la Banque de France. P., 1891, 4°. 　　[4° **I. 803** + A

Houpin (C.). Traité théorique et pratique des sociétés par actions françaises et étrangères et des sociétés d'assurances. P., 1889, 2 vol. gr. 8°. 　　　[4° **E. 191** C

Houssay (F.). Les industries des animaux. P., 1889, in-16. 　　[8° **I. 3663** B

Houssaye (A.). La galerie du xviiiᵉ siècle. Nouv. éd. P. (s. d.), 4 vol. in-18. 　　　　　　[8° **U. 3644** B

Houssaye (H.). Aspasie, Cléopâtre, Théodora. 4ᵉ éd. P., 1890, in-18. 　　　　　　[8° **U. 3645** + A

Houssaye (H.). 1814. 2ᵉ éd. P., 1888, 8°.
[8° **U. 3645 A**

—— 1815. La première Restauration, le retour de l'Île d'Elbe, les Cent jours. 3ᵉ éd. P., 1893, 8°.   [8° **U. 3645 Aa**

Hovyn de Tranchère (J.). Les dessous de l'histoire. Curiosités judiciaires, administratives, politiques et littéraires. P., 1886, 2 vol. 8°.   [8° **U. 3645 C**

Hozier (**D'**). Armorial général de la France. P., 1821-1823, 2 vol. in-4°.
[4° **U. 763 De**

—— Indicateur du Grand armorial général de France. P., 1866, 8°.
[8° **U. 3645 G**

Huard (A.). Le martyr de Sainte-Hélène. 6ᵉ éd. P., 1865, in-12.   [8° **U. 3646 D**

Huard (A.), **Mack** (E.). Répertoire de législation, de doctrine et de jurisprudence en matière de propriété littéraire et artistique. P., 1891, 8°.   [8° **E. 1233 A**

Hubbard (G.-A.). Célébrités contemporaines. Sadi Carnot. P., 1888, in-16.
[8° **U. 3647 A**

Hubert-Valleroux (P.). La charité avant et depuis 1789 dans les campagnes de France. P., 1890, 8°.   [8° **U. 3652 + A**

Huc (T.). Traité théorique et pratique de la cession et de la transmission des créances. P., 1891, 2 vol. 8°.   [8° **E. 1236 B**

Hue (F.). 500,000 dollars de récompense. P., 1891, gr. 8°.   [4° **O. 339 C**

Hugo (V.). Choses vues. 5ᵉ éd. P., 1887, 8°.
[8° **U. 3663 A**

—— Œuvres complètes. (Édition définitive d'après les manuscrits originaux.) P. (s. d.), 70 vol. in-16.   [8° **O. 2551 A**

—— Œuvres inédites. Drame. Anny Robsart, Les Jumeaux. 2ᵉ éd. P., 1889, 8°.
[8° **O. 2551 B**

Hugo (V.). Œuvres inédites. Toute la lyre. 4ᵉ éd. P., 1888, 2 vol. 8°.   [8° **O. 2563 Aa**

Hugon (A.). Étude théorique et pratique sur les engrenages. P., 1891, 8°.
[8° **I. 3671 E**

Hugot (E.). Histoire littéraire, critique et anecdotique du théâtre du Palais-Royal. 1784-1884. 2ᵉ éd. P., 1886, in-18. [8° **O. 2563 B**

Hugounenq (L.). Traité des poisons. Hygiène industrielle, chimie légale. P., 1891, 8°.
[8° **I. 3671 G**

Hugounet (P.). Mimes et pierrots. P., 1889, 8°.   [8° **U. 3672 + A**

Huléwicz (M.). Expressions analytiques et tables des moments d'inertie et des moments résistants des sections à double T. P., 1879, 8°.   [8° **I. 3673 C**

Hulot (Bᵒⁿ E.). De l'Atlantique au Pacifique à travers le Canada et le Nord des États-Unis. P., 1888, in-18.   [8° **U. 3672 A**

Humbert (G.). Traité complet des chemins de fer. P., 1891, 3 vol. gr. 8°.
[4° **I. 803 C**

Humbert (L.). Circulation monétaire et fiduciaire en France, en Algérie et dans les colonies. Monnaies admises dans la circulation, emploi de ces monnaies, circulation des billets de la Banque de France. P., 1887, 8°.
[8° **I. 3673 D**

Hume (D.). Œuvre économique, trad. par Formentin. P. (s. d.), in-32.   [8° **I. 3679 A**

Hupier (C.). De la suppression des trésoriers-payeurs généraux et des receveurs particuliers, et de la réorganisation des services directs du Trésor. Le Mans, 1887, 8°.
[8° **E. 1237 A**

Huxley (T.). Hume, sa vie, sa philosophie, trad. par G. Compayré. P., 1880, 8°.
[8° **I. 3682 A**

Hyde de Neuville. Mémoires et souvenirs. P., 1888-1892, 3 vol. 8°.   [8° **U. 3698 A**

I

Ideville (Cᵗᵉ H. d'). Cavour. P., 1883, in-18.   [8° **U. 3705 A**

Imbart Latour (J.). La mer territoriale au point de vue théorique et pratique. P., 1889, 8°.   [8° **E. 1238 B**

Imbault-Huart (C.). L'île Formose. P., 1893, 4°.   [4° **U. 763 E**

Imbert (C.). Le Tonkin industriel et commercial. Annuaire du Tonkin pour 1885 ; petit vocab. usuel. P., 1885, in-16. [8° **U. 3708 A**

Imbert (H.). Profils de musiciens. P., 1888, 8°.   [8° **U. 3708 Aa**

—— Nouveaux profils de musiciens. P., 1892, 8°.   [8° **U. 3708 Ab**

Imbert (H.). Quatre mois au Sahel. *P.*, 1888, in-16. [8° **U. 3708 B**

Imbert de Saint-Amand (A.-L.). Les femmes de Versailles. La cour de Marie-Antoinette. *P.*, 1887, gr. 8°. [4° **U. 763 F**

Imhaus (E.-N.). Les Nouvelles-Hébrides. *P.*, 1890, 8°. [8° **U. 3709 D**

Initiative (L') privée dans une commune rurale (Mont-Saint-Aignan). *Rouen*, 1889, 8°. [8° **I. 3684 A**

Institut (L') de France. Lois, statuts et règlements concernant les anciennes académies et l'Institut, de 1635 à 1889. Tableau des fondations. *P.*, 1889, 8°. [8° **E. 1238 D**

Instructions nautiques sur Madagascar et les îles de l'Océan indien méridional. *P.*, 1885, 8°. [8° **U. 3711 A**

Inventaire des marques d'imprimeurs et de libraires. *P.*, 1888, gr. 8°. [4° **I. 804 D**

Inventaire des monuments mégalithiques de France. *P.*, 1880, 8°. [8° **I. 3684 F**

Isaac (A.). Questions coloniales. Constitution et sénatus-consultes. *P.*, 1887, in-18. [8° **E. 1238 F**

Isaac. Rapport au Sénat sur les modifications à introduire dans l'organisation coloniale. *P.*, 1890, 4°. [4° **E. 191 D**

Isaure-Toulouse. Manuel-formulaire de la faillite et de la liquidation judiciaire. *P.*, 1890, 8°. [8° **E. 1268 C**

—— Manuel-formulaire de procédure administrative. *P.*, 1890, in-18. [8° **E. 1268 D**

—— Manuel pratique du mariage, du divorce, de la séparation de corps et de la séparation de biens, avec détail et total des frais de chaque matière. *P.*, 1891, in-18. [8° **E. 1268 E**

—— Traité-formulaire de procédure pratique en matière civile, commerciale, criminelle, administrative et militaire. *P.*, 1889, 8°. [8° **E. 1268 F**

Isnard (Dʳ J.-A.). Aide-mémoire de l'opérateur. *P.*, 1849, in-16. [8° **I. 3684 H**

Itier (J.). Journal d'un voyage en Chine en 1843, 1844, 1845, 1846. *P.*, 1848-1853, 3 vol. in-8°. [8° **U. 3713 C**

Iung (Gᵃˡ). La guerre et la société. *P.*, 1889, 8°. [8° **I. 3686 + A**

—— La guerre et la société. Stratégie, tactique et politique. *P.*, 1890, in-18. [8° **I. 3686 + Aa**

J

Jablonski (L.). L'armée française à travers les âges. *P.*, 1890-1894, 5 vol. in-18. [8° **U. 3720 C**

Jaccottey (P.), **Mabyre** (M.), **Levasseur** (E.). Album des services maritimes postaux français et étrangers. Lignes télégraphiques internationales, câbles sous-marins, colis postaux, réseaux téléphoniques. *P.* (s. d.), f°. [Fol. **I. 103 D**

Jaccoud (S.). Leçons de clinique médicale faites à l'hôpital de la Pitié (1883-86). *P.*, 1885-87, 3 vol. 8°. [8° **I. 3686 A**

Jackson (H.). Ramona. La conquête américaine au Mexique, trad. par Mᵐᵉ de Witt. *P.*, 1887, in-16. [8° **O. 2566 C**

Jacolliot (L.). Second voyage au pays des éléphants. 4ᵉ éd. *P.*, 1881, in-18. [8° **O. 2567 C**

—— Voyage au pays des Brahmes. *P.*, 1886, in-18. [8° **O. 2567 D**

—— Voyages aux ruines de Golconde et à la cité des morts (Indoustan). 3ᵉ éd. *P.*, 1881, in-18. [8° **O. 2567 E**

Jacottet (H.). Les grands fleuves. *P.*, 1887, in-16. [8° **I. 3690 A**

Jacquemin (G.). Amélioration des vins par les levures pures actives de l'institut La Claire. Résultats aux vendanges 1892. *Nancy*, 1893, 8°. [8° **I. 3695 C**

Jacquier (G.). De la vente du lait en nature, ou de l'installation des vacheries ou laiteries pour l'alimentation des grandes villes. *P.*, 1889, in-18. [8° **I. 3699 B**

—— Vade-mecum de l'ensileur. Résumé des différentes méthodes de conservation des fourrages verts d'après les dernières expériences, enquêtes française, anglaise, américaine. De l'ensilage des fourrages verts dans le Sud-Est et le Midi de la France. *Grenoble*, 1887, 8°. [8° **I. 3699 C**

Jacquot (A.). Guide de l'art instrumental. Dictionnaire pratique et raisonné des instruments de musique anciens et modernes. 2ᵉ éd. P., 1886, 8°. [8° I. 3699 E

Jagnaux (R.). Analyse chimique des substances commerciales minérales et organiques. P., 1888, 8°. [8° I. 3699 G

—— Histoire de la chimie. P., 1891, 2 vol. 8°. [8° I. 3699 Ga

Jal (A.). Dictionnaire critique de biographie et d'histoire. P., 1867, in-4°. [4° U. 766 E.

Jamais (É.). Rapport sur la fixation du budget général de 1889. Ministère de l'agriculture. P., 1888, 4°. [4° U. 767 C

Janet (Paul). Les grands écrivains français. Fénelon. P., 1892, in-16. [8° U. 3729 A

—— Les passions et les caractères dans la littérature du xviiᵉ siècle. P., 1888, in-18. [8° I. 3721 A

—— Philosophie de la Révolution française. P., 1875, in-18. [8° U. 3729 B

—— Premiers principes d'électricité industrielle. Piles, accumulateurs, dynamos, transformateurs. P., 1893, 8°. [8° I. 3723 A

Janet (Pierre). État mental des hystériques. Les stigmates mentaux. P. (s. d.), in-16. [8° I. 3723 B

Janin (J.). Le Prince royal (duc d'Orléans, fils de Louis-Philippe). P. (s. d.), in-18. [8° U. 3729 D

Jannet (Cl.). Le capital, la spéculation et la finance au xixᵉ siècle. P., 1892, 8°. [8° I. 3723 D

—— Les États-Unis contemporains, ou les mœurs, les institutions et les idées depuis la guerre de la Sécession. 3ᵉ éd. P., 1877, 2 vol. in-18. [8° U. 3729 F
4ᵉ éd. P., 2 vol. in-18. [8° U. 3729 Fa

Janzé (Vᵗᵉˢˢᵉ A. de). Les financiers d'autrefois. Fermiers généraux. P., 1886, 8°. [8° U. 3730 A

Japing (E.). L'électrolyse, la galvanoplastie et l'électrométallurgie, trad. Ch. Baye. P., 1885, in-16. [8° I. 3724 + A

—— Le transport de la force par l'électricité, trad. par Ch. Baye. P., 1885, in-16. [8° I. 3724 A

Jaunez (A.). Manuel du chauffeur. 2ᵉ éd. P. (s. d.), in-18. [8° I. 3724 B

Javelle (E.). Souvenirs d'un alpiniste. Lausanne, 1886, in-16. [8° U. 3738 A

Jeanbernat (Dʳ E.). Les mémoires d'un hanneton. P., 1890, gr. 8°. [4° I. 810 B

Jeanneney (A.). La Nouvelle-Calédonie agricole. P., 1894, in-16. [8° I. 3726 D

Jeanroy-Félix (V.). Nouvelle histoire de la littérature française (1789-1889). 2ᵉ éd. P. (s. d.), 4 vol. 8°. [8° O. 2571 B

Jeans. La suprématie de l'Angleterre, ses causes, ses organes et ses dangers, trad. par Baille. P., 1887, 8°. [8° U. 3739 A

Jeanvrot (V.). Code pratique de la presse et de l'imprimerie. P., 1894, 8°. [8° E. 1271 C

—— Manuel de la police des cultes à l'usage des maires et fonctionnaires de l'ordre administratif et judiciaire. P., 1888, 8°. [8° E. 1271 D

Jeudy (R.). Types et scénarios des comédies de Shakespeare. P. (s. d.), in-16. [8° O. 2573 B

Jeze (De). État ou tableau de la ville de Paris. P., 1760, 8°. [8° U. 3753 C

Joanne. Collection des Guides-Joanne. États du Danube et des Balkans. P., 1893, 2 vol. in-16. [8° U. 3852 C

Jobit (M.). Régime fiscal des valeurs mobilières étrangères en France. *Poitiers*, 1893, 8°. [8° E. 1271 E

Joguet-Tissot (J.). Les armées allemandes sous Paris. P., 1890, 8°. [8° U. 3903 C

Joinville (Pᶜᵉ de). Vieux souvenirs (1818-1848). 16ᵉ éd. illustr. P., 1894, in-18. [8° U. 3909 ++ A

Jollivet (G.), **Wilhelm** (A.). Le droit international privé, résumé en tableaux synoptiques. P., 1886, 8°. [8° E. 1271 G

Joly (H.). Le combat contre le crime. P. (s. d.), in-16. [8° I. 3736 B

—— Le crime. Étude sociale. P., 1888, in-16. [8° I. 3736 C

—— La France criminelle. P., 1889, in-16. [8° U. 3909 + A

Josas (J.). Recueil de rédactions sur des sujets d'économie politique et sur des questions financières et administratives. P., 1894, 8°. [8° I. 3743 + A

Jouan (H.). Les îles du Pacifique. P. (s. d.), in-16. [8° U. 3910 C

Joûbert (J.). En Dahabièh. Du Caire aux Cataractes. Illustr. P. (s. d.), 8°. [8° U. 3910 Cc

Joubert (J.). Traité élémentaire d'électricité. 2ᵉ éd. P., 1891, 8°.   [8° **I. 3744 C**

Jouet (A.). Les clubs depuis 1789. P., 1891, 8°.   [8° **U. 3910 D**

Jouin (H.). Esthétique du sculpteur. P., 1888, 8°.   [8° **I. 3751 B**

—— Maîtres contemporains. P., 1887, in-16.   [8° **U. 3911 C**

Jourdain (C.). Excursions historiques et philosophiques à travers le moyen âge. P., 1888, 8°.   [8° **U. 3912 A**

—— Histoire de l'Université de Paris au xviiᵉ et au xviiiᵉ siècle. P., 1888, 2 vol. 8°.   [8° **U. 3912 Aa**

Jourdan (Ed.), **Dumont** (G.). Étude sur les écoles de commerce en Allemagne, en Autriche-Hongrie, en Belgique, en Danemark, en Italie, en Roumanie, en Russie, en Suède, en Suisse (l'Europe moins la France) et aux États-Unis d'Amérique. P., 1886, 8°.   [8° **I. 3753 C**

Jourdan (E.). Les sens chez les animaux inférieurs. P., 1889, in-16.   [8° **I. 3754 + A**

Jourdan (G.). Législation sur les logements insalubres. Traité pratique. 4ᵉ éd. P., 1889, in-16.   [8° **E. 1272 A**

—— Pouvoirs des maires en matière de salubrité des habitations. P., 1890, in-16.   [8° **E. 1272 Aa**

Journal d'un bourgeois de Paris (1405-1449), publ. par A. Tuetey. P., 1881, 8°.   [8° **U. 3912 Ac**

Journal d'un mandarin, lettres de Chine et documents diplomatiques inédits, par un fonctionnaire du Céleste Empire. P., 1887, in-18.   [8° **U. 3912 B**

Journal (Le) de la jeunesse, 1883. 2ᵉ sem. P., 4°.   [4° **O. 343 B**

Journal des économistes. 49ᵉ ann. 1890 et suiv. P., 8°.   [8° **I. 3756 B**

Journal des voyages et des aventures de terre et de mer. P., 1877-1888 et ann. suiv. f°.   [Fol. **U. 183 A**

Journal du siège par un bourgeois de Paris (1870-1871). P., 1872, in-18.   [8° **U. 3912 Ba**

Jousse (Th.). La mission au Zambèze. P., 1890, 8°.   [8° **U. 3914 C**

—— La mission française évangélique au sud de l'Afrique. P., 1889, 2 vol. 8°.   [8° **U. 3914 E**

Jouvin (L.). Le pessimisme. P., 1892, 8°.   [8° **I. 3786 + A**

Jozan (S.). Du pastel. P. (s. d.), 8°.   [8° **I. 3786 A**

Juglar (Cl.). Des crises commerciales et de leur retour périodique en France, en Angleterre et aux États-Unis. 2ᵉ éd. P., 1889, 8°.   [8° **I. 3787 A**

—— L'intervention du Trésor et des syndicats dans les émissions d'emprunts. P., 1891, 8°.   [8° **I. 3787 Ab**

Julia-Fontenelle, Vallet d'Artois, Maigne. Manuel du chamoiseur, du maroquinier, du mégissier, du teinturier en peaux, du fabricant de cuirs vernis, du parcheminier et du gantier. Nouv. éd. P., 1876, in-18.   [8° **I. 4224 A**

Jullian (C.). Gallia. Tableau sommaire de la Gaule sous la domination romaine. P., 1892, in-16.   [8° **U. 3916 D**

Jullien (A.). Musiciens d'aujourd'hui. P., 1892, in-18.   [8° **U. 3917 D**

Jullien (C.-E.), **Valério** (O.), **Casalonga** (D.-A.). Manuel du chaudronnier. Nouv. éd. P., 1873, 2 vol. in-18, dont un atlas.   [8° **I. 4230 A**
Manuels Roret.

Jupin (L.). Le chien de guerre moderne et le nouvel armement. P., 1890, 8°.   [8° **I. 3793 F**

Juppont (P.), **Fournier** (G.). L'éclairage électrique dans les appartements. 3ᵉ éd. P., 1889. in-16.   [8° **I. 3793 H**

Jüptner de Jonstorff (Bᵒⁿ Hanns). Traité pratique de chimie métallurgique, trad. par E. Vlasto. P., 1891, 8°.   [8° **I. 3793 I**

Jurien de la Gravière. Les gloires militaires de la France. L'amiral Baudin. P., 1888, in-18.   [8° **U. 3923 Aa**

—— Les gloires maritimes de la France. L'amiral Roussin. P., 1888, in-18.   [8° **U. 3923 Ab**

—— La guerre de Chypre et la bataille de Lépante. P., 1888, 2 vol. in-18.   [8° **U. 3923 C**

—— Les origines de la marine française et la tactique naturelle. Le siège de La Rochelle. P., 1891, in-18.   [8° **U. 3927 B**

—— Les ouvriers de la onzième heure. Les Anglais et les Hollandais dans les mers polaires et dans la mer des Indes. *P.*, 1890, 2 vol. in-18. [8° **U. 3927** C

Jusserand (J.-J.). Le roman anglais. Origine et formation des grandes écoles de romanciers du XVIIIᵉ siècle. *P.*, 1886, in-18. [8° **O. 2598** C

Juven (F.). Comment on devient officier. *P.*, 1888, in-18. [8° **I. 3794** A

K

Kaeppelin (R.). L'Alsace à travers les âges, son unité d'origine et de races avec la France, ses liens avec la Lorraine, ses rapports avec l'Allemagne. *P.*, 1890, in-18. [8° **U. 3936** C

Kaltbrunner (D.). Manuel du voyageur. Nouv. éd. *P.*, 1887, 8°. [8° **I. 3795** A

Kaulbars (Bᵒⁿ A.-V.). Méthodes d'exploration de la cavalerie. Les escadrons de découverte. *P.*, 1889, 8°. [8° **I. 3804** B

Keary (Miss A.). L'Irlande il y a quarante ans, trad. par Mᵐᵉ de Witt. *P.*, 1889, in-16. [8° **O. 2610** C

Keignart (E.). Guide pratique de l'amateur électricien pour la construction de tous les appareils électriques. *P.*, 1890, in-16. [8° **I. 3804** Bd

Keller (A.). Éléments de botanique ornementale. *P.*, 1890, in-16. [8° **I. 3804** Bg

Kelsch (A.), **Kiener** (P.-L.). Traité des maladies des pays chauds, région prétropicale. *P.*, 1889, 8°. [8° **I. 3804** C

Kérespert (F.). Prévisions du temps. Météorologie du matelot. *P.* (s. d.), in-16. [8° **I. 3804** F

Klaproth (J.). Mémoires relatifs à l'Asie. *P.*, 1826, 2 vol. 8°. [8° **U. 3941** D

—— Tableaux historiques de l'Asie. *P.*, 1826, 4°. Avec atlas. [4° **U. 777** D [Fol. **U. 186** D

Klary (C.). L'éclairage des portraits photographiques. *P.*, 1887, in-18. [8° **I. 3810** A

—— Traité pratique de la peinture des épreuves photographiques avec les couleurs à l'aquarelle et à l'huile. *P.*, 1888, in-18. [8° **I. 3810** B

Klein (Dʳ E.). Microbes et maladies. Guide pratique pour l'étude des micro-organismes, trad. d'après la 2ᵉ éd., par Fabre-Domergue, 2ᵉ éd. *P.*, 1887, in-16. [8° **I. 3810** C

Klein (Dʳ E.). Nouveaux éléments d'histologie, trad. par G. Variot. 2ᵉ éd. *P.*, 1888, in-18. [8° **I. 3810** Cb

Knab (L.). Fabrication et emplois industriels de l'acier. *P.*, 1889, 8°. [8° **I. 3810** D

—— Les minéraux utiles et l'exploitation des mines. *P.*, 1888, in-16. [8° **I. 3810** E

—— Traité de métallurgie des métaux autres que le fer. *P.*, 1891, 8°. [8° **I. 3810** Eg

Koch (E.). Grammaire grecque, trad. par l'abbé J.-L. Rouff. 2ᵉ éd. *P.* (s. d.), 8°. [8° **O. 2611** ⊹ A

Kœnig (Dʳ G.). Un nouvel impôt sur le revenu. *P.*, 1887, in-18. [8° **E. 1366** A

Kœttschau (C.). Les forces respectives de la France et de l'Allemagne, trad. par E. Jaeglé. *P.*, 1887, in-18. [8° **I. 3811** A

—— La prochaine guerre franco-allemande, trad. par E. Jaeglé. *P.*, 1887, in-18. [8° **U. 3943** A

Kondakoff (N.). Histoire de l'art byzantin considéré principalement dans les miniatures. *P.*, 1886-1891, 2 vol. f°. [Fol. **I. 105** C

Kovalevsky (P.-J.). Hygiène et traitement des maladies mentales et nerveuses, trad. par W. de Holstein. *P.*, 1890, in-16. [8° **I. 3812** C

—— Ivrognerie, trad. par W. de Holstein. *Kharkoff*, 1889, in-12. [8° **I. 3812** Ca

Krafft-Bucaille (Mᵐᵉ). Causeries sur la langue française. *P.*, 1890, in-16. [8° **O. 2611** Ab

Krebs (L.). Le conservateur ou le livre des ménages. *P.* (s. d.), in-18. [8° **I. 3812** E

—— Traité de la fabrication des boissons économiques et liqueurs de table. *P.*, 1887, in-18. [8° **I. 3812** Ea

Kuhn (D^r). L'enseignement et l'organisation de l'art dentaire aux États-Unis. P., 1888, 8°. [8° **I. 3814** C

Kuhne (L.). La nouvelle science de guérir basée sur le principe de l'unité des maladies et leur traitement méthodique, trad. par A. Reyen. P. (s. d.), 8°. [8° **I. 3814** D

Kurth (G.). Les origines de la civilisation moderne. 2ᵉ éd. P., 1888, 2 vol. in-16. [8° **U. 3944** A

L

Labadie-Lagrave. (D^r). Pathogénie et traitement des néphrites et du mal de Bright. P. (s. d.), in-16. [8° **I. 3817** B

La Barre Duparcq (Ed. de). Nouveaux portraits militaires. P., 1890, 8°. [8° **U. 3945** C

Labarthe (Dr P.). Dictionnaire populaire de médecine usuelle, d'hygiène publique et privée. P. (s. d.), 2 vol. 4°. [4° **I. 824** A

Labbé (E.). Grammaire latine nouvelle à l'usage des classes. P., 1891, in-18. [8° **O. 2611** Ac

—— Manuel de la dissertation philosophique. P., 1884-1888, 3 vol. in-16. [8° **I. 3817** C

Labesse (E.-D.). À tire d'ailes. P., 1891, 8°. [8° **O. 2611** Ae

Labesse (É.), **Pierret** (H.). Notre pays de France. Autour des Puys. Excursions de vacances dans le plateau central (Auvergne, Gévaudan, Vivarais, Velay). P. (s. d.), 8°. [8° **U. 3980** C

—— —— Notre pays de France. En cheminant (Auvergne). P. (s. d.), 4°. [4° **O. 343** + C

—— —— Notre pays de France. Fleur des Alpes (Savoie). P. (s. d.)., 4°. [4° **O. 343** C

Labiche (E.). Théâtre complet. P., 1886-1887, 10 vol. in-18. [8° **O. 2611** B

Labitte (A.). Les manuscrits et l'art de les orner. P., 1893, gr. 8°. [4° **I. 824** D

Labonne (H.). L'Islande et l'archipel des Færoer. P., 1888, in-16. [8° **U. 3981** A

Laborde (L. de). Athènes aux xvᵉ, xviᵉ et xviiᵉ siècles. P., 1854, 2 vol. 8°. [8° **U. 3983** C

—— Voyage de l'Arabie pétrée. P., 1830, fol. [Fol. **U. 186** E

Laboulaye (E.), **Dareste** (R.). Le grand coutumier de France. Nouv. éd. P., 1868, 8°. [8° **E. 1367** B

Laboulaye (Édouard). Trente ans d'enseignement au Collège de France (1849-1882). Cours inédits, publiés par ses fils, avec le concours de M. Marcel Fournier. Préface par M. Rodolphe Dareste. P., 1888, in-18. [8° **I. 3825** + A

La Caille (J. de). Histoire de l'imprimerie et de la librairie. P., 1689, 4°. [4° **I. 835** D

Lacassagne (A.). Précis de médecine judiciaire. 2ᵉ éd. P., 1886, in-18. [8° **I. 3825** A

Lacaussade (A.). Poèmes et paysages. P., 1892, in-18. [8° **O. 2617** C

Lachâtre (M.). Nouveau dictionnaire universel. P. (s. d.), 2 vol. fol. [Fol. **O. 75** A

—— Nouvelle encyclopédie nationale. (T. Iᵉʳ.) P. (s. d.), vol. fol. [Fol. **O. 75** B

Lacombe (P.). De l'histoire considérée comme science. P., 1894, 8°. [8° **I. 3842** A

—— La famille dans la société romaine. P., 1889, 8°. [8° **I. 3842** B

Lacombe (S.). Manuel de la sculpture sur bois, suivi du découpage des bois, de l'ivoire, de l'os, de l'écaille et des métaux. Nouv. éd. P., 1886, in-18. [8° **I. 4371** A

Lacoste (G.). Histoire générale de la province de Quercy. *Cahors*, 1883-1886, 4 vol. 8°. [8° **U. 3993** C

Lacour-Gayet (G.). Lectures historiques, rédigées conformément aux programmes de l'enseignement secondaire, pour la classe de rhétorique. Histoire des temps modernes (1610-1789). P., 1892, in-16. [8° **U. 3993** F

Lacroix (C. de). Les morts pour la patrie. Tombes militaires et monuments élevés à la mémoire des soldats tués pendant la

guerre; chronologie historique des événements de 1870-1871. P., 1891, 4°.
[4° **U. 796 B**

Lacroix (O.). Quelques maîtres étrangers et français. Études littéraires. P., 1891, in-16. [8° **O. 2628 B**

Lacroix (P.) [Le bibliophile Jacob]. Le dieu Pepelius. P., 1890, 8°. [8° **O. 2628 C**

Lacroix (S.). Proposition de loi relative à l'organisation municipale de Paris. P., 1886, 4°. [4° **E. 119 B.**

Lacroix-Danliard. La plume des oiseaux. Histoire naturelle et industrie. P., 1891, in-18. [8° **I. 3857 C**

—— Le poil des animaux et les fourrures. Histoire naturelle et industrie. P., 1892, in-18. [8° **I. 3857 Ca**

La Curne de Sainte-Palaye. Voyez Sainte-Palaye (La Curne de).

La Faye (J. de). Histoire de l'amiral Courbet. P. (s. d.), 8°. [8° **U. 4022 + B**

—— Histoire du général de Sonis. P. (s. d.), 8°. [8° **U. 4022 B**

La Fayette (Mme **de**). Mémoires publ. par E. Asse. P., 1891, in-16.
[8° **U. 4023 A**

Lafenestre (G.). Maîtres anciens. Études d'histoire et d'art. P., 1882, 8°.
[8° **I. 3862 ++ A**

Laferrière (H. de). Marguerite d'Angoulême. Une véritable abbesse de Jouarre. P., 1891, in-18. [8° **U. 4023 D**

—— La Saint-Barthélemy, la veille, le jour, le lendemain. P., 1892, 8°.
[8° **U. 4023 Da**

Laffitte (P.). Le suffrage universel et le régime parlementaire. P., 1888, in-16.
[8° **U. 4024 A**

Laffon (F.). Le monde des courses. P. (s. d.), in-18. [8° **I. 3862 + B**

—— Le monde des pêcheurs. P. (s. d.), in-18. [8° **I. 3862 B**

La Fontaine. Fables. Limoges, 1888, 4°.
[4° **O. 343 H**

La Gorce (P. de). Histoire de la seconde République française. P., 1887, 2 vol. 8°.
[8° **U. 4028 A**

—— Histoire du second Empire. P., 1894, 2 vol. 8°. [8° **U. 4028 Aa**

Lagrange (F.). De l'exercice chez les adultes. P., 1891, in-18. [8° **I. 3866 A**

—— L'hygiène de l'exercice chez les enfants et les jeunes gens. P., 1890, in-18.
[8° **I. 3866 B**

—— Physiologie des exercices du corps. P., 1888, 8°. [8° **I. 3866 C**
4° éd. P., 1890, 8°. [8° **I. 3866 D**

Lagrère (G.-B. de). Les Normands dans les Deux-Mondes. P., 1890, in-16.
[8° **U. 4031 C**

Lagrillière-Beauclerc (E.). Les contes à l'ombre. P., 1886, 8°. [8° **O. 2643 Aa**

Laguerre (Mme O.). L'enseignement dans la famille. Cours complet d'études pour les jeunes filles. P., 1888-1894, 3 vol. 8°.
[8° **I. 3866 G**

Lahor (Jean). Histoire de la littérature hindoue. Les grands poèmes religieux et philosophiques. P., 1888, in-18.
[8° **O. 2659 + A**

Laillet (E.). L'ami Grandfricas. P., 1887, in-18. [8° **O. 2659 A**

—— Du rire aux larmes. P., 1893, in-18. [8° **O. 2659 Ac**

—— La France orientale : Madagascar. P., 1884, in-18. [8° **U. 4085 C**

—— Mariage de Robinson. P., 1888, in-18. [8° **O. 2659 B**

Lair (A.-E.). Des Hautes Cours politiques en France et à l'étranger, et de la mise en accusation du Président de la République et des ministres. P., 1889, 8°.
[8° **E. 1380**

Laisant. Rapport sur le budget de 1883. Ministère de la guerre. P., 1882, 2 vol. 4°.
[4° **U. 812 C**

—— Rapport sur le projet de loi organique militaire. P., 1887, 4°.
[4° **U. 812 D**

Lalande. Rapport sur le budget général des dépenses et des recettes de 1889. Ministère du commerce et de l'industrie. P., 1888, 4°. [4° **U. 812 G**

Lalesque (F.). Arcachon ville d'été, ville d'hiver. P., 1886, 8°. [8° **I. 3872 B**

—— Le Caire. Alger, 1894, fol.
[Fol. **U. 189 B**

Lallemand (C.). La Tunisie. P., 1892, fol. [Fol. **U. 189 C**

Lallemand (L.). Les grands problèmes sociaux à l'Académie royale des sciences morales et politiques d'Espagne. *P.*, 1889, 8°.
[8° **I. 3872 C.**

—— Loi du 24 juillet 1889 sur la protection des enfants maltraités ou moralement abandonnés. *P.* 1890, 8°.   [8° **E. 1384 B**

—— L'office central des institutions charitables. *P.*, 1891, 8°.   [8° **I. 3872 F**

—— Un péril social. L'introduction de la charité légale en France. *P.*, 1891, 8°.
[8° **I. 3872 G**

Lallier (J.-A.). De la propriété des noms et des titres. *P.*, 1890, 8°.   [8° **E. 1384 C**

Laloux (V.). L'architecture grecque. *P.* (s. d.), 8°.   [8° **I. 3874 A**

Lamairesse (E.). L'Inde avant le Bouddha. *P.*, 1891, in-18.   [8° **U. 4098 C**

—— L'Inde après le Bouddha. *P.*, 1892, in-18.   [8° **U. 4098 Ca**

—— Le Japon. *P.*, 1892, 8°.
[8° **U. 4098 D**

—— La vie du Bouddha, suivie du Bouddhisme dans l'Indo-Chine. *P.*, 1892, in-18.   [8° **A. 730 C**

Lamartine (A. de), par lui-même (1790-1847). *P.*, 1892, in-16.   [8° **U. 4098 M**

—— Trois poètes italiens : Dante, Pétrarque, Le Tasse. *P.*, 1893, in-18.
[8° **O. 2699 Aa**

Lambert (M.). Éléments de grammaire hébraïque. *P.*, 1890, in-16.   [8° **D 2699 C**

Lamboursain (J.). La barboline ou gouache vitrifiable. *P.* (s. d.), in-16.
[8° **I. 3911 A**

Lami (E.-O.). Dictionnaire encyclopédique et biographique de l'industrie et des arts industriels. *P.*, 1881-1887, 8 vol. 4°.
[4° **I. 841 A**

Laming (R.). Méthode pour apprendre les principes généraux de la langue chinoise. *P.*, 1889, in-18.   [8° **O. 2708 A**

Lamounette (B.). Principes d'hygiène. *P.* (s. d.), in-16.   [8° **I. 3913 D**

Lamy. Rapport sur le budget de 1879. Ministère de la marine. *Versailles*, 1878, 4°.
[8° **U. 814 D**

Lanckoronski (Cte C.). Les villes de la Pamphylie et de la Pisidie. *P.*, 1890-1893, fol.   Fol. **U. 197 C**

Landois (L.). Traité de physiologie humaine. Trad. par G. Moquin-Tandon. *P.*, 1893, 8°.   [8° **I. 3915 C**

Landrin (A.). Traité sur le chien. *P.*, 1888, in-18.   [8° **I. 3928 A**

Lanessan (J.-L. de). L'expansion coloniale de la France. Étude économique, politique et géographique sur les établissements français d'outre-mer. *P.*, 1886, 8°.
[8° **U. 4154 C**

—— L'Indo-Chine française. *P.*, 1889, 8°.
[8° **U. 4154 Cd**

—— La marine française au printemps de 1890. *P.*, 1890, in-16.   [8° **U. 4154 D**

—— La Tunisie. *P.*, 1887, 8°.
[8° **U. 4154 E**

Langlebert (J.). Applications modernes de l'électricité. *P.* (s. d.), in-16.
[8° **I. 3937 C**

Langlet. Rapport à la Chambre des députés sur la protection de la santé publique. *P.*, 1892, 4°.   [4° **I. 841 D**

Langlois. Nouvelles habitations rurales et constructions agricoles. *P.* (s. d.), 2 vol. fol.   [Fol. **I. 112 B**

Langlois (C.-V.), **Stein** (H.). Les archives de l'histoire de France. *P.*, 1891, 8°.
[8° **U. 4161 C**

Lanier (L.). L'Asie. Choix de lectures de géographie. *P.*, 1892, 2 parties en 2 vol. in-18.   [8° **U. 4162 B**

Lanjalley (A.) Recueil des modifications au décret du 31 mai 1862 sur la comptabilité publique. 2e éd. *P.*, 1878, 4°.
[4° **E. 199 D**

Lano (P. de). Le secret d'un Empire. L'impératrice Eugénie. 4e éd. *P.*, 1891, in-18.
[8° **U. 4162 C**

—— Le secret d'un Empire. L'empereur Napoléon III. *P.*, 1893, in-18.
[8° **U. 4162 Ca**

Lanquest (G.). Traité pratique et élémentaire de photographie. 6e éd. *P.*, 1891, 8°.
[8° **I. 3942 + A**

Lanson (G.). Les grands écrivains français : Boileau. *P.*, 1892, in-16.
[8° **U. 4165 B**

—— Bossuet. *P.*, 1891, in-18.
[8° **U. 4165 C**

—— Conseils sur l'art d'écrire. *P.*, 1890, in-16.   [8° **O. 2711 E**

La Pérouse. Voyage autour du monde. *P.*, 1797, 4 vol. in-4°. Avec 1 atlas, fol.
[4° **U. 815**
[Fol. **U. 197 D**

Lapersonne (D' F. de). Ophtalmologie. Maladies des paupières et des membranes externes de l'œil. *P.* (s. d.), in-16.
[8° **I. 3942 + Ac**

Lapeyrouse (S. de). Misères oubliées. Le roman d'un chercheur d'or (Californie, 1850-1853). *P.*, 1886, in-18.
[8° **U. 4174 A**

Lapierre (C.). Le Parlement et la dignité du commerçant en France. *P.*, 1888, 8°.
[8° **I. 3942 A**

Laporte (A. de). Les aventures de Bas-de-Cuir chez les sauvages de l'Amérique. *Limoges* (s. d.), 8°. [8° **O. 2711 G**

Lapparent (A. de). La géologie en chemin de fer. Description géologique du bassin parisien et des régions adjacentes. *P.*, 1888, in-16. [8° **I. 3942 B**

—— La question du charbon de terre. *P.*, 1890, in-16. [8° **I. 3942 C**

—— Le siècle du fer. *P.*, 1890, in-18.
[8° **I. 3942 D**

—— Traité de géologie. 3° éd. *P.*, 1893, 2 vol. 8°. [8° **I. 3942 Dc**

Larbalétrier (A.). L'alcool au point de vue chimique, agricole, industriel, hygiénique et fiscal. *P.*, 1888, in-16.
[8° **I. 3943 C**

—— La pêche en mer. *P.* (s. d.), in-18.
[8° **I. 3943 Ca**

—— Petit dictionnaire d'agriculture, de zootechnie et de droit rural. *P.* (s. d.), in-16.
[8° **I. 3943 Cd**

—— Traité manuel de pisciculture d'eau douce, appliquée au repeuplement des cours d'eau et à l'élevage en eaux fermées. *P.* (s. d.), in-18. [8° **I. 3943 Ce**

—— Les vaches laitières. Le lait et ses produits. *P.*, 1887, in-16. [8° **I. 3943 Cf**

Larchey (Lorédan). L'esprit de tout le monde. Joueurs de mots, riposteurs. *P.*, 1892-1893, 2 vol. in-16. [8° **O. 2713 + A**

—— Les excentricités du langage. 5° éd. *P.*, 1865, in-12. [8° **O. 2713 A**

Larive, Fleury. Dictionnaire français illustré des mots et des choses. *P.*, 1888-1889, 3 vol. 4°. [4° **O. 344 B**

Laroche (E.). Le livre utile. Manuel populaire en quatre parties. Lois, décrets, coutumes, formules, usages, commerce, finances, industrie. *Bordeaux*, 1892, 8°.
[8° **I. 3947 C**

Laroche (F.). Ports maritimes. *P.*, 1893, 2 vol. 8° et 2 atlas fol. [8° **I. 3947 Cd**
[Fol. **I. 112 C**

—— Travaux maritimes. Phénomènes marins; accès des ports. *P.*, 1891, 1 vol. 8° et atlas 4°. [8° **I. 3947 D**
[4° **I. 844 D**

La Rochefoucauld (F.-A. de). Palenqué et la civilisation Maya. *P.*, 1888, 8°.
[8° **U. 4179 A**

Larocque (J. de). Par delà la Manche. *P.* (s. d.), in-16. [8° **U. 4183**

Larrey (B°ⁿ). Madame mère (Napoleonis mater). *P.*, 1892, 2 vol. 8°.
[8° **U. 4185 D**

Larroumet (G.). La comédie de Molière, l'auteur et le milieu. *P.*, 1887, in-16.
[8° **O. 2735 C**

—— Études d'histoire et de critique dramatiques. *P.*, 1892, in-16.
[8° **O. 2735 Ca**

—— Nouvelles études de littérature et d'art. *P.*, 1894, in-18. [8° **O. 2735 Cb**

Lasaulx (A. de). Précis de pétrographie. Introduction à l'étude des roches. Trad. par H. Forir. *P.*, 1887, in-16. [8° **I. 3953 A**

Lassalle (C'° de). D'Essling à Wagram. Correspondance recueillie par Robinet de Cléry. *P.*, 1891, 8°. [8° **U. 4186 C**

La Sicotière (L. de). Le département de l'Orne archéologique et pittoresque. *Laigle*, 1845, fol. [Fol. **U. 199 D**

La Sizeranne (Maurice de). — Les aveugles, par un aveugle. Préface de M. le comte d'Haussonville. *P.*, 1889, in-16.
[8° **I. 3956 F**

Lassailly (C.). Carte spéciale des forts et camps retranchés du Sud-Est, avec un texte explicatif de nos défenses militaires. *P.* (s. d.), f° plano, reliée 8°. [8° **U. 4193 B**

Lasserre (G.). Règles élémentaires de la fabrication et de l'emploi des engrais chimiques. *Saint-Cloud*, 1890, in-18.
[8° **I. 3956 C**

Lataste (F.). Documents pour l'éthologie des mammifères. *Bordeaux*, 1887, 8°.
[8° **I. 3958 C**

La Tramblais (De), La Villegille (De), Vorys (J. de). Esquisses pittoresques sur le département de l'Indre. *Châteauroux*, 1882, gr. 8°.   [4° **U. 815 D**

Latruffe (Franck). Huningue et Bâle devant les traités de 1815. *P.*, 1863, 8°.   [8° **U. 4193 E**

Laugel (A.). Lord Palmerston et lord Russell. *P.*, 1877, in-18.   [8° **U. 4195 A**

Laumonier (J.). La nationalité française. *P.*, 1889, 2 vol. in-18.   [8° **I. 3962 D**

Laur (F.). Proposition de la loi sur les mines. *P.*, 1886, 4°.   [4° **E. 199 F**

—— La revision des lois sur les mines en France. *P.*, 1886, 4°.   [4° **E. 199 G**

Laurie (A.). Histoire d'un écolier hanovrien. *P.*, 1886, in-18.   [8° **O. 2745 A**

—— Le secret du mage. *P.* (s. d.), in-18.   [8° **O. 2745 Ac**

—— La vie de collège dans tous les pays. 2ᵉ éd. *P.* (s. d.), in-18.   [8° **O. 2746 A**

—— Mémoires d'un collégien russe. *P.* (s. d.), in-18.   [8° **O. 2746 Aa**

Lavalard (E.). Le cheval. *P.*, 1888-1894, 2 vol. 8°.   [8° **I. 3964 C**

—— Observations présentées à l'occasion du projet d'un droit de douanes sur le maïs. *P.*, 1890, 8°.   [8° **E. 1392 D**

Lavallée (T.). Mᵐᵉ de Maintenon et la Maison royale de Saint-Cyr (1686-1793). 2ᵉ éd. *P.*, 1862, 8°.   [8° **U. 4213 A**

Lavalley (G.). Insuffisance de nos lois contre la calomnie. *P.*, 1889, in-18.   [8° **I. 3967 C**

Laveaux (J.-Ch.). Dictionnaire raisonné des difficultés grammaticales et littéraires de la langue française. 3ᵉ éd. par Ch. Marty-Laveaux. *P.* (s. d.), 8°.   [8° **O. 2747 A**

Laveran (A.). Du paludisme et de son hématozoaire. *P.*, 1891, 8°.   [8° **I. 3970 C** *P.* (s. d.), in-16.   [8° **I. 3970 Ca**

Lavergne (A. de). Le cadet de famille. *P.* (s. d.), in-16.   [8° **O. 2747 D**

Lavergne (B.). L'évolution sociale. *P.*, 1893, in-16.   [8° **I. 3970 E**

—— Instruction civique. *P.*, 1887, in-18.   [8° **I. 3970 F**

—— Les réformes promises. 2ᵉ éd. *P.*, 1891, in-16.   [8° **I. 3970 Fa**

Lavigne (G. de). Les Espagnols au Maroc. *P.*, 1889, in-18.   [8° **U. 4220 C**

Lavisse (E.). «Tu seras soldat.» Histoire d'un soldat français. 6ᵉ éd. *P.*, 1889, in-12.   [8° **I. 3973 Ac**

Lavisse (Er.). Essais sur l'Allemagne impériale. *P.*, 1888, in-16.   [8° **U. 4220 F**

—— Études et étudiants. *P.*, 1890, in-18.   [8° **I. 3973 Ae**

—— Questions d'enseignement national. *P.*, 1885, in-18.   [8° **I. 3973 B**

—— Trois empereurs d'Allemagne : Guillaume Iᵉʳ, Frédéric III, Guillaume II. *P.*, 1888, in-18.   [8° **U. 4222 A**

—— Vue générale de l'histoire politique de l'Europe. 2ᵉ éd. *P.*, 1890, in-18.   [8° **U. 4222 Ab**

Lavoix fils (H.). La musique française. *P.* (s. d.), 8°.   [8° **I. 3978 A**

Lavollée (C.). Société d'encouragement pour l'industrie nationale. Rapport sur la statistique du travail aux États-Unis et en Europe. *P.*, 1892, 4°.   [4° **I. 851 C**

—— Rapport sur le tarif de l'huile de pétrole. *P.*, 1891, 4°.   [4° **I. 851 D**

Lavollée (R.). Essais de littérature et d'histoire. *P.*, 1891, in-18.   [8° **O. 2747 F**

Lazare (B.). L'antisémitisme. *P.*, 1894, in-18.   [8° **U. 4223 D**

Lazare (L.). Un bourgeois de Paris au xivᵉ siècle. Étienne Marcel. *P.*, 1890, 4°.   [4° **U. 817 A**

Léantey (E.), Guibault (A.). La science des comptes. *P.* (s. d.), 2ᵉ éd. 8°.   [8° **I. 3981 B** 5ᵉ éd. *P.* (s. d.), 8°.   [8° **I. 3981 Ba**

Lebaigue (Ch.). Dictionnaire latin-français. *P.*, 1890, 8°.   [8° **O. 2747 G**

Le Balleur (A.). Dictionnaire de la perception des amendes et condamnations pécuniaires. *P.*, 1889, 8°.   [8° **E. 1395 + A**

Le Barbier (Em.). Le crédit agricole en Allemagne. *P.*, 1890, gr. 8°.   [4° **I. 851 G**

Lebas (A.). L'obélisque de Luxor. *P.*, 1839, fol.   [Fol. **I. 113 B**

Lebeau. Histoire du Bas Empire. *P.*, 1757-1811, 27 vol. in-12.   [8° **U. 4225 A**

Le Bègue (A.). Traité des réparations (lois du bâtiment), 4ᵉ éd. *P.*, 1886, 8°.   [8° **E. 1395 A**

Lebeuf (F.-V.). Manuels Roret. Calendrier des vins. 2ᵉ éd. P., 1876, in-18.
[8° I. 4391 A

Le Blanc (Ch.). Manuel de l'amateur d'estampes. P., 1850-1859, 4 vol. 8°.
[8° I. 3984 + A

Le Blond (Dʳ N.-A.). La gymnastique et les exercices physiques. P., 1888, in-18.
[8° I. 3984 B

Lebœuf (L.). Précis d'histoire de Seine-et-Marne. P., 1888, in-16. [8° U. 4280 C

Lebon (A.). Études sur l'Allemagne politique. P., 1890, in-18. [8° U. 4281 B

Lebon (E.) Bulletin scientifique. P., 1888-1889, 8°. [8° I. 3984 D

Le Bon (Dʳ G.). Les civilisations de l'Inde. P., 1887, 4°. [4° U. 821 A

—— L'équitation actuelle et ses principes. P., 1892, in-18. [8° I. 3984 F

—— Les monuments de l'Inde. P., 1893, fol. [Fol. U. 200 B

—— Les premières civilisations. P., 1889, 4°. [4° U. 822 A

Lèbre (G.). Traité pratique et théorique des fonds de commerce. P., 1887, 8°.
[8° E. 1398 A

Le Breton (A.). Le roman au xvııᵉ siècle. P., 1890, in-16. [8° O. 2749 C

Lebrun. Manuels Roret. Manuel du cartonnier, du cartier... P., 1845, in-18.
[8° I. 4223 A

Lebrun, Malepeyre, Romain (A.). Manuels Roret. Manuel du ferblantier-lampiste. Nouv. éd. P., 1883, in-18.
[8° I. 4263 A

Lebrun (Général). Souvenirs des guerres de Crimée et d'Italie. P., 1889, in-18.
[8° U. 4281 C

Le Brun-Renaud (Ch.). Manuel pratique d'équitation. P., 1886, in-18.
[8° I. 3986 A

Lecadet (H.). Les contrebandiers, histoire normande. P., 1891, 8°.
[8° O. 2749 F

Lecercle (Dʳ L.). Traité élémentaire d'électricité médicale. 2ᵉ éd. P., 1893, 2 vol. 8°.
[8° I. 3986 D

Lecerf (Z.). Code-manuel des contraventions de grande voirie et de domaine public. P., 1889, 8°. [8° E. 1399 B

[**Lechartier** (E.).] A propos du concours hippique. Les voitures et les ordonnances de police. P. (s. d.), 8°. [8° E. 1400 B

—— Assurances contre l'incendie. P. (1889), 8°. [8° I. 3987 B

—— Compagnie d'assurances générales sur la vie. P. (1889), 8°. [8° I. 3987 C

Le Chartier (H.), **Pellerin** (G.). Madagascar depuis sa découverte jusqu'à nos jours. P., 1888, in-16. [8° U. 4283 + Ac

Le Chartier (H.). Tahiti et les colonies françaises de la Polynésie. P., 1887, in-16.
[8° U. 4283 B

Lechevallier-Chevignard. Les styles français. P. (s. d.), 8°. [8° I. 3988 D

Lechopié (A.), **Floquet** (Dʳ Ch.). Droit médical ou code des médecins. P., 1890, in-18. [8° E. 1402 C

Leclerc (M.). Choses d'Amérique. Les crises économique et religieuse aux États-Unis en 1890. P., 1891, in-18.
[8° U. 4287 B

—— L'éducation des classes moyennes et dirigeantes en Angleterre. P., 1894, in-18.
[8° I. 3989 C

—— Lettres du Brésil. P., 1890, in-18.
[8° U. 4287 C

Leclerc du Sablon. Nos fleurs. Plantes utiles et nuisibles. P. (s. d.), fol.
[Fol. I. 113 C

Leclercq (J.). Du Caucase aux monts Alaï. P., 1890, in-18. [8° U. 4288 B

Leclère (A.). Recherches sur la législation cambodgienne. P., 1890, 8°.
[8° E. 1403 B

Lecœur (J.). Esquisses du Bocage normand. P., 1883-1887, 2 vol. 8°.
[8° U. 4290 C

Lecomte (F. D.). Voyage pratique au Japon. P., 1893, in-18. [8° U. 4290 D

Lecomte (Capitaine). Corps expéditionnaire du Tonkin. P., 1888, 8°.
[8° U. 4290 E

Lecomte (H.). Cours de zoologie. P. (s. d.), in-16. [8° I. 3989 D

Lecomte (A.). Rouget de Lisle. P., 1892, in-18. [8° U. 4290 Ed

Lecomte de Lisle. Poèmes antiques. P. (s. d.), in-12. [8° O. 2757 + A

—— Poèmes barbares. P. (s. d.), in-12.
[8° O. 2757 A

Lecorché (D' E.). Traitement du diabète sucré. *P.* (s. d.), in-16.
[8° **I. 3992** D

Lecouffe (G.). Droit usuel. L'avocat du chasseur. *P.*, 1889, in-16. [8° **E. 1403** C

—— Droit usuel. L'avocat du pêcheur. *P.*, 1891, in-16. [8° **E. 1403** D

Le Couteux de Canteleu (C'°). Manuel de la vénerie française. *P.*, 1890, in-16.
[8° **I. 3993** B

Lecoy de La Marche (A.). L'esprit de nos aïeux. *P.* (s. d.), in-18. [8° **O. 2757** D

—— Les relations politiques de la France avec le royaume de Majorque. *P.*, 1892, 2 vol. 8°. [8° **U. 4290** Ef

Lecture (La) en famille. *P.*, 1890-1891, gr. 8°. [4° **O. 344** E

Lectures de philosophie scientifique, par E. Blum. *P.*, 1894, in-18.
[8° **I. 3995** Ab

Lectures historiques. *P.*, 1891, in-18.
[8° **U. 4290** F

Ledieu (A.), **Cardiat** (E.). Le nouveau matériel naval. *P.*, 1889-1890, 2 vol. 8° et atlas fol. oblong. [8° **I. 3995** Ac
[Fol. **I. 114** C

Ledos (Eug.). Traité de la physionomie humaine. Ill. *P.*, 1894, 8°. [8° **I. 3995** Af

Ledru (A.), **Worms** (F.). Commentaire de la loi sur les syndicats professionnels du 21 mars 1884. *P.*, 1885, in-18.
[8° **E. 1404** A

Lefébure (E.). Broderie et dentelles. *P.* (1887), 8°. [8° **I. 3995** B

Lefébure de Fourcy (Eug.). *Vade-mecum* des herborisations parisiennes. *P.*, 1891, in-18. [8° **I. 3999** + A

Lefebvre (Casimir). Guide du peintre-coloriste. *P.* (s. d.), 8°. [8° **I. 3999** A

—— Peinture sur porcelaine. Décoration et impression de toutes les couleurs d'un seul coup, suivie de la peinture sur verre, émail, stores, écrans, marbre, et de l'art d'exécuter la vitraux-manotypie. *P.* (s. d.), 8°.
[8° **I. 3999** Aa

Lefebvre (P.). Souvenirs de l'Indo-Chine. *P.*, 1886, in-18. [8° **U. 4290** G

Lefebvre Saint-Ogan. De Dante à l'Arétin. *P.*, 1889, in-16. [8° **U. 4291** C

Lefèvre (Abbé). Conseils sur le choix et la forme des arbres avant la plantation. *Nancy*, 1885, in-16. [8° **I. 4002** C

Lefévre (H.). La comptabilité théorique, pratique et enseignement. *P.* (s. d.), 8°.
[8° **I. 4006** A

Lefévre (J.). Le chauffage et les applications de la chaleur dans l'industrie et l'économie domestique. *P.*, 1893, in-18.
[8° **I. 4007** A

—— Dictionnaire d'électricité et de magnétisme. *P.*, 1890-1891, gr. 8°.
[4° **I. 854** C

—— La photographie et ses applications. *P.*, 1888, in-16. [8° **I. 4007** A

Lefévre (P.), **Cerbelaud** (G.). Les chemins de fer. *P.* (s. d.), 8°.
[8° **I. 4007** B

Leforestier (J.). Manuel pratique et bibliographique du correcteur. *P.*, 1890, in-16. [8° **I. 4009** C

Lefort (P.). Manuel du doctorat en médecine. Aide-mémoire d'anatomie à l'amphithéâtre. *P.*, 1890, in-18.
[8° **I. 4010** + B

—— Aide-mémoire d'hygiène et de médecine légale. *P.*, 1889, in-18.
[8° **I. 4010** B

—— Aide-mémoire de thérapeutique. *P.*, 1890, in-18. [8° **I. 4010** C

—— La pratique journalière des hôpitaux de Paris. *P.*, 1891, in-18.
[8° **I. 4010** Ca

Lefranc (A.). Histoire du Collège de France. *P.*, 1893, 8°. [8° **U. 4304** C

Le Gendre (P.). **Barette, Lepage.** Traité pratique d'antisepsie. *P.*, 1888, 8°.
[8° **I. 4014** B

Léger (J.-N.). La politique extérieure d'Haïti. *P.*, 1886, in-12. [8° **U. 4316** + A

Léger (L.). La littérature russe. *P.* (s. d.), in-18. [8° **O. 2764** ++ A

—— Russes et Slaves. *P.*, 1890, in-16.
[8° **U. 4316** A

Le Goffic (C.), **Thieulin** (E.). Nouveau traité de versification française. *P.*, 1890, in-16. [8° **O. 2764** + A

Le Gonidec. Dictionnaire français-breton et breton-français. *Saint-Brieuc*, 1847-1850, 2 vol. 4°. [4° **O. 345** C

Legouvé (E.). Conférences parisiennes. *P.* (s. d.), in-18. [8° **O. 2764** A

Legouvé (E.). Nos filles et nos fils. 17ᵉ éd. P. (s. d.), in-18. [8° O. 2765 A

—— M. Samson et ses élèves. P. (s. d.), 8°. [8° U. 4317 + B

—— Soixante ans de souvenirs. 4ᵉ éd. P., 1886-1887, 2 vol. 8°. [8° U. 4317 B

—— Théâtre complet. 3ᵉ éd. P., 1887-1888, 2 vol. in-18. [8° O. 2765 Aa

—— Une éducation de jeune fille. P. (s. d.), in-18. [8° U. 4317 Ba

—— Une élève de seize ans. P. (s. d.), in-18. [8° I. 4014 C

Legrand. La terre des Pharaons. P., 1888, 8°. [8° U. 4317 F

Legrand (A.). Manuel français-anglais de termes et locutions de marine. P., 1889, 8°. [8° O. 2766 A

Legrand (E.). Nouveau dictionnaire grec-français et français-grec moderne. P. (s. d.), 2 vol. in-16. [8° O. 2766 B

Legrand (Dʳ M.-A.). Au pays des Canaques. P., 1893, 8°. [8° U. 4317 J

Legrand du Saulle (Dʳ). Les hystériques. 3ᵉ éd. P., 1891, 8°. [8° I. 4014 D

Le Gras (A.). Album des pavillons, guidons, flammes de toutes les puissances maritimes. P., 1858, 4°. [4° U. 823 B

Legros (V.). Sommaire de photogrammétrie. P., 1891, in-18. [8° I. 4014 F

Legueu (Dʳ F.). Chirurgie du rein et de l'urètre. P., 1894, in-16. [8° I. 4014 I

Lehautcourt (P.). Les expéditions françaises au Tonkin. P., 1888, 2 vol. 8°. [8° U. 4322 A

—— Le lieutenant Mauclerc. P., 1891, in-18. [8° O. 2769 B

Lehugeur (P.). Histoire contemporaine de la France. P. (s. d.), 4° oblong. [4° U. 823 D

—— Mahomet. P., 1884, in-18. [8° U. 4322 D

Lejeal (Adolphe). L'aluminium, le manganèse; le baryum, le strontium, le calcium et le magnésium. P., 1894, in-18. [8° I. 4018 ++ A

Lejeune (E.). Guide du briquetier, du fabricant de tuiles. 2ᵉ éd. P., 1886, in-16. [8° I. 4018 + A

—— Guide du chaufournier, du fabricant de ciments. 2ᵉ éd. P., 1886, in-16. [8° I. 4018 A

Lejeune (L.). Au Mexique. P., 1892, in-16. [8° U. 4322 G

Lelion-Damiens (L.-E.). OEuvres. Le bréviaire des comédiens. P., 1883, in-18. [8° I. 4019 A

—— La vie à deux, comédie. 2ᵉ éd. P., 1890, in-18. [8° O. 2769 C

Lelong (A.). Commentaire de la loi du 27 décembre 1892 sur la conciliation et l'arbitrage facultatifs. P., 1894, in-18. [8° E. 1416 C

Lemaire (F.). Nouveau manuel du capitaliste. P., 1892, 4°. [4° I. 858 A

Lemaistre (A.). L'École des beaux-arts. P., 1889, gr. 8°. [4° U. 823 F

Lemaitre (A.). Abou Naddara à Stamboul. P., 1892, 8°. [8° U. 4329 C

Lemaitre (J.). Impressions de théâtre. P., 1888, 2 vol. in-18. [8° O. 2770 A

Le Marchant de la Viéville (Ab.-L.). Fables. P., 1804, 8°. [8° O. 2770 D

Lemas (Th.). Études sur le Cher pendant la Révolution. P. (s. d.), in-16. [8° U. 4329 D

Le Moine (A.). Précis de droit maritime. P., 1888, 8°. [8° E. 1417 + A

Lemonnier (C.). La Belgique. P. (s. d.), 4°. [4° U. 823 I

Lemonnier (H.). L'Algérie. P., 1881, in-18. [8° U. 4336 C

—— Michel-Ange. P., 1881, in-18. [8° U. 4336 Ca

Le Moutier (J.-M.). Nouveau dictionnaire-formulaire pratique. P., 1889, 8°. [8° E. 1417 A

Lemoyne (A.). Poésies (1855-1890). P. (s. d.), 3 vol. in-16. [8° O. 2781 B

—— Voyages et séjours dans l'Amérique du Sud. P., 1880, 2 vol. in-18. [8° U. 4336 F

Le Moyne (Le P.). De l'art des devises. P., 1666, 4°. [4° O. 345 F

Lenient (C.). La comédie en France au xviiiᵉ siècle. P., 1888, 2 vol. in-16. [8° O. 2781 E

Lenoir (P.). Histoire du réalisme et du naturalisme. P., 1889, 8°. [8° I. 4028 A

Lenormand (S.), **Janvier**, **Magnier** (D.). Manuels Roret. Manuel de l'horloger. P., 1876, 2 vol. in-18. [8° I. 4283 A

Lenthéric (C.). Du Saint-Gothard à la mer. Le Rhône. *P.*, 1892, 2 vol. 8°.
[8° **U. 4360** C

Lenval (B^on de). Quelques pensées sur l'éducation morale. *P.*, 1886, 8°.
[8° **I. 4032** C

Lenz (Dr O.). Timbouctou, trad. par P. Lehautcourt. *P.*, 1886-1887, 2 vol. 8°.
[8° **U. 4364** B

Léon (J.). Historiale description de l'Afrique, tierce partie du monde. *Lyon*, 1556, fol.
[Fol. **U. 200** C

Lepage (A.). Nos frontières perdues. *P.*, 1886, in-16.
[8° **U. 4367** A

Le Pelletier (E.). Code pratique des usages de Paris. *P.*, 1890, in-18. [8° **E. 1419 + A**

Leplay (H.). Chimie théorique et pratique des industries du sucre. *P.*, 1883, 8°.
[8° **I. 4039 + A**

Leprieur (J.). Traité de comptabilité notariale. *P.*, 1889, 4°.
[4° **I. 858** B

Le Provost de Launay. Manuel des lois de l'enseignement primaire. *P.*, 1889, in-18.
[8° **E. 1419.** B

Leriche (H.). La petite Marthe. 3° éd. *P.*, 1888, in-18.
[8° **O. 2795** B

Lermina (J.). La France martyre. *P.*, 1887, in-18.
[8° **U. 4372** A

—— Reine, roman historique. *P.*, 1891, in-18.
[8° **O. 2795** C

Lermusiaux (F.), **Tavernier** (A.). Pour la patrie! Sociétés de tir. *P.*, 1886, 8°.
[8° **I. 4040 ++ A**

Leroi (M.). Les armements maritimes en Europe. *P.*, 1889, in-16. [8° **I. 4040 + A**

Leroux (C.). Traité pratique de la filature de la laine. *P.* (s. d.), in-18. [8° **I. 4040** B

Le Roux (H.). Au Sahara. *P.* (s. d.), in-18.
[8° **U. 4377** C

—— Les jeux du cirque et la vie foraine. *P.* (s. d.), 4°.
[4° **I. 858** D

—— Tout pour l'honneur. *P.*, 1892, in-18.
[8° **O. 2795** E

Le Roux (J.). Atlas numismatique du Canada. *Montréal* (s. d.), 8°. [8° **U. 4377** E

—— Le médaillier du Canada. *Montréal*, 1888, 8°.
[8° **U. 4377** Ea

Le Roux de Bretagne (A.). Nouveau traité de la prescription en matière civile. *P.*, 1869, 2 vol. 8°.
[8° **E. 1421 + A**

Leroy (A.). Rapport sur le budget de 1883. Ministère de la marine et des colonies. *P.*, 1882, 4°.
[4° **U. 827** D

Leroy (P.), **Drioux** (J.). Des animaux domestiques et de l'exercice de la médecine vétérinaire. *P.*, 1887, 8°. [8° **E. 1421** A

Leroy-Beaulieu (P.). L'Algérie et la Tunisie. *P.*, 1887, 8°. [8° **U. 4380** A

—— L'État moderne et ses fonctions. 2° éd. *P.*, 1891, 8°. [8° **I. 4045** B

—— Précis d'économie politique. 3° éd. *P.*, 1891, in-18. [8° **I. 4047** C

Le Roy de Gouberville (G.-H.). Manuel de tir. *P.*, 1885, in-18. [8° **I. 4052** A

Le Saulnier (A.). Des ouvriers des usines et des manufactures. *P.*, 1888, 8°.
[8° **E. 1421** B

Lescure (De). Les grands écrivains français. Chateaubriand. *P.*, 1892, in-16.
[8° **U. 4386** A

—— François Coppée (1842-1889). *P.*, 1889, in-16. [8° **U. 4386** B

Le Senne (C.). Code du théâtre. *P.*, 1882, in-18. [8° **E. 1422** A

L'Esprit (A.). Situation des étrangers en France au point de vue du recrutement. *P.*, 1888, 8°. [8° **E. 1424** A

Lesserteux (E.-C.). Paul Bert au Tonkin et les missionnaires. *P.*, 1888, 8°. [8° **U. 4396** A

Lessing. Fables. Nouv. éd., par J. Kont. *P.* (s. d.), 8°. [8° **O. 2815** C

Létang (Baron). Des moyens d'assurer la domination française en Algérie. *P.*, 1840, 8°.
[8° **U. 4396** B

Letarouilly (P.). Édifices de Rome moderne. *P.*, 1840-57, in-4° et 3 vol. fol.
[4° **U. 829** E
[Fol. **U. 200** E

Letellier. Description historique des monnaies françaises. *P.*, 1888-1890, 4 vol. in-18.
[8° **U. 4396** C

Letourneau (Ch.). L'évolution du mariage et de la famille. *P.*, 1888, 8°.
[8° **I. 4057** A

—— L'évolution religieuse dans les diverses races humaines. *P.*, 1892, 8°.
[8° **A. 762** C

Lettres à Lamartine (1818-1865), publ. par Mme V. de Lamartine. *P.*, 1892, in-18.
[8° **O. 2815** E

Lettres choisies du xviie siècle, avec des notices par P. Jacquinet. *P.*, 1890, in-18. [8° O. 2815 F

Leudet (Dr Th.-E.). Études de pathologie et de clinique médicale. *P.*, 1890-91, 3 vol. 8°. [8° I. 4058 C

Levallois (J.). Autour de Paris. *Tours*, 1884, 8°. [8° U. 4411 B

Levasseur (E.). Grand atlas de géographie physique et politique. *P.* (s. d.), f°. [Fol. U. 200 C

Levasseur (E.). Les naissances. *P.*, 1889, 8°. [8° U. 4419 C

—— La population française. *P.*, 1889-93, 3 vol. 8°. [8° U. 4419 Ca

Leven (M.). La névrose. *P.*, 1887, 8°. [8° I. 4060 A

Lévêque (C.). Psychologie de la musique. *P.*, 1888, 4°. [4° I. 868 A

Levillain (F.). Hygiène des gens nerveux. *P.*, 1891, in-18. [8° I. 4065 A

Lévy (A.). Méthode pratique de langue allemande. *P.*, 1888, 3 vol. 8°. [8° O. 2816 B

—— Napoléon intime. 3e éd. *P.*, 1893, 8°. [8° U. 4422 B

Lévy-Bruhl (L.). L'Allemagne depuis Leibniz. *P.*, 1890, in-16. [8° U. 4422 C

Lévy-Lambert (A.). Chemins de fer funiculaires. Transports aériens. *P.*, 1894, 8°. [8° I. 4069 C

Lewal. L'agonistique. *P.*, 1890, in-18. [8° I. 4069 Cb

Lewis (C.-C.). Histoire gouvernementale de l'Angleterre de 1770 à 1830. *P.*, 1867, 8°. [8° U. 4422 F

Leygues (G.). Rapport sur la fixation du budget général de 1889. Ministère de l'intérieur. Services pénitentiaires. *P.*, 1888, 4°. [4° U. 832 C

Leygue (L.). Chemins de fer. *P.*, 1892, 8°. [8° I. 4069 Cd

Lezé (R.). Les industries du lait. *P.*, 1891, 8°. [8° I. 4069 D

—— Les machines à glace. *P.*, in-16. [8° I. 4069 Da

Lhomme (F.). Charlet. *P.*, 1892, 4°. [4° I. 869 D

—— Raffet. *P.*, 1892, 4°. [4° I. 869 Da

Lhomond. Nouvelle grammaire. *P.* (s. d.), 8°. [8° O. 2818 ++ A

Lhoste (F.). Mes ascensions maritimes. *P.*, 1888, 8°. [8° I. 4069 I

Liard (L.). L'enseignement supérieur en France (1789-1893). *P.*, 1888-1894, 2 vol. 8°. [8° U. 4422 I

—— Morale et enseignement civique. *P.*, 1886, in-16. [8° I. 4070 A

Lichtenberger (E.). Le Musée national du Louvre. 100 reprod. photogr. *P.* (s. d.), 8°. [8° I. 3862 ++ Ac

Liébeault (Dr A.-A.). Le sommeil provoqué et les états analogues. *P.*, 1889, in-18. [8° I. 4070 B

Liébert (A.). La photographie au charbon. 2e éd. *P.*, 1884, in-18. [8° I. 4070 C

Liégeard (S.). La côte d'azur. *P.*, 1894, 8°. [8° U. 4422 K

Lieussou (G.). Dix mois autour du monde. *P.*, 1887, in-18. [8° U. 4422 L

Lightone (R.). Le grand frère. *P.* (s. d.), in-18. [8° O. 2818 + A

Limousin (C.-M.). Les privilégiés de la navigation intérieure. *P.*, 1888, in-18. [8° I. 4074 B

—— Les progrès du communisme d'État. *P.*, 1891, 8°. [8° I. 4074 Ba

—— La suppression du parlementarisme. *P.*, 1888, 8°. [8° E. 1426 A

Linden (A.). Comment on joue pendant la pluie. *P.*, 1890, 8°. [8° I. 4074 E

Lintilhac (E.). Beaumarchais et ses œuvres. *P.*, 1887, 8°. [8° U. 4448 A

—— Les grands écrivains français. Lesage. *P.*, 1893, in-16. [8° U. 4448 Ab

—— Précis historique et critique de la littérature française. — I. Des origines au xviie siècle. *P.*, 1890, in-18. [8° O. 2818 C

Lippmann (E.). Petit traité de sondage. *P.* (s. d.), 8°. [8° I. 4074 G

Liquier (R.). Guide des aspirants au professorat. 2e éd. *P.*, 1890, in-12. [8° I. 4074 H

Lisbonne (E.). La navigation maritime. *P.* (s. d.), 8°. [8° I. 4074 J

Lister. Voyage à Paris, en M DC XCVIII. Trad. et publ. par la Société des bibliophiles français. Avec des extraits des ouvrages d'Évelyn, relatifs à ses voyages en France, de 1648 à 1661. *P.*, 1873, 8°. [8° **U. 4449** C

Littré (E.). Comment les mots changent de sens. *P.*, 1888, 8°. [8° **O. 2818** D

Livet (Ch.-L.). Précieux et précieuses. 2ᵉ éd. *P.*, 1860, in-16. [8° **U. 4451** B

Livret (Le) de l'étudiant de Paris. *P.* (s. d.), in-18. [8° **I. 4080** B

Lobgeois (E.). Lois fondamentales de la médecine. *Saint-Quentin*, 1871, 8°. [8° **I. 4080** C

Locard (A.). Les huîtres et les mollusques comestibles. *P.*, 1890, in-16. [8° **I. 4081** C

—— La pêche et les poissons des eaux douces. *P.*, 1891, in-18. [8° **I. 4081** Ca

Lockroy (E.). Une mission en Vendée (1793). *P.*, 1893, in-18. [8° **U. 4459** D

Loi du 24 juin 1887 sur l'imposition de l'alcool en Allemagne. *Mulhouse* (s. d.), in-18. [8° **E. 1459** A

Loi du 15 juillet 1889 sur le recrutement de l'armée, suivie de la loi du 26 juin 1889 sur la nationalité. *P.*, 1889, 8°. [8° **E. 1459** B

Loi sur la liquidation judiciaire et la faillite, promulguée le 5 mars 1889. *P.*, 1889, 8°. [8° **E. 1459** D

Loir (M.). La marine française. *P.*, 1893, 4°. [4° **U. 833** F

—— La marine royale en 1789. *P.* (s. d.), in-18. [8° **U. 4460** + Aa

Lois françaises et étrangères sur la propriété littéraire et artistique. *P.*, 1889, 2 vol. 8°. [8° **E. 1461** C

Lois sur la pêche fluviale à l'usage de la gendarmerie. 5ᵉ éd. *P.*, 1890, in-16. [8° **E. 1464** C

Lois sur le budget général des recettes et des dépenses de 1892. *P.*, 4°. [4° **U. 833** C

Lois usuelles, décrets, ordonnances et avis du Conseil d'État. 15ᵉ éd. *P.*, 1887, 4°. [4° **E. 204** A

Loiseau (A.). Histoire de la littérature portugaise. *P.*, 1886, in-18. [8° **O. 2825** A

Loizillon (L'-col.). Lettres sur l'expédition du Mexique (1862-1867). *P.*, 1890, in-16. [8° **U. 4461** C

Loliée (F.). Nos gens de lettres. *P.*, 1887, in-18. [8° **U. 4461** F

Lombroso (C.). L'anthropologie criminelle et ses récents progrès. *P.*, 1890, in-18. [8° **I. 4091** C

—— **Laschi** (R.). Le crime politique et les révolutions, trad. par A. Bouchard. *P.*, 1892, 2 vol. 8°. [8° **I. 4091** D

—— L'homme criminel. Trad. par MM. Regnier et Bournet. *P.*, 1887, 2 vol. 8°, dont 1 atlas. [8° **I. 4091** E

—— L'homme de génie, trad. par Fr. Colonna d'Istria. *P.*, 1889, 8°. [8° **I. 4091** F

Londe (A.). Bibliothèque photographique. La photographie médicale. *P.*, 1893, 8°. [8° **I. 4091** G

—— La photographie moderne. *P.*, 1888, 8°. [8° **I. 4091** H

Longchamps (G. de). Essai sur la géométrie de la règle et de l'équerre. *P.*, 1890, 8°. [8° **I. 4093** C

Longnon (A.). De la formation de l'unité française. *P.*, 1890, in-16. [8° **U. 4467** + A

Longueville (A.). Manuel complet de tous les jeux de cartes. *P.* (s. d.), in-16. [8° **I. 4095** C

Lonlay (Dick de). Français et Allemands. *P.*, 1888-1891, 6 vol. 8°. [8° **U. 4467** B

—— Notre armée. *P.*, 1890, gr. 8°. [4° **U. 835** D

Loonen (Ch.). Le Japon moderne. Illustr. *P.*, 1894, 8°. [8° **U. 4467** E

Lopes (M.-J.). L'espagnol tel qu'on le parle. 6ᵉ éd. *P.*, 1889, in-12 oblong. [8° **O. 2829** C

Lopez Polin (D.-J.). Diccionario estadístico municipal de España. *Madrid*, 1863, 8°. [8° **U. 4467** Ed

Loret (V.). L'Égypte au temps des Pharaons. *P.*, 1889, in-12. [8° **I. 4467** F

Lortet. La Syrie d'aujourd'hui (1875-1878). *P.* (s. d.), 4°. [4° **U. 835** G

Lota (L.). Contributions à la géographie médicale du Soudan français. *P.*, 1887, 8°. [8° **I. 4099** B

Loti (P.). Au Maroc. 17ᵉ éd. *P.*, 1890, in-18. [8° **U. 4467** I

—— L'Exilée. 30ᵉ éd. *P.*, 1893, in-18. [8° **O. 2838** B

—— Le mariage de Loti. Rarahu. 36ᵉ éd. *P.*, 1891, in-18. [8° **O. 2838** C

Loti (P.). Pêcheur d'Islande, 72ᵉ éd. P., 1889, in-18.　　　[8° **O. 2838** D

—— Le roman d'un enfant. 36ᵉ éd. P., 1891, in-18.　　　[8° **O. 2838** E

Loua (T.). La France sociale et économique. P., 1888, gr. 8°.　　　[4° **I. 872** A

Loubeau (P. de). La Méditerranée pittoresque. P., 1894, f°.　　[Fol. **U. 202** + A

Loubens (D.). Les proverbes et les locutions de la langue française. P., 1888, in-16.　　　[8° **O. 2838** F

—— Recueil de mots français dérivés de la langue latine, 4ᵉ éd. P., 1883, in-18.　　　[8° **O. 2838** G

—— Recueil de mots français tirés des langues étrangères. P. (s. d.), in-18.　　　[8° **O. 2838** Ga

Louis XI, roi de France. Lettres publ. par J. Vaesen et E. Charavay. P., 1883, 2 vol. 8°.　　　[8° **U. 4469** C

Louis-Philippe, **Adélaïde** (Mᵐᵉ), **Talleyrand** (Prince de). Le prince de Talleyrand et la maison d'Orléans. 4ᵉ éd. P., 1890, in-18.　　　[8° **U. 4475** + A

Louvet (D.). L'apprenti nageur. P. (s. d.), 8°.　　　[8° **I. 4101** B

Loyal (F.). Le dossier de la revanche. P., 1887, in-18.　　　[8° **U. 4475** B

Loyal serviteur (Le). Histoire de Bayard, pub. par J. Roman. P., 1878, 8°.　　　[8° **U. 4476** + A

Lubbock (J.). Le bonheur de vivre (2ᵉ partie), trad. P., 1892, in-18.　　　[8° **I. 4102** C

—— L'homme préhistorique. 3ᵉ éd. P., 1888, 2 vol. 8°.　　　[8° **I. 4104** + A

—— Les origines de la civilisation. 3ᵉ éd. trad., par Ed. Barbier. P., 1881, 8°.　　　[8° **U. 4476** A

Lubomirski (Pᶜᵉ G. et M.). Le drapeau du 105ᵐᵉ régiment territorial d'infanterie. *Grenoble*, 1887, 8°.　　　[8° **U. 4476** C

Luc (Dʳ H.). Les névropathies laryngées. P. (s. d.), in-16.　　　[8° **I. 4104** D

Lucas (C.). Institut de France. De l'état anormal en France de la répression en matière de crimes capitaux. P., 1888, 4°.　　　[4° **E. 204** B

Lucas (H.). Poésies. P., 1891, in-16.　　　[8° **O. 2841** A

Luce (S.). La France pendant la guerre de Cent ans. P., 1890, in-16.　　　[8° **U. 4481** C

—— Jeanne d'Arc à Domremy. 2ᵉ éd. P., 1887, in-16.　　　[8° **U. 4483** A

Luchaire (A.). Les communes françaises à l'époque des Capétiens directs. P., 1890, 8°.　　　[8° **U. 4483** D

Luchet (J.-P.-L. de). Paris en miniature. *Amsterdam*, 1784, in-12.　　　[8° **U. 4485** D

Lutaud (A.). Manuel de médecine légale. 5ᵉ éd. P., 1892, in-16.　　[8° **I. 4109** C

Lutte (La) contre l'abus du tabac. P., 1890, in-16.　　　[8° **I. 4110** C

Luys (J.). Hypnotisme expérimental. P., 1890, in-16.　　　[8° **I. 4111** B

—— Petit atlas du système nerveux. P., 1888, in-16.　　　[8° **I. 4111** C

—— Le traitement de la folie. P. (s. d.), in-16.　　　[8° **I. 4112** B

Luzet (Dʳ C.). La chlorose. P., 1892, in-16.　　　[8° **I. 4112** C

Lyden (E.-M. de). Nos 144 régiments de ligne. P. (s. d.), in-18. [8° **U. 4486** B

Lyon-Caen (Ch.), **Renault** (L.). Précis de droit commercial. P., 1884-85, 2 vol. 8°.　　　[8° **E. 1469** C

Lyonnet (H.). Notions sur les machines et le travail manuel du fer et du bois. P., 1889, in-18.　　　[8° **I. 4116** B

Lytton (Lord). Glenaveril, trad. par Mᵐᵉ L. d'Alq. P., 1888, in-18.　　　[8° **O. 2849** A

M

Mabilleau (L.). Les grands écrivains français. Victor Hugo. P., 1893, in-16.　　　[8° **U. 4487** C

Macario (Dʳ M.). Manuel d'hydrothérapie. P., 1889, in-18.　　[8° **I. 4116** A

Macdonald (Maréchal), duc de Tarente. Souvenirs. 3ᵉ éd. P., 1892, 8°.　　　[8° **U. 4521** B

Macé (E.). Traité pratique de bactériologie. P., 1889, in-16.　　　[8° **I. 4117** A

Macé Descartes. Histoire et géographie de Madagascar. *P.*, 1846, 8°.
[8° **U. 4521** Be

Mackenzie (D' M.). La dernière maladie de Frédéric le Noble. 21° éd. *P.*, 1888, in-18.   [8° **U. 4521** C

——— Hygiène des organes de la voix, trad. par L. Brachet, G. Coupard. *P.*, 1888, 8°.   [8° **I. 4120** A

Macquarie (J.-L.). Villes d'hiver et plages de la Méditerranée. *P.*, 1893-1894, in-32.   [8° **U. 4522** B

Madagascar. L'incident de Tananarive. *Uclès*, 1892, 8°.   [8° **U. 4522** D

Maël (Pierre). Amours simples. *P.* (s. d.), in-18.   [8° **O. 2866** B

——— Pilleurs d'épaves. *P.* (s. d.), in-16.
[8° **O. 2866** Bb

——— Sauveteur. *P.* (s. d.), 4°.
[4° **O. 347** D

——— Un manuscrit. *P.*, 1891, in-18.
[8° **O. 2866** Bc

Magazine (Le) français illustré. *P.*, 1891-1892, 3 vol. 8°.   [8° **O. 2866** C

Mag Dalah. Un hiver en Orient. *P.*, 1892, 8°.   [8° **U. 4527** C

Mager (H.). Atlas colonial. *P.* (1886), fol.   [Fol. **U. 202** A

Magnier (M.-D.). Manuel de l'éclairage et du chauffage au gaz. *P.*, 1866, 2 vol. in-18.   [8° **I. 4272** A

Magnier de la Source (D' L.). Analyse des vins. *P.* (s. d.), in-16.
[8° **I. 4133** C

Magnus (H.). Histoire de l'évolution du sens des couleurs. *P.*, 1878, in-16.
[8° **I. 4133** E

Mahé de la Bourdonnais (C'° A.). Un Français en Birmanie. 3° éd. *P.*, 1886, in-18.   [8° **U. 4529** C

Mahé de la Bourdonnais (B.-F.). Mémoires historiques. *P.*, 1890, 8°.
[8° **U. 4529** D

Maier (M.). Il regno di Napoli et di Calabria. *Rome*, 1723, fol. [Fol. **U. 202** F

Maigne. Manuels Roret. Manuel du fabricant de briquets et d'allumettes chimiques. *P.*, 1878, in-18.   [8° **I. 4218** + A

——— Nouvelles leçons de choses. *P.*, 1883, in-18.   [8° **I. 4138** A

Mailhol (D. de). Dictionnaire géographique des communes (France et colonies). *P.*, 1891, 4°.   [4° **U. 839** C

Maillot (E.). Leçons sur le ver à soie du mûrier. *Montpellier*, 1885, 8°.
[8° **I. 4138** C

Mailly. L'esprit des croisades. *Amsterdam*, 1780, 4 vol. in-12.   [8° **U. 4529** De

Mainard (L.), **Buquet** (P.). Henri Martin. *P.*, 1884, in-18.   [8° **U. 4529** F

Maindron (E.). L'Académie des sciences. *P.*, 1888, 8°.   [8° **U. 4529** G

Maindron (G.-R.-M.). Les armes. *P.* (s. d.), 8°.   [8° **I. 4138** D

——— Les hôtes d'une maison parisienne. *P.*, 1891, 8°.   [8° **I. 4138** Da

——— Les papillons. *P.*, 1888, in-16.
[8° **I. 4138** E

Maine (H.-S.). Essais sur le gouvernement populaire. *P.*, 1887, 8°.
[8° **I. 4138** H

Malapert du Peux (G.). Le lait et le régime lacté. *P.*, 1891, in-16.
[8° **I. 4148** C

Malepeyre (F.), **Romain** (A.). Manuels Roret. Mannel du briquetier. *P.*, 1883, 2 vol. in-18.   [8° **I. 4218** ++ A

Mallat de Bassilan. L'Amérique inconnue. *P.*, 1892, in-16.
[8° **U. 4545** C

Malmanche (Mlle M.-H.). Manuel pratique de tenue de livres. *P.*, 1889, 8°.
[8° **I. 4159** A

2° éd. *P.*, 1891, 8°.   [8° **I. 4159** Aa
——— Livre du maître. *P.*, 1889, 8°.
[8° **I. 4159** Ab

Malo (C.). M. de Moltke. *P.*, 1891, 8°.
[8° **U. 4549** C

Malo (L.). L'asphalte. 2° éd. *P.*, 1888, in-16.   [8° **I. 4159** D

Malvaux (Abbé de) Les moyens de détruire la mendicité en France. *Châlons-sur-Marne*, 1780, 8°.   [8° **I. 4160** A

Manacéine (M.). Le surmenage mental dans la civilisation moderne, trad. par E. Jaubert. *P.*, 1890, in-18.   [8° **I. 4160** B

Mangin (A.). De la liberté de la pharmacie. *P.*, 1864, 8°.   [8° **E. 1483**

——— Les savants illustres de la France. Nouv. éd. *P.* (s. d.), 8°.   [8° **U. 4555** C

Mangin (L.). Cours élémentaire de botanique, *P.*, 1885, in-16.
[8° **I. 4161** ++ A

—— Éléments d'hygiène. *P.*, 1892, in-16.
[8° **I. 4161** + A

Mangot (J.). Traversée de la Manche, de Cherbourg à Londres. 2ᵉ éd. *P.*, 1888, 8°.
[8° **I. 4161** A

Mannequin (Th.). Congrès monétaire international. *P.*, 1889, 8°. [8° **I. 4161** B

—— Le retrait des monnaies d'or frappées avant 1877. *P.*, 1883, 8°.
[8° **E. 1483** A

Manillier (A.). Le secrétaire pratique. *P.*, 1884, in-32. [8° **O. 2888** A

Manning (S.). La terre des Pharaons. Égypte et Sinaï, trad. par E. Dadre. *Toulouse*, 1890, 8°. [8° **U. 4555** D

Mantz (P.). Antoine Watteau. *P.*, 1892, 4°.
[4° **I. 880** C

Manuel (E.). Poésies du foyer et de l'école. *P.*, 1888, 8°. [8° **O. 2888** Ad

Manuel (E.)., **Louis** (R.). La réforme des frais de justice. *P.*, 1892, in-18.
[8° **E. 1483** B

Manuel (R.). Les animaux d'appartement. *P.* (s. d.), in-18. [8° **I. 4162** ++ A

—— La comédie de salon. *P.* (s. d.), in-18. [8° **O. 2888** B

—— Les guides de la vie pratique. La maison de campagne. *P.* (s. d.), in-18.
[8° **I. 4162** + A

—— Les petites industries d'amateurs. *P.* (s. d.), in-18. [8° **I. 4162** + A

—— Les sciences familières. *P.* (s. d.), in-18. [8° **I. 4162** + A

Manuel d'examen pour le brevet de l'enseignement primaire. 4ᵉ éd. *P.*, 1888, in-16.
[8° **I. 4162** Ac

Manuel d'examen pour le brevet supérieur de l'enseignement primaire. *P.*, 1889, 2 vol. in-16. [8° **I. 4162** B

Manuel d'hygiène coloniale. *P.*, 1894, 8°.
[8° **I. 4162** Bc

Manuel de bibliographie biographique et d'iconographie des femmes célèbres. *P.*, 1892, 8°. [8° **O. 2888** D

Manuel de l'infirmière-hospitalière. 42ᵉ éd. *P.*, 1890, in-18. [8° **I. 4162** Fb

Manuel de préparation aux concours d'entrée des écoles supérieures de commerce. *P.*, 1892, 2 vol. 8°. [8° **I. 4162** Gb

Manuel de préparation pour l'examen des douanes. 4ᵉ éd. *P.*, 1894, 8°.
[8° **E. 1483** Ab

Manuel des adjudicataires de fournitures et de travaux pour le compte de l'État. *P.*, 1887, in-18. [8° **E. 1483** C

Manuel des agents de change (1804-1893). *P.*, 1893, gr. 8°. [4° **I. 880** D

Manuel des communautés de religieuses institutrices. *P.*, 1890, in-18.
[8° **U. 4557** C

Manuel du marbrier, du constructeur et du propriétaire de maisons. Manuels Roret. *P.*, 1855, in-18 et atlas gr. 8°.
[8° **I. 4310** A

Manuel du matelot-timonier. 9ᵉ éd. *P.*, 1887, in-18. [8° **I. 4163**

Manuel du recrutement des armées. 2ᵉ éd. *P.*, 1890, 8°. [8° **E. 1494**

Manuel pour l'exécution des travaux de fortification de campagne. *P.*, 1889, in-18.
[8° **I. 4165** A

Manuel universel et raisonné du canotier. Manuels Roret. *P.* (s. d.), in-18.
[8° **I. 4220** A

Mandat-Grancey (Bᵒⁿ E. de). Souvenirs de la côte d'Afrique. Madagascar, Saint-Barnabé. *P.*, 1892, in-18.
[8° **U. 4555** + A

Manzoni. Les fiancés. Éd. abrégée. *P.*, 1890, gr. 8°. [4° **O. 348** C

Maquest (P.). La France et l'Europe pendant le siège de Paris. 2ᵉ éd. *P.*, 1877, 8°.
[8° **U. 4558** C

Marais (A.). Abraham Lincoln. *P.*, 1880, in-16. [8° **U. 4559** C

Marais (M.). Journal et mémoires, pub. par M. de Lescure. *P.*, 1863-1868, 4 vol. 8°.
[8° **U. 4559** F

Marbot (Général bᵒⁿ de). Mémoires. *P.*, 1891-1892, 3 vol. 8°. [8° **U. 4560** B

Marc (A.). Un explorateur brésilien. *P.*, 1889, 8°. [8° **U. 4560** D

Marc (Dʳ). Conseils. La famille, la maison, l'alimentation. *P.*, 1888, in-18.
[8° **I. 4392** A

Marcel (É.). L'hetman Maxime. Nouv. éd. *P.*, 1890, 8°. [8° **O. 2890** C

Marcel (G.). La Pérouse. Récit de son voyage. *P.* (s. d.), in-18. [8° **U. 4560 F**

Marchal (C.). Tarifs des douanes. *P.*, 1889, 8°. [8° **I. 4394 A**

Marchal (G.). La France moderne. Le drame de Metz. *P.*, 1890, 4°. [4° **U. 852 C**

—— La Patrie en danger (1792). *P.* (s. d.), 8°. [8° **U. 4565 B**

Marchand (A.). Poètes et penseurs. 2ᵉ éd. *P.*, 1892, in-16. [8° **O. 2894 + A**

Marchand (H.). «Tu seras agriculteur.» Histoire d'une famille de cultivateurs. *P.*, 1889, in-16. [8° **I. 4394 C**

Marchand (J.). Un intendant sous Louis XIV. Lebret en Provence (1687-1704). *P.*, 1889, 8°. [8° **U. 4565 C**

Marchangy (De). La Gaule poétique. 4ᵉ éd. *P.*, 1824-1825, 3 vol. 8°. [8° **U. 4565 G**

Marché (Le) libre. Un groupe de banquiers de Paris à MM. les sénateurs et députés. *P.*, 1892, 4°. [4° **I. 881 B**

Marcillac (Ch. de), **Guernaut** (H.). La Caisse centrale du Trésor public. *P.*, 1890, 8°. [8° **E. 1507 C**

Marcy (H.). L'accusé devant la loi pénale de France. *P.* (s. d.), 8°. [8° **E. 1507 F**

Maréchal (E.). Chronologie aide-mémoire (395-1789). *P.* (s. d.), in-16. [8° **U. 4574 + A**

Maréchal (M.). L'hôtel Woronzoff. *P.*, 1887, 8°. [8° **O. 2896 D**

Marey (B.-J.). Physiologie du mouvement. Le vol des oiseaux. *P.*, 1890, 8°. [8° **I. 4399 C**

Margueritte (Général A.). Chasses de l'Algérie. 4ᵉ éd. *P.*, 1888, in-16. [8° **U. 4579 A**

Margueritte (P.). Mon père. Nouv. éd. *P.* (s. d.), in-18. [8° **U. 4579 Aa**

Marichal (H.). Essai de philosophie évolutive. *P.*, 1891, 4°. [4° **I. 881 C**

Mariéjol (J.-H.). L'Espagne sous Ferdinand et Isabelle. *P.* (s. d.), 8°. [8° **U. 4581 + B**

—— Lectures historiques. Moyen âge et temps modernes (1270-1610). *P.*, 1892, in-16. [8° **U. 4581 B**

Marield (J.). La France à Madagascar. *P.*, 1887, in-18. [8° **U. 4581 C**

Mariette (E.). Traité pratique et raisonné de la construction en Égypte. 2ᵉ éd. *P.*, 1886, 8°. [8° **I. 4408 A**

Marin (P.). La mission de Jeanne d'Arc. Conférence. *Gênes*, 1891, in-16. [8° **U. 4581 E**

Marion (H.). L'éducation dans l'Université. *P.* (s. d.), in-18. [8° **I. 4411 C**

—— J. Locke. *P.*, 1878, in-18. [8° **U. 4581 K**

Marmier (X.). A travers les tropiques. *P.*, 1889, in-16. [8° **U. 4584 B**

Marmottan (P.). Le général P.-J. Fromentin (1754-1830). *P.*, 1890, 4°. [4° **U. 865 C**

—— Le général Fromentin et l'armée du Nord (1792-1794). *P.*, 1891, 8°. [8° **U. 4586 C**

—— Les statues de Paris. *P.* (s. d.), in-12. [8° **U. 4586 Ca**

Marot (C.). OEuvres choisies, par E. Voizard. *P.* (s. d.), in-18. [8° **O. 2917 A**

Marqfoy (G.). De l'abaissement des tarifs de chemins de fer en France. *P.*, 1863, gr. 8°. [4° **I. 881 E**

—— La République. *P.*, 1891, 6 vol. 8°. [8° **U. 4586 D**

Marquet de Vasselot. Histoire des sculpteurs français, de Charles VIII à Henri III. *P.*, 1888, 8°. [8° **U. 4586 E**

Marrin (Dᵣ P.). Le mariage théorique et pratique. *P.* (s. d.), in-18. [8° **I. 4413 C**

Marsauche (L.). La Confédération helvétique. *P.*, 1891, in-16. [8° **I. 4413 F**

Martene. Voyage littéraire de deux religieux bénédictins. *P.*, 1717, 4°. [4° **U. 865 G**

Martha (J.). L'art étrusque. *P.*, 1889, 4°. [4° **I. 881 D**

Marthe (Mère). L'aisance par l'économie. *Épinal* (s. d.), in-16. [8° **I. 4414 Ac**

Martin (Alexandre). L'éducation du caractère. *P.*, 1887, in-16. [8° **I. 4414 B**

Martin (Alexis). L'art ancien. Faïences et porcelaines. 2ᵉ éd. *P.*, 1890, 8°. [8° **I. 4414 C**

—— Les étapes d'un touriste en France. Paris. *P.*, 1890, in-16. [8° **U. 4624 A**

Martin (Alexis). Tout autour de Paris. P., 1890, in-18. [8° **U. 4624 Aa**

——— Promenades et excursions dans les environs de Paris. Région de l'Ouest. P., 1892, in-18. [8° **U. 4624 Ab**

Martin (A.-J.). Des épidémies et des maladies transmissibles dans leurs rapports avec les lois et règlements. Lyon (s. d.), in-18. [8° **E. 1516 C**

Martin (Em.). Origine et explications de 200 locutions et proverbes. P., 1888, 8°. [8° **O. 2922 C**

Martin (Dr Ernest). Histoire des monstres. P., 1880, 8°. [8° **I. 4414 E**

——— L'opium. P., 1893, 8°. [8° **I. 4414 Ec**

Martin (Étienne). Le monopole de l'alcool et les réformes fiscales. P., 1888, in-18. [8° **E. 1516 E**

Martin (G.). Étude sur les placements faits à l'étranger par les différents peuples. P., 1891, gr. 8°. [4° **I. 881 F**

Martin (L.). Précis élémentaire de droit constitutionnel. P., 1891, in-18. [8° **E. 1516 G**

Martinet (André). Histoire anecdotique du Conservatoire de musique et de déclamation. P. (s. d.), in-18. [8° **U. 4651 C**

Martinet (Antony). Les différentes formes de l'impôt sur le revenu. P., 1888, 8°. [8° **I. 4420 B**

Marx (L.). Le laboratoire du brasseur; 3e éd. Valence, 1889, 8°. [8° **I. 4420 C**

Marx (R.). La décoration et l'art industriel à l'Exposition universelle de 1889. Conférence. P., 1890, fol. [Fol. **I. 121 + A**

Mascart (E.) et **Joubert** (J.). Leçons sur l'électricité et le magnétisme. P., 1882-1886, 2 vol. 8°. [8° **I. 4422 + A**

——— La météorologie appliquée à la prévision du temps. P., 1881, in-12. [8° **I. 4422 A**

Mas-Latrie (L. de). Histoire de l'île de Chypre sous le règne des princes de la maison de Lusignan. P., 1852-1865, 2 vol. gr. in-8°. [4° **U. 869 B**

Maspero (G.). L'archéologie égyptienne. P. (1887), 8°. [8° **I. 4422 + B**

Massas (C. de). Le pêcheur à la mouche artificielle et le pêcheur à toutes les lignes. 4e éd. P. (s. d.), in-18. [8° **I. 4422 B**

Masselin (O.). Dictionnaire de formules raisonnées ou modèles d'actes. P. (s. d.), 8°. [8° **E. 1533 A**

——— Dictionnaire juridique. Animaux domestiques. P., 1888, 8°. [8° **E. 1533 C**

Masseras (E.). La dette américaine (1861 à 1887). P., 1888, 8°. [8° **U. 4655 A**

Masson (Fr.). Napoléon chez lui; 11e éd. Illustr. P., 1894, 8°. [8° **U. 4668 B**

Mataigne (H.). Nouvelle géographie de la France. 2e éd. P., 1891, gr. 8°. [4° **U. 869 C**

Mathet (L.). Leçons élémentaires de chimie photographique. P. (s. d.), in-18. [8° **I. 4424 A**

Mathieu (Dr A.). Neurasthénie. P., 1892, in-16. [8° **I. 4424 B**

Mathieu (H.). Manuel du chauffeur-mécanicien et du propriétaire d'appareils à vapeur. P., 1890, 8°. [8° **I. 4424 C**

Mathieu-d'Auriac (E.). Les marmottes parisiennes. P., 1887, in-18. [8° **O. 2925 C**

Matrat (P.). Retraites. Questions diverses. P., 1888, 8°. [8° **I. 4425 B**

Mattei (Comm'). Bas-Niger, Bénoué, Dahomey. Grenoble, 1890, 8°. [8° **U. 4672 C**

Mauclaire (Pl.). Ostéomyélites de la croissance. P., 1894, 8°. [8° **I. 4426 C**

Maugras (A.). L'avocat de la famille. P., 1891, 8°. [8° **E. 1541 C**

Maugras (G.). Querelles de philosophes. Voltaire et J.-J. Rousseau. 2e éd. P., 1886, 8°. [8° **U. 4672 E**

Maulde-La-Clavière (De). La diplomatie au temps de Machiavel. P., 1892, 2 vol. 8°. [8° **U. 4672 F**

Mauny de Mornay. Manuels Roret. Livre de l'économie et de l'administration rurale. P., 1838, in-18. [8° **I. 4258 + A**

Maupassant (Guy de). Célébrités contemporaines. Émile Zola. P. (s. d.), in-16. [8° **U. 4672 G**

Maurel (Dr E.). Recherches microscopiques sur l'étiologie du paludisme. P., 1887, 8°. [8° **I. 4431 ++ A**

Mauriac (Dr Ch.), **Fassy**. Traité complet de l'examen médical dans les assurances sur la vie. P., 1887, 8°. [8° **I. 4431 + A**

Maury (A.). Le sommeil et les rêves. 4ᵉ éd. P., 1878, in-18. [8° I. **4432** C

Maury (Cardinal). Correspondance diplomatique et mémoires inédits (1792-1817). *Lille*, 1891, 2 vol. 8°. [8° U. **4677** C

Maury (L.). Les postes romaines. P., 1890, in-18. [8° U. **4683** B

Mayer (Georges). Les chemins de fer. P. (s. d.), in-16. [8° I. **4437** + A

Mayer (Gustave). Un contemporain. E. de Mirecourt. P., 1855, in-16. [8° U. **4686** A

Maze (H.). Marceau. P., 1887, 8°. [8° U. **4703** A

——— Le général F.-S. Marceau. P., 1889, 8°. [8° U. **4703** Aa

Mazerolle (P.). Confession d'un biographe : maison E. de Mirecourt et Cⁱᵉ. P., 1857, in-16. [8° U. **4703** C

Maze-Sencier (A.). Le livre des collectionneurs. P., 1885, 8°. [8° I. **4437** Ac

Mazzocchi (L.). Mémorial technique universel. P., 1892, in-32. [8° I. **4437** Ad

Mégnin (P.). Élevage et engraissement des volailles. Avec description et portraits types de toutes les espèces et races de gallinacés domestiques; 2ᵉ éd. *Vincennes*, 1894, 8°. [8° I. **4437** Ag

——— Les acariens parasites. Figures. P. (s. d.), in-16. [8° I. **4437** Ah

——— Les races de chiens. *Vincennes*, 1889-1891, 3 vol. 8°. [8° I. **4437** Ai

Mégrot (A.). Recueil d'éléments des prix de construction. Éd. de 1889. P., 1889, 8°. [8° I. **4437** B

Meissas (G.). Les grands voyageurs de notre siècle. P., 1889, 4°. [4° U. **872** + A

Mélanges de littérature et d'histoire, publ. par la Société des bibliophiles français. P., 1856-1877, 3 vol. 8°. [8° O. **2930** C

Mellion (A.). Le désert. P., 1890, in-16. [8° U. **4707** C

Melvil (F.). Poèmes héroïques. P., 1892, in-16. [8° O. **2970** + A

——— Les voyageurs, poèmes légendaires. P., 1880, in-18. [8° O. **2970** + Ab

Melzi (B.). Nouveau dictionnaire français-italien et italien-français. *Milan*, 1888, in-16. [8° O. **2970** A

Mémento chronologique. P., 1890, in-16. [8° U. **4710** C

Mémoires d'un estomac, écrits par lui-même, trad. par le Dʳ C.-H. Gros. 4ᵉ éd. P., 1888, in-18. [8° I. **4446** A

Mémoires d'une inconnue (1780-1816). P., 1894, 8°. [8° U. **4710** F

Mémoires de la Société de l'histoire de Paris et de l'Île-de-France. P., 1875-1891, 18 vol. 8°. [8° U. **4716** C

Mémorial de canonnage. P., 1889, in-12. [8° I. **4448** B

Menant (J.). Ninive et Babylone. P., 1888, in-16. [8° U. **4723** B

Ménard (R.). L'art en Alsace-Lorraine. P., 1876, 4°. [4° I. **884** C

——— Cours d'histoire générale. L'ancienne Asie, les cités grecques, l'Égypte. P., 1886-1888, 3 vol. in-16. [8° U. **4723** D

——— La décoration au xvıᵉ siècle. Le style Henri II. P., 1884, in-16. [8° I. **4448** D

——— La décoration au xvııᵉ siècle. Le style Louis XIV. P. (s. d.), in-16. [8° I. **4448** E

——— La décoration au xvıııᵉ siècle. Le style Louis XV. P. (s. d.), in-16. [8° I. **4448** F

——— ——— Le style Louis XVI. P. (s. d.), in-16. [8° I. **4448** G

——— Le monde vu par les artistes. Géographie artistique. P., 1881, gr. 8°. [4° U. **872** A

Ménard (Dʳ V.). Coxalgie tuberculeuse et son traitement. P. (s. d.), in-16. [8° I. **4451** D

Menault (E.). Daubenton. P., 1883, in-16. [8° U. **4727** D

Menche de Loisne (Ch.). Histoire politique de la France. P., 1886, 8°. [8° U. **4728** A

Merchier et **Bertrand**. Le département du Nord. P. (s. d.), in-16. [8° U. **4736** C

Mercier (E.). Histoire de l'Afrique septentrionale (Berbérie). I. P., 1888, 8°. [8° U. **4737** A

Mercredi (Le) médical, journal. P., 1891 et s., 4°. [4° I. **884** D

Méreu (H.). L'Italie contemporaine. *P.*, 1888, in-18. [8° **U. 5747 A**

Mérillon. Rapport du budget général de 1889 (Ministère de la guerre). *P.*, 1888, 4°. [4° **U. 872 D**

Merlet (G.). Études littéraires sur les classiques grecs. 2° éd. *P.*, 1888, in-16. [8° **O. 2982 C**

—— Études littéraires sur les grands classiques latins; 2° éd. *P.*, 1887, in-16. [8° **O. 2982 Ca**

Merly (J.-F.). Le livre de poche du charpentier; 3° éd. *P.* (s. d.), in-18. [8° **I. 4458 A**

Merveilles (Les) de l'Exposition de 1889. *P.* (s. d.), 4°. [4° **I. 884 F**

Méry (J.). La Floride; nouv. éd. *P.*, 1888, in-18. [8° **O. 2988 A**

—— La guerre du Nizam; nouv. éd. *P.*, 1886, in-18. [8° **O. 2988 B**

—— Héva, nouv. éd. *P.*, 1886, in-18. [8° **O. 2988 C**

—— Œuvres complètes (anatomie, physiologie, chirurgie). *P.*, 1888, 8°. [8° **I. 4461 C**

Mesureur (G.). Rapport sur le budget général de 1893 (Ministère du commerce et de l'industrie). Service des postes, télégraphes et téléphones. *P.*, 1892, 4°. [4° **U. 872 G**

Metchnikoff (L.). La civilisation et les grands fleuves historiques. *P.*, 1889, in-16. [8° **U. 5749 B**

Méténier (O.). Outre-Rhin. *P.*, 1888, in-18. [8° **O. 2989 A**

Metzger (D.). La vivisection, ses dangers et ses crimes. *P.*, 1891, 8°. [8° **I. 4463 B**

Meulen (M. de). La locomotive, le matériel roulant et l'exploitation des voies ferrées. *P.*, 1889, gr. 8°. [4° **I. 884 I**

—— La marine moderne. *P.*, 1892, gr. 8°. [4° **I. 884 J**

Meunier (Georges). Les grands historiens du XIX° siècle. *P.*, 1894, in-16. [8° **U. 5755 B**

Meunier (M™° St.). Les fiançailles de Thérèse. *P.*, 1891, in-18. [8° **O. 2992 C**

—— Les sources. *P.*, 1886, in-16. [8° **I. 4466 A**

Meunier (V.). Les excentricités physiologiques. *P.*, 1889, in-18. [8° **I. 4466 C**

—— Scènes et types du monde savant. *P.*, 1889, in-18. [8° **U. 5755 C**

Meyer (D' Ed.). Traité pratique des maladies des yeux; 3° éd. *P.*, 1887, 8°. [8° **I. 4467 A**

Meyer (W.). Grammaire des langues romanes. Trad. par Eugène Rabiet. *P.*, 1889, 8°. [8° **O. 2992 E**

Meylan (A.). A travers l'Italie. *P.*, 1890, in-16. [8° **U. 5755 D**

Meynie (G.). Les Juifs en Algérie. *P.*, 1888, in-18. [8° **U. 5756 A**

Meyrac (A.). Traditions, coutumes, légendes et contes des Ardennes. *Charleville*, 1890, 4°. [4° **U. 873 D**

Meyrat (J.). Dictionnaire national des communes de France et d'Algérie. *Tours*, 1892, in-16. [8° **U. 5756 Aa**

Meyret (Lieut'-col.). Carnet d'un prisonnier de guerre. Metz. *P.*, 1888, in-18. [8° **U. 5756 B**

Mézières (A.). W. Gœthe (1749-1832); 2° éd. *P.*, 1874, 2 vol. in-18. [8° **U. 5770 C**

—— Vie de Mirabeau. *P.*, 1892, in-16. [8° **U. 5771 A**

Miallier (M™°). Louis et Louisette. *P.* (s. d.), 4°. [4° **O. 348 E**

Michaut (L.), **Gillet** (M.). Leçons élémentaires de télégraphie électrique. *P.*, 1885, in-12. [8° **I. 4468 A**

Michel (A.). *Vade-mecum* des juges de paix. *P.*, 1888-1889, 2 vol. in-18. [8° **E. 1548 D**

Michel (É.). Les artistes célèbres. Les Brueghel. *P.* (1892), 4°. [4° **I. 882 ++ A**

—— —— Gérad Terburg (Ter Borch) et sa famille. *P.* (s. d.), gr. 8°. [4° **U. 882 + A**

—— —— Les Van de Velde. *P.* (1892), 4°. [4° **I. 882 B**

Michel (F.). Recherches sur l'usage des étoffes de soie, d'or et d'argent et autres tissus précieux en Occident. *P.*, 1852-1854, 2 vol. 4°. [8° **I. 4469 D**

Michel (G.). Une iniquité sociale. Les frais de ventes judiciaires d'immeubles. *P.*, 1890, 8°. [8° **E. 1549 C**

Michelet (J.). Mon journal (1820-1823). P., 1888, in-18.   [8° **U. 5826 + A**

—— Origines du droit français cherchées dans les symboles et formules du droit universel. P., 1890, in-18.   [8° **E. 1549 D**

—— Sur les chemins de l'Europe. P., 1893, in-18.   [8° **U. 5826 B**

Michelin. Proposition de loi ayant pour objet la réforme électorale. P., 1888, 8°.   [8° **E. 1549 E**

Michelin-Bert (C.). Nouvelle grammaire rationnelle et pratique de la langue italienne. P., 1893, in-12. [8° **O. 3000 D**

Michiels (G.). Les prairies-vergers. P., 1888, in-18.   [8° **I. 4478 ++ A**

Mill (J. S.). Auguste Comte et le positivisme; trad. par le Dr G. Clémenceau; 3e éd. P., 1885, in-18.   [8° **I. 4478 + A**

—— Essais sur la religion; trad. par E. Cazelles; 2e éd. P., 1884, 8°.   [8° **I. 4478 A**

—— La Révolution de 1848 et ses détracteurs; trad. et préface de Sadi Carnot; 2e éd. P., 1888, in-18.   [8° **U. 5848 B**

—— L'utilitarisme; trad. par P.-L. Le Monnier. P., 1883, in-18.   [8° **I. 4482 A**

Millerand. Rapport général de 1892 (Ministère du commerce, de l'industrie et des colonies). Service des postes et télégraphes. P., 1891, 4°.   [4° **U. 882 E**

Millet (R.). La France provinciale. P., 1888, in-16.   [8° **U. 5850 A**

—— Les grands écrivains français. Rabelais. P., 1892, in-16.   [8° **U. 5850 Ac**

Millot (Ch.). Manuel du colon algérien. P., 1891, 8°.   [8° **I. 4488 C**

Millot (E.). Le Tonkin, son commerce. P., 1888, in-18.   [8° **U. 5858 A**

Milloué (L. de). Précis d'histoire des religions. P., 1890, in-18. [8° **U. 5858 D**

Ministère de l'agriculture. Compte définitif des dépenses de l'exercice 1890. P., 1892, 4°.   [4° **U. 887 + A**

Ministère de l'instruction publique et des beaux-arts. Compte définitif des dépenses de l'exercice 1890. P., 1891, 4°.   [4° **U. 887 A**

—— Résumé des états de situation de l'enseignement primaire (1890-1891). P., 1893, gr. 8°.   [4° **I. 884 P**

Ministère de l'intérieur. Compte général du matériel pour les années 1886, 1887, 1888. Melun, 1889-1892, 3 vol. 4°.   [4° **U. 887 B**

Ministère de la guerre. Compte rendu sur le recrutement de l'armée en 1890. P., 1891, 4°.   [4° **U. 887 Bd**

—— Rapport de la commission chargée de recherches pouvant intéresser l'armée. VIII. P., 1890, 8°.   [8° **I. 4496 D**

Ministère de la marine. Compte définitif des dépenses de l'exercice 1890. P., 1892, 4°.   [4° **U. 887 C**

Ministère de la marine et des colonies. Budget de 1885. P., 1884, 4°.   [4° **U. 887 Bc**

Ministère des affaires étrangères. Compte définitif des dépenses de l'exercice 1888. P., 1892, 4°.   [4° **U. 887 Cd**

—— Rapport au Président de la République sur la situation de la Tunisie en 1891. P., 1892, 8°.   [8° **U. 5860 C**

Ministère des finances. Session 1892. Compte définitif des dépenses (1885, 1889, 1890, 1891). P., 1892-94. [4° **U. 887 D**

—— Rapport au Président de la République sur les comptes de 1889. P., 1892, 4°.   [4° **U. 887 E**

Ministère des travaux publics. Compte définitif des dépenses de l'exercice 1890. P., 1892, 4°.   [4° **U. 887 F**

—— —— Compte rendu des travaux des ingénieurs des mines (1839-1840). P., 1840-1841, 4°.   [4° **I. 884 Q**

—— Ponts et chaussées et mines. P., 1844, 4°.   [4° **I. 884 Qc**

Ministère du commerce et de l'industrie. Caisse d'épargne (1891). P., 1892, 4°.   [4° **U. 887 I**

Ministère du commerce, de l'industrie et des colonies. Compte définitif de 1889 (Service colonial). P., 1891, 4°.   [4° **U. 887 J**

Miquel-Chaudesaigues (Mme). Leçons nouvelles sur l'art vocal. P., 1888, in-18.   [8° **I. 4504 A**

Mirecourt (E. de). Les contemporains. P., 1854-1861, 73 vol. in-16.   [8° **U. 5864 A**

—— Paris la nuit. P., 1855, in-18.   [8° **U. 5864 Aa**

Mireur (H.). Le mouvement comparé de la population à Marseille, en France et dans les États d'Europe; 2ᵉ éd. *P.*, 1889, 8°.
[8° **U. 5864 B**

Mirza (Hadji). Inushallah! Les Anglais jugés par un Indien; 2ᵉ éd. *P.*, 1888, in-18.
[8° **U. 5865 A**

Miscopein (A.). Formulaire du praticien de l'état civil. *P.* (1890), 4°.
[4° **E. 216 B**

—— Funérailles, honneurs funèbres et sépultures. *P.*, 1890, 4°. [4° **E. 216 Ba**

—— Naissances, mariages et décès. *P.*, 1889, in-18. [8° **E. 1555 B**

—— Pompes funèbres. *P.*, 1890, 4°.
[4° **E. 216 Bb**

—— La science du praticien de l'état civil. *P.*, 1890, 4°. [4° **E. 216 C**

Mismer (Ch.). Dix ans soldat. Souvenirs. *P.*, 1889, in-18. [8° **U. 5865 B**

Mistral (Fr.). Lou trésor dou félibrige ou dictionnaire provençal-français. *Aix-en-Provence* (s. d.), 2 vol. fol. [Fol. **O. 101 C**

Mittheilungen.... [Communication de la commission sur les recherches et la conservation des monuments d'art et d'histoire.] *Wien*, 1891, 4°. [4° **I. 887 C**

Moeller (Dʳ). Traité pratique des eaux minérales et éléments de climatothérapie. *Bruxelles*, 1892, 8°. [8° **I. 4505 D**

Moguel (Dʳ Ant. S.). Calderon et Gœthe, trad. par J. G. Magnabal. *P.*, 1883, in-18.
[8° **O. 3026 C**

Moireau (A.). La Banque de France. *P.*, 1891, in-16. [8° **I. 4506 C**

—— Histoire des États-Unis de l'Amérique du Nord. *P.*, 1892, 2 vol. 8°.
[8° **U. 5866 B**

—— Washington. *P.*, 1883, in-18.
[8° **U. 5866 Bc**

Molard (J.). Puissance militaire des États de l'Europe. *P.*, 1893, in-18. [8° **U. 5866 F**

Molènes (E. de). L'Espagne du quatrième centenaire de la découverte du Nouveau-Monde. Exposition historique de Madrid (1892-1893). *P.*, 1894, 8°.
[8° **U. 5871 A**

Molènes (Dʳ P. de). Traitement des affections de la peau. *P.*, 1894, 2 vol. in-16.
[8° **I. 4508 ⊹ A**

Molière. Le Bourgeois gentilhomme. Texte revu par Armand Gasté. *P.*, 1883, in-12. [8° **O. 3039 A**

—— Les Précieuses ridicules, (publ.) par Reynier. *P.* (s. d.), 8°. [8° **O. 3039 Ab**

Molinari (G. de). A Panama. *P.* (s. d.), in-18. [8° **U. 5872 A**

—— Les bourses du travail. *P.*, 1893, in-18. [8° **I. 4508 ⊹ A**

—— Économistes et publicistes contemporains. *P.*, 1888, 8°. [8° **I. 4510 A**

—— L'évolution économique du xixᵉ siècle. *P.*, 1880, 8°. [8° **I. 4510 Aa**

—— Science et religion. *P.*, 1894, in-18.
[8° **I. 4510 Ac**

Molinier (A.). Les manuscrits et les miniatures. *P.*, 1892, in-16. [8° **I. 4510 B**

Molinier (É.). La céramique italienne au xvᵉ siècle. *P.*, 1888, in-18.
[8° **I. 4510 C**

—— Dessins et modèles. Les arts du métal. *P.* (s. d.), gr. 8°. [4° **I. 890 C**

Moltke (Maréchal H. de). Mémoires. La guerre de 1870. Éd. française, par E. Jaeglé; 7ᵉ éd. *P.*, 1891-1892, 2 vol. 8°.
[8° **U. 5879 C**

Mommsen (Th.) et **Marquardt** (J.). Manuel des antiquités romaines; trad. Humbert. *P.*, 1887, 15 vol. 8°. [8° **U. 5888 Aa**

Monavon (M.). La coloration artificielle des vins. *P.*, 1890, in-18. [8° **I. 4511 C**

Monceaux (P.). La Grèce avant Alexandre. *P.* (s. d.), 8°. [8° **U. 5888 D**

—— Racine. *P.*, 1892, 8°.
[8° **O. 3039 B**

Mondenard (A. de). Études sur l'ancien régime. Nos cahiers de 1789. *Villeneuve-sur-Lot*, 1889, 8°. [8° **U. 5899 A**

Mondeville (H. de). Chirurgie...; trad. par E. Nicaise. *P.*, 1893, gr. in-8°.
[4° **I. 891 D**

Mondiet (O.) et **Thabourin** (V.). Problèmes élémentaires de mécanique. *P.*, 1887, 8°. [8° **I. 4512 A**

Monfalcon (J.-B.). Histoire monumentale de la ville de Lyon. *P.*, 1866, 6 vol. gr. in-4°. [Fol. **U. 214 D**

Mongélous (J.). Manuel pour la tenue et la vérification des actes de l'état civil. *P.*, 1890, 8°. [8° **E. 1562 D**

Monget (A.). Yves le Breton. *P.*, 1891, 8°.
[8° **O. 3039 C**

Moniez (R.). Les parasites de l'homme, animaux et végétaux. *P.*, 1889, in-16.
[8° **I. 4512 B**

Monin (Dr E.). Formulaire de médecine pratique; nouv. éd. *P.*, 1892, in-18.
[8° **I. 4512 C**

—— L'hygiène de l'estomac; nouv. éd. *P.*, 1889, in-18. [8° **I. 4512 D**

—— L'hygiène du travail. *P.* (s. d.), in-18. [8° **I. 4512 E**

—— La santé par l'exercice et les agents physiques. *P.*, 1889, in-16. [8° **I. 4512 J**

Monin (H.). Journal d'un bourgeois de Paris pendant la Révolution (année 1789). *P.*, 1889, in-18. [8° **U. 5899 B**

Moniteur général des cours des matériaux de constructions. Bulletin officiel des adjudications du département de la Seine. 14e année. *P.*, 1887, 8°. [8° **I. 4512 K**

Moniteur industriel. *P.* [Fol. **I. 123 B** 12e année, 1885. 13e année, 1886, n°s 1 à 12.

Monnier (D.). Électricité industrielle. *P.*, 1889, 8°. [8° **I. 4514 B**

Monod (G.). Bibliographie de l'histoire de France, jusqu'en 1789. *P.*, 1888, 8°. [8° **U. 5902 A**

Monologues (Les) de Napoléon Ier. *P.*, 1891, in-16. [8° **U. 5902 B**

Monselet (Ch.). De A à Z. Portraits contemporains. *P.*, 1888, in-8°.
[8° **O. 3042 B**

Montagne (Édouard). Histoire de la Société des gens de lettres. *P.* (s. d.), 8°.
[8° **U. 5902 G**

Montaigne. De l'institution des enfants. Nouv. éd. *P.*, 1888, in-18. [8° **O. 3042 D**

Montaudon (Général). Les réformes militaires et l'armée coloniale. *P.*, 1885, 8°.
[8° **I. 4524**

Montbard (G.). A travers le Maroc. *P.* (s. d.), 4°. [4° **U. 902 A**

—— En Égypte. Notes et croquis d'un artiste. *P.* (s. d.), 4°. [4° **U. 902 B**

Montchrétien (A. de). L'économie politique patronale (1615), avec notes par Th. Funck-Brentano. *P.*, 1889, 8°.
[8° **I. 4523 D**

Montéchant (Com^t Z. et H.). Les guerres navales de demain. *P.*, 1891, in-16.
[8° **I. 4524 B**

Montégut (É.). L'Angleterre et ses colonies australes. Australie, Nouvelle-Zélande, Afrique australe. *P.*, 1880, in-16.
[8° **U. 5906 + A**

—— Écrivains modernes de l'Angleterre. 1re série. *P.*, 1885, in-16. [8° **U. 5906 A**

—— Esquisses littéraires. *P.*, 1893, in-18.
[8° **O. 3048 B**

—— Essais sur la littérature anglaise. *P.*, 1883, in-16. [8° **O. 3048 C**

—— Heures de lecture d'un critique. *P.*, 1891, in-16. [8° **O. 3048 Ca**

—— Mélanges critiques. *P.*, 1887, in-16.
[8° **O. 3049 A**

—— Poètes et artistes de l'Italie. *P.*, 1881, in-16. [8° **U. 5908 A**

—— Types littéraires et fantaisies esthétiques. *P.*, 1882, in-16. [8° **O. 3049 B**

Monteil (E.). Célébrités contemporaines. Édouard Lockroy. *P.*, 1886, in-16.
[8° **U. 5917 A**

Montesquieu. Esprit des lois. Livres I-V. *P.*, 1887, in-18. [8° **O. 3054 A**

—— Esprit des lois. Livres I-V. *P.* (s. d.), 8°. [8° **O. 3054 Aa**

Montet (J.). Contes patriotiques; 8e éd. *P.*, 1893, 4°. [4° **O. 348 G**

Montillot (L.). L'amateur d'insectes. *P.*, 1890, in-18. [8° **I. 4527 C**

—— Encyclopédie électrique. Téléphonie pratique. *P.*, 1893, 8°. [8° **I. 4527 Ca**

—— Les insectes nuisibles. *P.*, 1891, in-18. [8° **I. 4527 Cb**

—— La télégraphie actuelle en France et à l'étranger. Lignes, réseaux, appareils, téléphones. *P.*, 1889, in-16.
[8° **I. 4527 Cc**

Montrosier (E.). Peintres modernes. *P.*, 1882, 4°. [4° **U. 902 C**

Montucla (J.-F.). Histoire des mathématiques. *P.*, an VII-an X, mai 1802, 4 vol. in-4°. [4° **I. 899 D**

Monval (P.). Échos de Suisse. *P.*, 1892, in-16. [8° **U. 5945 D**

Mora (J.-L.) et **Vésicz** (C.). Nouveau cours d'hygiène. *P.*, 1890, in-16.
[8° **I. 4534 B**

Morceaux choisis d'auteurs latins tirés des meilleures traductions, avec un commentaire et des notices, à l'usage de l'enseignement secondaire spécial et de l'enseignement secondaire des jeunes filles, par Ch. Lebaigue. *P.*, 1883, in-12. [8° O. 3058 + A

Morceaux choisis de littérature russe, avec deux traductions françaises, dont une juxta-linéaire, par Armand Sinval. *P.*, 1890, in-18. [8° O. 3057 C

Moreau (Dʳ E.). Manuel d'ichtyologie française. *P.*, 1892, 8°. [8° I. 4534 C

Moreau (L.). Guide pratique du bijoutier. *P.*, 1863, in-18. [8° I. 4535 A

Moreau, de Tours (Dʳ P.). De la folie chez les enfants. *P.*, 1888, in-16. [8° I. 4535 B

Morel-Fatio (A.). Catalogue raisonné de la collection de deniers mérovingiens des viiᵉ et viiiᵉ siècles de la trouvaille de Cimiez. *P.*, 1890, 4°. [4° U. 902 D

—— Études sur l'Espagne. *P.*, 1888-1890, 2 vol. 8°. [8° U. 5947 C

Morice (Dʳ), Romanet du Caillaud, Brossard de Corbigny, Harmand (Dʳ), Neis (Dʳ), Hocquard (Dʳ). Voyages en Indo-Chine (Cochinchine, Annam, Tonkin), 1872-1884. *P.* (s. d.), 4°. [4° U. 902 Dc

Moride (Éd.). Nouvelle encyclopédie des connaissances pratiques. *P.* (s. d.), 8°. [8° I. 4541 C

—— Traité pratique de savonnerie. Matières premières, procédés de fabrication des savons de toute nature. *P.*, 1888, 8°. [8° I. 4544 D

Moride (P.). Les lois françaises expliquées... accompagnées des 100 formules des actes les plus usuels. *P.* (s. d.), 8°. [8° E. 1569 C

Morillot (P.). Boileau. 1 portrait. *P.*, 1891, 8°. [8° O. 3058 B

—— Le roman en France depuis 1610 jusqu'à nos jours. *P.* (s. d.), in-16. [8° O. 3058 Ba

—— Scarron et le genre burlesque. *P.*, 1888, 8°. [8° O. 3058 Bb

Morin (C.). Voirie. De l'alignement, ou régime des propriétés privées bordant le domaine public. *P.*, 1888, 8°. [8° E. 1569 E

Morlet (A.), Lémonon (H.). Nouveau recueil de narrations françaises. 1ʳᵉ part. *P.*, 1886, in-18. [8° O. 3058 C

Morley (J.). La vie de Richard Cobden; trad. par S. Raffalovich. *P.*, 1885, 8°. [8° U. 5953 A

Morphy (M.). Les amours de Mignonnette. *P.* (s. d.), 2 tomes en 1 vol. in-18. [8° O. 3059 B

Mosny (E.). Broncho-pneumonie. *P.*, 1892, in-16. [8° I. 4549 + A

Mossé (B.). Dom Pedro II, empereur du Brésil. *P.*, 1889, in-18. [8° U. 5957 A

—— Le judaïsme. *P.*, 1887, 8°. [8° A. 826 A

Mossier (H.). Le département de la Somme. *P.* (s. d.), in-16. [8° U. 5957 + B

Mottié (J.). L'armée allemande. *Nancy*, 1888, 8°. [8° U. 5957 B

Mougeolle (P.). Les problèmes de l'histoire. *P.*, 1886, in-16. [8° I. 4550 C

Mougins de Roquefort (Ch. de). De la solution juridique des conflits internationaux. L'arbitrage international. *P.*, 1889, 8°. [8° E. 1569 G

Mouillefert (P.). Les vignobles et les vins de France et de l'étranger. *P.* (s. d.), 8°. [8° I. 4550 F

Moulidars (T. de). Grande encyclopédie illustrée, des jeux et divertissements de l'esprit et du corps. *P.* (s. d.), 4°. [4° I. 901 A

Mourier (A.) et **Deltour** (F.). Catalogue et analyse des thèses françaises et latines admises par les Facultés des lettres. Année scolaire 1888-1889. *P.*, 1889, 8°. [8° O. 3059 C

Moussinot. Mémoire sur la ville souterraine découverte au pied du mont Vésuve. *P.*, 1748, 8°. [8° U. 5968 D

Mouton (E.). Aventures et mésaventures de Joel Kerbabu. *P.*, 1893, 4°. [4° O. 348 I

—— Le devoir de punir. *P.*, 1887, in-16. [8° E. 1579 + A

Moynac (Dʳ L.). Manuel de pathologie et de clinique médicales; 4ᵉ éd. *P.*, 1888, in-16. [8° I. 4553 A

Mozart (W. A.). Lettres; trad. par H. de Curzon. *P.*, 1888, 8°. [8° U. 5969 A

Muel (L.). Gouvernements, Ministères et Constitutions de la France depuis cent ans. *P.*, 1890, 8°. [8° U. 5969 D

Mugnier (Fr.). Notes et documents inédits sur les évêques de Genève-Annecy (1535-1879); 2ᵉ éd. *P.*, 1888, 8°.
[8° **U. 5969** G

Mugnier (F.). Le théâtre en Savoie. Les vieux spectacles. Les comédiens de Mademoiselle et de S. A. R. le duc de Savoie. *Chambéry*, 1887, 8°.   [8° **O. 3059** E

Mulder (G.-J.). Le guide du brasseur; trad. par L.-F. Dubief; éd. revue par Baye. *P.* (s. d.), in-18.   [8° **I. 4555** A

Muller (Émile) et **Cacheux** (É.). Les habitations ouvrières en tous pays; 2ᵉ éd. *P.*, 1889, 1 vol. 8° et 1 atlas fol.
[8° **I. 4555** D
[Fol. **I. 126** + A

Muller (Eug.). Chez les oiseaux. *P.*, 1891, 8°.   [8° **I. 4556** B

———— Un Français en Sibérie. Les aventures du comte de Montleu. *P.*, 1884, 8°.
[8° **O. 3060** A

Muller (P.). La crise du notariat. *P.*, 1888, 8°.   [8° **E. 1579** A

———— La production et la consommation des céréales alimentaires à Eguisheim. *Strasbourg* (s. d.), 8°.   [8° **I. 4558** A

Munier-Jolain. De l'éloquence judiciaire en France. *P.*, 1888, in-12. [8° **U. 5973** B

Müntz (A.) et **Girard** (A.-C.). Les engrais. *P.*, 1888-1891, 2 vol. 8°.
[8° **I. 4559** B

Müntz (E.). Guide de l'École nationale des beaux-arts. *P.* (1889), 8°.
[8° **I. 4560** A

———— Histoire de l'art pendant la Renaissance. II. Italie. *P.*, 1891, 4°. [4° **I. 901** C

Murger (H.). Scènes de la vie de Bohême; nouv. éd. *P.*, 1893, in-18.
[8° **O. 3066** B

Musany (F.). L'élevage, l'entraînement et les courses au point de vue de la production et de l'amélioration des chevaux de guerre. *P.*, 1890, 8°.   [8° **I. 4561** C

Musée (Le) artistique et littéraire. Revue hebdomadaire (1ʳᵉ-3ᵉ années, 1879-1881). *P.*, 1879-1881, 6 vol. 4°.   [4° **I. 901** F

Musset (A. de). OEuvres complètes. *P.*, 1891-1892, 10 vol. in-18. [8° **O. 3067** D

Mutuelle (La) de France (M. D. F.) et les chambres syndicales. *P.*, 1888, 8°.
[8° **I. 4562** A

N

Nac (P.), **Tours** (C. de). Collection des guides-albums du touriste par C. de Tours. Vingt jours en Suisse. *P.*, 1891, 8° obl.
[8° **U. 5983** B

Nadault de Buffon. Des canaux d'arrosage de l'Italie septentrionale. *P.*, 1843-1844, 3 vol. 8° et atlas 4°.   [8° **I. 4565** D
[Fol. **I. 126** F

Nageotte (E.). Histoire de la littérature grecque, depuis ses origines jusqu'au viᵉ siècle de notre ère. 2ᵉ éd. *P.* (s. d.), in-18.
[8° **O. 3074** D

Nançon (A.). Petite géographie des colonies françaises. *Arras*, 1891, in-12.
[8° **U. 5983** D

Nanot (J.), **Tritschler** (L.). Traité pratique du séchage des fruits et des légumes. *P.*, 1893, in-18.   [8° **I. 4566** + A

Nansen (F.). A travers le Grönland, trad. par C. Rabot. *P.*, 1893, 4°. [4° **U. 909** D

Nansouty (M. de). L'année industrielle. 1ʳᵉ ann. 1887 et suiv. *P.*, in-18.
[8° **I. 4566** A

Nansouty (M. de). Le chemin de fer glissant de Girard et Barre. *P.* (s. d.). in-16.
[8° **I. 4566** B

———— **Mamy** (H.), **Juppont** (P.), **Richou** (G.). Science et guerre. La télégraphie optique, la cryptographie, l'éclairage électrique et la poste par pigeons. *P.*, 1888, in-16.   [8° **I. 4566** C

Nanteuil (Mᵐᵉ P. de). En esclavage. *P.*, 1891, 8°.   [8° **O. 3075** C

———— Une poursuite. *P.*, 1892, 8°.
[8° **O. 3075** Ca

Napoléon Bonaparte. OEuvres littéraires, publ. par Tancrède Martel. *P.*, 1888, 4 vol. in-18.   [8° **O. 3075** E

Napoléon (Le prince). Napoléon et ses détracteurs. 8ᵉ éd. *P.*, 1887, in-18.
[8° **U. 6007** A

Naquet (E.). Tarif des droits d'enregistrement. 2ᵉ éd. *P.*, 1890, in-32.
[8° **E. 1580** C

Narjoux (F.). Français et Italiens. *P.*, 1891, in-18. [8° **U. 6009 Aa**

—— La tour Eiffel de 300 mètres à l'Exposition universelle de 1889. 2ᵉ éd. *P.*, 1889, in-16. [8° **I. 4566 D**

—— Francesco Crispi. *P.*, 1890, in-16. [8° **U. 6009 B**

Nature (La), revue des sciences. 1ʳᵉ ann. 1873 et suiv. *P.*, 4°. [4° **I. 901 B**

Naurouze (J.). Les Bardeur-Carbansane. *P.*, 1893, 4°. [4° **O. 349 + A**

Navereau (E.). De la délimitation du domaine public fluvial dans les rivières à marées. *P.*, 1891, 8°. [8° **E. 1580 D**

Nekrassov (N.). Poésies populaires, trad. par E. Halpérine-Kaminsky et Ch. Morice. *P.* (s. d.), in-16. [8° **O. 3077 C**

Nelli (Francesco). Lettres à Pétrarque, publ. par H. Cochin. *P.*, 1892, in-16. [8° **O. 3077 Ca**

Nemours Godré (L.). O' Connell. *P.*, 1890, in-18. [8° **U. 6014 C**

Neukomm (E.). L'Allemagne à toute vapeur. *P.* (s. d.), in-18. [8° **U. 6016 Ad**

—— Berlin tel qu'il est. *P.* (s. d.), in-18. [8° **U. 6016 B**

—— Guillaume II et ses soldats. *P.* (s. d.), in-18. [8° **U. 6016 C**

Neumann (L.-G.). Traité des maladies parasitaires non microbiennes des animaux domestiques. 2ᵉ éd. *P.*, 1892, 8°. [8° **I. 4585 C**

Neveu (C.), **Jouan** (A.). Service administratif à bord des navires de l'État. Manuel du commandant comptable et de l'officier d'administration. *P.*, 1890, 8°. [8° **E. 1580 F**

Neymarck (A.). Ce que la France a gagné à l'Exposition de 1889. *P.*, 1890, 4°. [4° **I. 908 B**

—— Les chambres syndicales et le renouvellement du privilège de la Banque de France. *P.*, 1888, 8°. [8° **I. 4589 A**

—— Les chemins de fer devant le Parlement. *P.*, 1880, 8°. [8° **I. 4589 Aa**

—— Colbert et son temps. *P.*, 1877, 2 vol. 8°. [8° **I. 4589 Ab**

—— Les contribuables et la conversion de la rente. 2ᵉ éd. *P.*, 1878, 8°. [8° **I. 4589 Ac**

Neymarck (A.). La conversion de la rente 5 p. o/o. 2ᵉ éd. *P.*, 1876, 8°. [8° **I. 4589 Ad**

—— De la nécessité d'un Conseil supérieur des finances. *P.*, 1874, 8°. [8° **I. 4590 A**

—— De la nécessité d'un emprunt de liquidation et des moyens d'y pourvoir. *P.*, 1888, 8°. [8° **I. 4590 Aa**

—— Les dettes publiques européennes. 2ᵉ éd. *P.*, 1887, 8°. [8° **I. 4590 Ab**

—— Du renouvellement du privilège de la Banque de France. *P.*, 1885, 8°. [8° **I. 4590 Ac**

—— L'épargne française et les compagnies de chemins de fer. Classement et répartition des actions et obligations dans les portefeuilles au 31 décembre 1889. 2ᵉ éd. *P.*, 1890, 8°. [8° **I. 4590 Ad**

—— Les finances françaises de 1870 à 1885. *P.*, 1885, 8°. [8° **I. 4590 Ae**

—— Les grands travaux publics. *P.*, 1878, 8°. [8° **I. 4590 Af**

—— Les plus hauts et les plus bas cours des principales valeurs depuis 1878. 1ʳᵉ part. *P.*, 1889, 8°. [8° **I. 4590 Ag**

—— La nouvelle loi sur les patentes et les affaires de finances. *P.*, 1880, 8°. [8° **E. 1580 G**

—— La rente française, son origine, ses développements, ses avantages. *P.*, 1873, 8°. [8° **I. 4590 Ah**

—— Rapport sur les réformes de la loi de 1867 sur les sociétés. *P.*, 1882, 8°. [8° **E. 1580 Ga**

—— Les sociétés anonymes par actions. Quelques réformes pratiques. 2ᵉ éd. *P.*, 1882, 8°. [8° **E. 1580 Gb**

—— Un centenaire économique (1789-1889). *P.*, 1889, gr. 8°. [4° **I. 908 Ba**

—— Un Conseil supérieur de finances. *P.*, 1886, 8°. [8° **I. 4590 Ai**

—— Un plan de finances, des difficultés et de la nécessité de son application. *P.*, 1887, 8°. [8° **I. 4590 Aj**

—— Les valeurs mobilières en France. *P.*, 1888, 4°. [4° **I. 908 Bb**

Nickolls (J.). Remarques sur les avantages et les désavantages de la France et de la Grande-Bretagne. *Leyde*, 1754, in-12. [8° **U. 6062 C**

Nicol (E.). Traité d'artillerie à l'usage des officiers de marine. *P.*, 1894, 8°.
[8° **I. 4592 A**

Nicolas (Dr A.), **Lacaze**, **Signol**. Guide hygiénique et médical du voyageur dans l'Afrique centrale. 2e éd. *P.*, 1885, in-18.
[8° **I. 4592 Ac**

—— Hygiène industrielle et coloniale. Chantiers de terrassements en pays paludéen. *P.*, 1889, 8°. [8° **I. 4592 Ad**

Nicolas (C.), **Pelletier** (M.). Manuel de la propriété industrielle. *P.*, 1888, 8°.
[8° **E. 1580 H**

Nicolas (V.). Le livre d'or de l'infanterie de la marine. *P.*, 1891, 2 vol. 8°.
[8° **U. 6063 C**

Nicolay (F.). Les enfants mal élevés. *P.*, 1890, 8°. [8° **I. 4592 C**

Ninet (J.). Au pays des Khédives. *P.*, 1890, in-16. [8° **U. 6067 C**

Nion (F. de). L'usure. *P.*, 1888, in-18.
[8° **O. 3084 A**

Nisard (C.). Histoire des livres populaires ou de la littérature du colportage depuis le xve siècle. *P.*, 1854, 2 vol. 8°.
[8° **O. 3085 B**

Nisard (D.). Souvenirs et notes biographiques. *P.*, 1888, 2 vol. 8°.
[8° **U. 6072 A**

Nitrof. Au pays des roubles. De l'Oise à la Néva. *P.*, 1891, in-18. [8° **U. 6072 C**

Noailles (Duc de). Cent ans de République aux États-Unis. *P.*, 1886, vol. 8°.
[8° **U. 6072 E**

Noël (E.). Les loisirs du père Labêche. *P.* (s. d.), in-18. [8° **I. 4593 D**

Noel (L.). La comptabilité officielle du notariat rendue pratique et simple. *Commercy* (s. d.), 4°. [4° **I. 908 B**

Noël (O.). La Banque de France. *P.*, 1888, 8°. [8° **U. 6077**

—— Histoire du commerce du monde de-

puis les temps les plus reculés. *P.*, 1891-1894, 2 vol. 4°. [4° **U. 948 D**

Nogué (Dr R.). Hygiène du touriste. *P.*, 1892, in-18. [8° **I. 4596 C**

Nordenskiöld (A.-E.). La seconde expédition suédoise au Grönland, trad. par C. Rabot. *P.*, 1888, 4°. [4° **U. 951 A**

Normand (Ch.). Les artistes célèbres. J.-B. Greuze. *P.*, 1892, 4°. [4° **I. 908 E**

—— Biographies et scènes historiques des temps anciens et modernes. *P.* (s. d.), in-18. [8° **U. 6094 C**

—— Les mémorialistes. Montluc. *P.*, 1892, 8°. [8° **U. 6094 D**

Norris (W.-E.). La méprise d'un célibataire. *P.*, 1892, 2 vol. in-16.
[8° **O. 3109 C**

Nothnagel (H.). Traité clinique du diagnostic des maladies de l'encéphale basé sur l'étude des localisations, trad. par le Dr P. Keraval. *P.*, 1885, 8°. [8° **I. 4606 + A**

Notice de la Chambre syndicale des propriétés immobilières de Paris, suivie des statuts. *P.*, 1888, 8°. [8° **E. 1582 A**

Notices coloniales publiées à l'occasion de l'Exposition universelle d'Anvers en 1885. *P.*, 1885-86, 3 vol. 8°. [8° **U. 6101 A**

Notovitch (N.). L'empereur Alexandre III et son entourage. 2e éd. *P.*, 1893, 8°.
[8° **U. 6101 E**

Nourrisson (P.). De la participation des particuliers à la poursuite des crimes et délits. *P.*, 1894, 8°. [8° **E. 1584 B**

Nouveaux (Les) tarifs de douanes (loi du 11 janvier 1892), publ. par E. Pierre. *P.* (s. d.), 8°. [8° **E. 1584 C**

Nouvelles géographiques. 1re ann., 1891 et suiv. *P.*, 4°. [4° **U. 951 D**

Nuitter (C.), **Thoinan** (E.). Les origines de l'opéra français. 3 plans. *P.*, 1886, 8°.
[8° **U. 6114 A**

O

Offroy aîné. Réflexions sur la crise agricole actuelle et sur les remèdes à employer. *Meaux*, 1880, in-18. [8° **I. 4610 + A**

Ohsson (I.-Mouradja d'). Tableau général de l'Empire ottoman. *P.*, 1787, 1790, 1820, 2 vol. gr. fol. [Fol. **U. 248 C**

Olivier (A.) de **Landreville**. Les grands travaux de Paris. Le métropolitain; 4e éd. *P.*, 1887, 8°. [8° **I. 4610 A**

Oméga (Lieut.-col.). La défense du territoire français. *P.* (s. d.), in-18.
[8° **I. 4615 A**

Omouton (F.). Conférence sur l'hygiène; 3ᵉ éd. P., 1883, in-18. [8° I. 4615 Ae

Onimus (Dʳ E.). L'hiver dans les Alpes-Maritimes et dans la principauté de Monaco. P., 1891, in-18. [8° I. 4615 Ac

Onimus (E.) et Legros (C.). Traité d'électricité médicale; 2ᵉ éd. P., 1888, 8°. [8° I. 4615 B

O'Reilly (B.). Vie de Léon XIII. P., 1887, 4°. [4° U. 955 A

O'Reilly (E.). Les deux procès de condamnation, les enquêtes et la sentence de réhabilitation de Jeanne d'Arc. P., 1868, 2 vol. in-8°. [8° U. 6124 C

O'Reilly (H.). Cinquante ans chez les Indiens; trad. par H. France; 6ᵉ éd. P., 1889, in-18. [8° U. 6124 D

O'Rell (Max). L'ami Mac Donald. P., 1887, in-18. [8° U. 6130 + A

O'Rell (Max) et Allyn (Jack). Jonathan et son continent. La société américaine; 9ᵉ éd. P., 1889, in-18. [8° U. 6131 A

Orgeas (Dʳ J.). Guide médical aux stations hivernales. P., 1889, in-16. [8° I. 4626 C

Orléans (Duc d'). Lettres (1825-1842). P., 1889, in-18. [8° O. 3129 B

—— Récits de campagne (1833-1841); 7ᵉ éd. P., 1890, in-18. [8° U. 6132 C

Orléans (H.-Ph. d'). Autour du Tonkin. P., 1894, 8°. [8° U. 6132 D

—— Six mois aux Indes; 6ᵉ éd. P., 1889, in-18. [8° U. 6132 E

Orsato (Ser.). De notis Romanorum commentarius. Patavii, 1672, fol. [Fol. U. 251 C

Ortolan (J.-A.). Guide de l'ouvrier mécanicien; 3ᵉ éd. P. (s. d.), 3 vol. in-18. [8° I. 4627 A

Osman-Bey. Révélations sur l'assassinat d'Alexandre II. Genève, 1886, in-16. [8° U. 6141 A

Ottin (L.). L'art de faire un vitrail; 2ᵉ éd. P. (s. d.), 8°. [8° I. 4628 C

Oudegherst (P. d'). Les Chroniques et annales de Flandres. Anvers, 1571, 4°. 4° U. 957 + A

Ouida. Puck. P., 1889, 2 vol. in-16. [8° O. 3134 C

Ouin-La-Croix (C.). Basilique Sainte-Geneviève, ancien Panthéon français. P., 1867, fol. [Fol. U. 251 F

Ouroussow (Pˢˢᵉ M.). Aux jeunes femmes et aux jeunes filles. L'éducation dès le berceau; 2ᵉ éd. P., 1889, in-16. [8° I. 4629 B

Ouvré (H.). Démosthène. P., 1890, 8°. [8° O. 3134 G

Ozanam (Ch.). La circulation et le pouls. P., 1886, 8°. [8° I. 4631 A

Ozaneaux (G.). Nouveau dictionnaire français-grec. P., 1847, 8°. [8° O. 3157 C

—— Nouveau système d'études philosophiques. P., 1830, 8°. [8° I. 4635 B

Ozenne (Dʳ E.). Les hémorroides. P. (s. d.), in-16. [8° I. 4635 C

P

Pabon (L.). Traité des infractions, du contentieux et des tarifs des douanes. P., 1893, 8°. [8° E. 1597 C

Paillieux (A.), Bois (D.). Le potager d'un curieux. Histoire, culture et usages de 200 plantes comestibles; 2ᵉ éd. P., 1892, 8°. [8° I. 4636 ++ A

Pairault (A.). Nouveau dictionnaire des chasses. P., 1885, 8°. [8° I. 4636 + A

Paisant (A.), Pidancet (H.). Code pratique des lois rurales. P., 1891, in-18. [8° E. 1598 C

Pajol (Cᵗᵉ). Les guerres sous Louis XV (1715-1774). P., 1881-1891, 7 vol. et atlas fol. [8° U. 6151 + A [Fol. U. 252 A

Palais (Le) de justice de Paris, par la presse judiciaire parisienne. P., 1892, 4°. [4° U. 957 C

Palat (L'). Marcel Frescaly (lieutenant Palat). Journal de route et correspondance. P., 1886, in-12. [8° U. 6151 A

Paléologue. L'art chinois. P. (1887), 8°. [8° I. 4636 A

Paléologue (M.). Les grands écrivains français. Vauvenargues. *P.*, 1890, in-16.
[8° **U. 6151** F

—— Les grands écrivains français. Alfred de Vigny. *P.*, 1891, in-16. [8° **U. 6151** Fa

Palissy (B.). OEuvres. *P.*, 1777, 4°.
[4° **I. 912** B

—— OEuvres choisies. *P.*, 1890, in-16.
[8° **I. 4636** D

Palliser (Mme Bury). Histoire de la dentelle. *P.*, 1890, 4°. [4° **I. 912** C

Palustre (L.). L'architecture de la Renaissance. *P.* (s. d.), 8°. [8° **I. 4636** G

—— La Renaissance en France. *P.*, 1879-1887, fol. [Fol. **U. 252** D

Pandectes françaises. Nouveau répertoire de doctrine, de législation et de jurisprudence. *P.*, 1886-189 , vol. 4°. [4° **E. 216** F

—— Pandectes chronologiques ou collection nouvelle résumant la jurisprudence de 1789 à 1886, publ. par Ruben de Couder. *P.*, 1893, 6 vol. 4°. [4° **E. 216** G

Papier (A.). Lettres sur Hippone. *Bône*, 1887, 2 vol. 8° dont 1 atl. [8° **U. 6152** B

Papiers et correspondance de la famille impériale. *P.*, 1870-1872, 2 vol. 8°.
[8° **U. 6152** D

Papillaud (A.). Les crimes maçonniques. La mort du Prince impérial. *P.*, 1891, in-18.
[8° **U. 6152** F

Paquet-Mille (Mme). Nouveau guide pratique des jeunes filles dans le choix d'une profession. *P.*, 1891, in-18. [8° **I. 4640** D

Parant (Dr V.). La raison dans la folie. *P.*, 1888, 8°. [8° **I. 4642** A

Parfait (N.). Le général Marceau. *P.*, 1892, 8°. [8° **U. 6154** B

Parfait (Le) dessinateur au fusain, au charbon, à l'estompe, au crayon Conté, à la sanguine, rehaussé de blanc sur papiers teintés. Procédé à l'aqua-pastel. *P.* (s. d.), in-16. [8° **I. 4642** B

Parieu (F.-E. de). Histoire des impôts généraux. *P.*, 1856, 8°. [8° **I. 4642** E

Paris (C.). Voyage d'exploration de Hué en Cochinchine par la route mandarine. *P.*, 1889, 8°. [8° **U. 6154** C

Paris (P.). La sculpture antique. *P.* (s. d.), 8°. [8° **I. 4649** D

Paris. 30 vues. *P.* (s. d.), 8° obl.
[8° **U. 6156** A

Paris-adresses. 3e ann., 1893. *P.*, 8°.
[8° **I. 4649** G

Paris historique, pittoresque et anecdotique. *P.*, 1854-1855, 3 vol. in-18.
[8° **U. 6156** Aa

Paris pendant la domination anglaise (1420-1436). *P.*, 1878, 8°.
[8° **U. 6156** Ac

Pariset (E.). Les industries de la soie. *Lyon*, 1890, 8°. [8° **I. 4651** C

Parmentier (E.). Étretat. *P.*, 1890, in-18. [8° **U. 6156** ++ B

—— Voyage dans la Turquie d'Europe; 2e éd. *P.*, 1890, in-18. [8° **U. 6156** + B

Parquin. Souvenirs et campagnes d'un vieux soldat de l'Empire (1803-1814); 2e éd. *P.*, 1892, 8°. [8° **U. 6156** + Bd

Parville (H. de). L'Exposition universelle de 1889. *P.*, 1890, in-18.
[8° **I. 4656**

Pascal (Blaise). Les Provinciales; nouv. éd. *P.*, 1885, 2 vol. 8°. [8° **A. 856** Aa

Pascaud (H.). De l'indemnité à allouer aux individus indûment condamnés ou poursuivis en matière criminelle, correctionnelle ou de police. *P.*, 1888, 8°. [8° **E. 1608** C

Passy (F.). Conférence de la Chambre syndicale des propriétés immobilières. Discours relatif à l'impôt général projeté sur le revenu. *P.*, 1889, 8°. [8° **I. 4658** A

—— Congrès monétaire international de 1889. Discours. *P.*, 1890, 8°.
[8° **I. 4658** B

—— Discours. Discussion du projet de loi relatif à la création des syndicats professionnels. *P.*, 1883, 8°. [8° **E. 1608** D

—— Discours. Discussion des propositions de loi portant modification du tarif général des douanes (blé, avoine et farine). *P.*, 1887, in-32. [8° **E. 1609**

—— Discours. Première délibération sur le projet et la proposition de loi concernant le travail des enfants, des filles mineures et des femmes dans les établissements industriels. *P.*, 1888, in-32. [8° **E. 1609** A

—— Discours. Première délibération sur le projet de loi ayant pour objet l'utilisation agricole des eaux d'égout de Paris et l'assainissement de la Seine. *P.*, 1888, in-18.
[8° **I. 4658** C

Passy (F.). Discours. Discussion du budget général des dépenses et des recettes de l'exercice 1888. P., 1888, in-32.
[8° U. 6156 B

—— La question de la paix. Conférence. Guise, 1891, 8°. [8° I. 4661 A

—— Un chef d'industrie alsacien. Jean Dollfus. P., 1888, 8°. [8° U. 6157 + A

Pastor (Dr L.). Histoire des papes depuis la fin du moyen âge; trad. par Furcy Raynaud. P., 1888, 2 vol. 8°. [8° U. 6157 A

Patein (G.). Les purgatifs. P. (s. d.), in-16. [8° I. 4665 D

Patron (P.). Code manuel de la distribution par contribution et des collocations des créanciers, soit privilégiés, soit chirographaires. P., 1888, 2 vol. in-18.
[8° E. 1609 B

Paucton. Métrologie ou traité des mesures, poids et monnaies. P., 1780, 4°.
[4° I. 914 A

Paul (C.), Rodet (P.). Manuel de thérapeutique thermale clinique. I. Les eaux de table. P., 1892, in-18. [8° I. 4669 A

Paulet (G.). Code annoté du commerce et de l'industrie. P., 1891, 8°.
[8° E. 1609 C

—— L'enseignement primaire professionnel. P., 1889, 8°. [8° E. 1609 Ca

Paulet (M.). Traité de la conservation des bois, des substances alimentaires et de diverses matières organiques. P., 1874, 8°.
[8° I. 4669 D

Paulme (H.). Petit manuel pratique à l'usage des rentiers et pensionnaires de l'État. P., 1888, in-16. [8° E. 1609 E

Pavitt (A.). Le droit anglais codifié. P., 1885, 8°. [8° E. 1610 A

Pavot (T.). Notre étymologie simplifiée. Vade-mecum. P., 1889, in-16.
[8° O. 3207 C

Payen (A.), Vigreux (L.), Prouteaux (A.), Orioli (R.) et Kaeppelin (D.). La fabrication du papier et du carton; 3e éd. P., 1881, 8°. [8° I. 4674 A

Péan (A.). L'architecte paysagiste. P. (s. d.), 4°. [4° I. 914 B

—— Parcs et jardins. Résumé des notes d'un praticien. P., 1878, 4°. [4° I. 914 C

Pécaut (Dr E.). Cours d'hygiène. P., 1882, in-16. [8° I. 4681 C

Pector (G.). Le droit des pauvres. P., 1888, 8°. [8° E. 1610 B

Peiresc (De). Correspondance avec plusieurs missionnaires et religieux de l'Ordre des Capucins (1631-1637). P., 1891, 8°.
[8° O. 3207 E

Pellenc (J.-B.). Le guide pratique des moutures par cylindres et par meules. Marseille, 1890, 8°. [8° I. 4687 D

Pellerin (A.). Des rapports des notaires avec le Ministère public. Formules d'actes pour cessions et suppressions d'office de notaire; 2e éd. P., 1890, 8°. [8° E. 1612 C

Pellet (M.). Naples contemporaine. P., 1894, in-12. [8° U. 6160 ++ A

—— Variétés révolutionnaires (3e série). P., 1890, in-18. [8° U. 6160 + A

Pelletan (A.). Traité de topographie. P., 1893, 8°. [8° I. 4688 D

Pelletan (C.). Célébrités contemporaines. Georges Clémenceau. P., 1883, in-16.
[8° U. 6160 A

—— De 1815 à nos jours. P. (s. d.), in-18. [8° U. 6160 Aa

—— Rapport sur le budget de 1891. Ministère des travaux publics. P., 1890, 4°.
[4° U. 970 D

Pelletan (E.). Décadence de la monarchie française; 5e éd. P. (s. d.), in-16.
[8° U. 6160 Ab

Pellissier (G.). Essais de littérature contemporaine. P., 1893, in-18.
[8° O. 3208 B

—— Le mouvement littéraire au xixe siècle; 2e éd. P., 1890, in-16. [8° O. 3208 C

Pellisson (M.). Cicéron. Gravures. P., 1890, 8°. [8° O. 3212 C

—— La Bruyère. P., 1892, 8°.
[8° O. 3212 Cb

Pène-Siefert (J.). Flottes rivales. Programme de demain. P., 1890, in-18.
[8° U. 6164 C

—— La marine en danger (1870-1888). P., 1888, in-18. [8° U. 6164 Cb

Penel-Beaufin. Législation générale des cultes protestants. P., 1893, in-18.
[8° E. 1612 D

—— Législation générale du culte israélite en France. P., 1894, in-18.
[8° E. 1612 E

Péquégnot (A.). Anatomie descriptive des formes humaines, à l'usage des artistes peintres, sculpteurs, graveurs, élèves et amateurs; nouv. éd. P. (s. d.), 8°.
[8° **I. 4704** C

—— Géométrie des arts, suivie de notions élémentaires de perspective. P. (s. d.), 8°.
[8° **I. 4704** Ca

Péquignot (A.). Essai sur la constitution de la saline d'Arzew. Oran, 1890, 8°.
[8° **I. 4704** E

Péraqui (A.). Répertoire alphabétique des maladies, infirmités ou vices de conformation qui rendent impropre au service militaire. P., 1888, 8°. [8° **I. 4704** G

Pératé (A.). L'archéologie chrétienne. P. (s. d.), 8°. [8° **I. 4704** J

Perelaer (M.-T.-H.). A travers Bornéo. Aventures de quatre déserteurs de l'armée indo-néerlandaise; trad. du c^te Meyners d'Estrey. P., 1891, 4°. [4° **U. 972** C

Peretti (J.). Christophe Colomb Français, Corse et Calvais. P., 1888, 8°.
[8° **U. 6167** D

Perey (L.). Un petit-neveu de Mazarin, Louis Mancini-Mazarini, duc de Nivernais; 2e éd. P., 1890, 8°. [8° **U. 6167** G

Perez (B.). Dictionnaire abrégé de philosophie. P., 1893, in-18. [8° **I. 4716** + A

—— L'éducation morale dès le berceau; 2e éd. P., 1888, 8°. [8° **I. 4716** A

—— La psychologie de l'enfant. L'enfant de trois à sept ans. P., 1886, 8°.
[8° **I. 4717** A

—— —— L'art et la poésie chez l'enfant. P., 1888, 8°. [8° **I. 4717** Aa

Pérez (J.). Les abeilles. P., 1889, in-16.
[8° **I. 4717** B

Périer (Dr E.). L'art de soigner les enfants malades. P., 1891, in-18.
[8° **I. 4718** C

Perrens (F.-T.). La civilisation florentine au xvie siècle. P. (s. d.), 8°.
[8° **U. 6173** D

Perrier (Ed.). Les explorations sous-marines. P., 1886, 8°. [8° **I. 4725** A

—— Le transformisme. P., 1888, in-16.
[8° **I. 4726** A

Perronnet (Mme A.). Les premières amitiés. P., 1887, in-18. [8° **O. 3217** D

Perrot (A.-M.). Manuels Roret. Manuel pour la construction et le dessin des cartes géographiques. P., 1847, in-18.
[8° **I. 4223** + A

Pertus (J.) Traité des maladies du chien. P., 1885, in-18. [8° **I. 4731** A

Pessonneaux (É.). Dictionnaire grec-français. P., 1892, 8°. [8° **O. 3218** + A

Petibon (M.). Indicateur du bâtiment et de la propriété foncière dans Paris et le département de la Seine; 3e éd. P., 1889, 4°.
[4° **U. 972** F

Petit (Albert). La France économique; 4e année. P., 1888, in-16.
[8° **U. 6183** + A

Petit (Arsène). Les assurances. L'art de s'assurer contre l'incendie; 3e éd. P. (s. d.), in-18. [8° **I. 4734** C

—— Les assurances. L'art de s'assurer sur la vie; 2e éd. P. (s. d.), in-18.
[8° **I. 4734** Ca

—— La grammaire de la lecture à haute voix. P. (s. d.), in-18. [8° **O. 3218** A

—— La grammaire de la ponctuation (écriture, lecture) à l'usage de l'enseignement secondaire; 2e éd. P. (s. d.), in-18.
[8° **O. 3218** Aa

Petit (Éd.). Le Tong-kin. P., 1887, 8°.
[8° **U. 6183** Aa

Petit (J.-E.). Aide-mémoire des conducteurs et commis des ponts et chaussées, agents-voyers, chefs de section, conducteurs et piqueurs de chemins de fer, contrôleurs des mines, adjoints du génie, entrepreneurs. P., 1892, in-18. [8° **I. 4734** D

Petit (O.). Des emplois chimiques du bois dans les arts et l'industrie. P., 1888, 8°.
[8° **I. 4735** A

Petit (P.). Nutrition et production des animaux. Bœuf, cheval, mouton, porc. P. (s. d.), in-16. [8° **I. 4735** Ad

Petit de Julleville (L.) Histoire du théâtre en France. Les mystères. P., 1880, 2 vol. 8°. [8° **O. 3218** B

—— Le théâtre en France. P., 1889, in-18. [8° **O. 3218** Cb

—— Notions générales sur les origines et sur l'histoire de la langue française; 3e éd. P. (s. d.), in-16. [8° **O. 3218** D

Petit (Le) livre de cuisine, par Mme Marie G.-V. P., 1885, in-16. [8° **I. 4735** C

Petit vocabulaire des principaux termes de courses et de vénerie. *P.*, 1887, 8°.
[8° I. 4735 E

Petitot (É.). Accord des mythologies dans la cosmogonie des Danites arctiques. *P.*, 1890, in-16. [8° A. 857 C

Petits chefs-d'œuvre historiques. *P.*, 1877-1884, 2 vol. in-18. [8° U. 6189 C

Peuch, Toussaint, Cadéac et **Montané**. Précis de chirurgie vétérinaire; 2° éd. *P.*, 1887, 2 vol. 8°. [8° I. 4737 B

Peyre (R.). Histoire générale des beaux-arts. *P.*, 1894, in-18. [8° I. 4737 C

Philebert (G^{al}). La conquête pacifique de l'intérieur africain. Nègres, Musulmans et Chrétiens. *P.*, 1889, 8°. [8° U. 6324 A

Philipon. Proposition de loi sur la propriété littéraire et artistique. *P.*, 1886, 4°. [4° E. 223 D

Philippe (J.). Manuel biographique de la Haute-Savoie et de la Savoie. *Annecy*, 1883, in-18. [8° U. 6324 D

Philippon (G.). Cours de zoologie; 2° éd. *P.*, 1890, in-18. [8° I. 4739 B

Pi y Margall. Les nationalités; trad. par L.-X. de Ricard. *P.*, 1879, in-18.
[8° I. 4741 A

Piaget (E.). Essai sur l'organisation de la Compagnie de Jésus. *Leiden*, 1893, 8°.
[8° U. 6325 B

Picard (A.). Les chemins de fer français. *P.*, 1884-1885, 6 vol. 8°.
[8° I. 4741 C

Picard (E.), **Fremantle** (Sydney R.). Langage marin anglais-français. *P.*, 1889, in-18. [8° I. 4742 B

Picard (Capit° L.). Leçons d'histoire et de géographie militaires. *Saumur*, 1887, 3 vol. 8° et atlas 4°. [8° U. 6325 C
[4° U. 975 B

Picavet (Fr.). Les idéologues. Essai sur l'histoire des idées et des théories scientifiques, philosophiques, religieuses, etc., en France depuis 1789. *P.*, 1891, 8°.
[8° I. 4742 Bc

Pichard (A.-E.). Nouveau code de l'instruction primaire; 12° éd. *P.*, 1887, in-16.
[8° E. 1629 A

Pichat (L.). L'art et les artistes en France; 5° éd. *P.* (s. d.), in-16.
[8° U. 6325 E

Pichon. Rapport sur le budget général de 1892. Ministère des affaires étrangères. *P.*, 1891, 4°. [4° U. 975 Bd

Pichon (D° G.). Les maladies de l'esprit. Délires des persécutions, délire des grandeurs, etc. *P.*, 1888, 8°. [8° I. 4742 C

Pichon (D° L.). Un voyage au Yunnan. *P.*, 1893, in-18. [8° U. 6326 C

Picot (G.). Notice sur M. de Laveleye. *P.*, 1892, 8°. [8° U. 6332 C

—— Un devoir social et les logements d'ouvriers. *P.*, 1885, in-18.
[8° I. 4743 ++ A

Picou (R.-V.). La distribution de l'électricité. Installations isolées. *P.* (s. d.), in-16.
[8° I. 4743 + A

—— La distribution de l'électricité. Usines centrales. *P.* (s. d.), in-16.
[8° I. 4743 + A

Picquart (A.). De la gymnastique vraie; 2° éd. *P.*, 1884, 4°. [4° I. 917 + A

Piderit (D° Th.). La mimique et la physionomie; trad. par A. Girot. *P.*, 1888, 8°.
[8° I. 4747 A

Piéchaud (D° A.). Les misères du siècle. *P.* (s. d.), in-18. [8° I. 4749 A

Piédagnel (A.). Souvenirs de Barbizon. J.-F. Millet. *P.*, 1888, in-8°.
[8° U. 6349 A

Piequet (O.). La chimie des teinturiers. *P.*, 1892, 8°. [8° I. 4749 C

Pierre (Eug.). Du pouvoir législatif en cas de guerre. *P.*, 1890, in-18.
[8° E. 1632 C

—— Traité de droit politique, électoral et parlementaire. *P.*, 1893, 8°.
[8° E 1632 D

Pierret (É.). Les illusions du cœur. *P.*, 1891, in-16. [8° O. 3234 D

—— Inventaire détaillé des catalogues usuels de la Bibliothèque nationale. *P.*, 1889, 4°. [4° O. 349 A

Pierret (V.-A.). Horlogerie, outillage et mécanique; 2° éd. *P.*, 1891, 8°.
[8° I. 4750 A

Pierron (G^{al}). Stratégie et grande tactique d'après l'expérience des dernières guerres. *P.*, 1887-1890, 2 vol. 8°.
[8° I. 4750 Aa

Piesse (S.). Histoire des parfums et hygiène de la toilette; éd. française par F. Chardin-

Hadancourt, H. Massignon et G. Halphen. P., 1890, in-18.   [8° I. 4750 B

Piétralba (H.). Dix mois à Hanoï. Étude de mœurs tonkinoises. P., 1890, in-18.
[8° U. 6349 C

Pietra Santa (Dr P. de) et **Joltrain** (A.). Les stations d'eaux minérales du centre de la France. La caravane hydrologique de septembre 1887. P., 1888, 8°.
[8° I. 4750 C

Pimodan (Mis de). La première étape de Jeanne d'Arc, avec une carte détaillée. P. (s. d.), gr. 8°.   [4° U. 975 C

Pinard (A.). Célébrités contemporaines. F. de Lesseps. P., 1883, in-16.
[8° U. 6372 A

Pineau (L.). Le folklore du Poitou, avec notes et index. P., 1892, in-18.
[8° O. 3239 A

Pineau (P.). Histoire de La Tour d'Auvergne. P., 1891, 8°.   [8° U. 6372 D

Pinet (G.). Histoire de l'École polytechnique. P., 1887, 4°.   [4° U. 982 A

Pinloche (A.). Leçons pratiques de langue allemande. Cours élémentaire. P., 1891, 8°.   [8° O. 3239 B

Pion des Loches. Mes campagnes (1792-1815). P., 1889, in-16.   [8° U. 6373 C

Pisani (F.). Les minéraux usuels et leur essai chimique sommaire. P., 1893, in-18.
[8° I. 4757 C

Pizzetta (J.). Dictionnaire populaire illustré d'histoire naturelle. P., 1890, 4°.
[4° I. 917 E

——— Galerie des naturalistes. Histoire des sciences naturelles. P., 1891, 8°.
[8° I. 4759 C

Place, Foucard. Manuels Roret. Livre de l'arpenteur-géomètre. P., 1838, in-18.
[8° I. 4194 A

Planté (G.). Phénomènes électriques de l'atmosphère. P., 1888, in-16.
[8° I. 4761 + A

Plantes (Les) utiles des colonies françaises. P., 1886, 8°.   [8° I. 4761 A

Platel (F.). Paris-secret. P., 1889, in-18.
[8° U. 6378 B

Plauchut (E.). L'Égypte et l'occupation anglaise. P., 1889, in-18.   [8° U. 6378 D

——— Le tour du monde en cent vingt jours. P., 1873, in-18.   [8° U. 6378 E

Plé (A.). Dictionnaire de perception et de manutention. P., 1889, 8°.   [8° E. 1636 B

——— Questions élémentaires de droit civil et fiscal. P., 1889, in-18.   [8° E. 1636 D

Plon (E.). Thorvaldsen; 2e éd. P., 1874, in-16.   [8° U. 6378 H

Ply (G.). Étude sur l'organisation du service technique dans les manufactures d'armes. P., 1888, 8°.   [8° I. 4764 B

Plytoff (G.). Les sciences occultes. P., 1891, in-16.   [8° I. 4764 D

Poggi (A.). L'unité des maladies et l'unité des remèdes. P., 1890, 8°.
[8° I. 4765 D

Poincaré (R.). Rapport sur le budget de 1891. Ministère des finances et budget annexe des Monnaies et Médailles. P., 1890, 4°.
[4° U. 987 D

Poiré (E.). La Tunisie française. P., 1892, in-18.   [8° U. 6392 B

Poiré (P.). A travers l'industrie. P., 1891, 4°.   [4° I. 918 D

Poirier (J.-R.). La naissance d'un peuple ou les États-Unis d'Amérique dans la seconde moitié du XVIIIe siècle. P. (s. d.), 8°.
[8° U. 6392 Bd

——— Vie de Bayard. P., 1889, 8°.
[8° U 6392 C

Poitevin (Mlle M.). Le clos des roses. P., 1891, 8°.   [8° O. 3328 C

Polin (H.) et **Labit** (H.). Examen des aliments suspects. P. (s. d.), in-16.
[8° I. 4771 D

——— L'hygiène alimentaire. P. (s. d.), in-16.   [8° I. 4771 E

Politique (La) française en Tunisie (1854-1891). P. (s. d.), 8°.   [8° U. 6396 D

Polyptyque de l'abbaye de Saint-Germain-des-Prés, publ. par A. Longnon. P., 1886, 8°.   [8° U. 6396 C

Pomel (A.) et J. **Pouyanne.** Carte géologique provisoire des provinces d'Alger et d'Oran au 1/800,000°. Alger, 1882, fol. et 1 vol. de texte 8°.   [8° U. 6396 I
[Fol. U. 256 A

Poncins (L. de). Les cahiers de 89; 2e éd. P., 1887, 8°.   [8° U. 6401 D

Pontevès de Sabran (J. de). Notes de voyage d'un hussard. Un raid en Asie. P., 1890, in-18.   [8° U. 6402 C

Ponthière (H.). Applications industrielles de l'électricité. Principes et électrométric. *Louvain*, 1885, 8°. [8° I. 4782 A

—— —— L'électrochimie et l'électrométallurgie; grav. *Louvain*, 1886, 8°. [8° I. 4782 Aa

Pontmartin (A. de). Aurélie, Albert, le capitaine Garbas... *P.*, 1892, in-18.]8° O. 3332 D

Pontzen (E.). Procédés généraux de construction. *P.*, 1891, 8°. [8° I. 4782 B

Ponvosin (E.). Les étrennes de Bismarck. *P.* (1891), 8°. [8° O. 3342 C

Porcacchi (Th.). L'isole più famose del mondo. *Venetia*, 1572, fol. [4° U. 988 B

Port (C.). La légende de Cathelineau. *P.*, 1893, 8°. [8° U. 6403 + B

—— La Vendée angevine. *P.*, 1888, 2 vol. 8°. [8° U. 6403 B

Portal (C.) et Graffigny (H. de). Les merveilles de l'horlogerie. *P.*, 1888, in-16. [8° I. 4782 E

Post (The) office London directory for 1889. *London*, 1889, 4°. [4° I. 918 C

Potel (A.). Aperçu historique des affaires d'Orient. *P.* (1889), in-18. [8° U. 6405 C

—— Le socialisme en Allemagne. *P.*, 1890, 8°. [8° I. 4782 G

Potiche (Vte de). La baie du Mont-Saint-Michel et ses approches. *P.*, 1891, 4°. [4° U. 988 C

Potier de Courcy (P.). Nobiliaire et armorial de Bretagne. *Nantes*, 1862, 3 vol. in-4°. [4° U. 988 D

Pottet (E.). Histoire de la Conciergerie du Palais de Paris. *P.*, 1892, in-16. [8° U. 6408 + A

Pottier (E.). Les statuettes de terre cuite dans l'antiquité. *P.*, 1890, in-16. [8° I. 4782 G

Pouchet (G.) et Beauregard (H.). Traité d'ostéologie comparée. *P.*, 1889, 8°. [8° I. 4784 A

Pouchkine (A.). L'aube russe (nouvelles), trad. par B. Tseytline et E. Jaubert. *P.*, 1892, in-16. [8° O. 3349 A

—— La fille du capitaine, trad. par Louis Viardot. *P.*, 1892, 8°. [8° O. 3349 Ab

—— Poésies et nouvelles, trad. par F.-E. Gauthier. *P.*, 1888, in-18. [8° O. 3349 Ad

Poucin (T.). La maison du garde. *P.* (s. d.), in-16. [8° I. 4784 D

Pouget de Saint-André (H.). La colonisation de Madagascar sous Louis XV. *P.*, 1886, in-18. [8° U. 6408 A

Pougin (A.). Rameau. *P.*, 1876, in-16. [8° U. 6408 C

Poullet (P.). La campagne de l'Est (1870-1871). *P.*, 1879, 8°. [8° U. 6412 A

Poulot (D.). Méthode d'enseignement manuel pour former un apprenti mécanicien. *P.*, 1889, fol. [Fol. I. 170 C

Poupin (V.). La dot de Madame. *P.* (s. d.), in-18. [8° O. 3349 C

Poussié (Dr E.). Manuel de conversation en trente langues; 2e éd. *P.*, 1890, in-16 oblong. [8° O. 3349 D

Poutiers (A.). Manuel du menuisier-modeleur. *P.* (s. d.), in-16. [8° I. 4788 + A

Pouvillon (É.). Le cheval bleu..... Contes. *P.* (s. d.), 8°. [8° O. 3349 Dc

Pramondon (G.). Excursions économiques. Dix jours en Suisse. *P.* (s. d.), in-18. [8° U. 6426 D

—— —— Quinze jours en Normandie. *P.* (s. d.), in-18. [8° U. 6426 E

—— —— Quinze jours en Normandie et en Bretagne *P.* (s. d.), in-18. [8° U. 6426 F

Preece (W. H.) et Maier (J.). Le téléphone; trad. par G. Floren. *P.*, 1891, 8°. [8° I. 4788 A

Préfecture du département de la Seine. Bibliothèque administrative. *P.*, 1890, 8°. [8° O. 3349 E

Premier congrès international de l'hypnotisme expérimental et thérapeutique (août 1889). *P.*, 1889, 8°. [8° I. 4788 B

Préparation aux certificats d'aptitude à l'inspection primaire... *P.*, 1883, 8°. [8° I. 4788 E

Pressensé (E. de). Variétés morales et politiques. *P.*, 1886, in-16. [8° I. 4789 A

Pressensé (F. de). L'Irlande et l'Angleterre (1800-1888). *P.*, 1889, 8°. [8° U. 6434 A

Préville (X. de). Un glorieux soldat. Mac-Mahon. *P.* (s. d.), 8°. [8° U. 6435 C

Preyer (W.) L'âme de l'enfant; trad. par H. de Varigny. *P.*, 1887, 8°.
[8° I. **4792** + A

—— Éléments de physiologie générale; trad. par Jules Soury. *P.*, 1884, 8°.
[8° I. **4792** A

Prida y Arteaga (F. de). Le Mexique tel qu'il est aujourd'hui; 2ᵉ éd. *P.*, 1891, 8°.
[8° U. **6438** C

Priem (F.). L'évolution des formes animales avant l'apparition de l'homme. *P.*, 1891, in-18. [8° I. **4792** D

Primot (Al.). Traité théorique et pratique des taxes fiscales. *P.*, 1891, 4°.
[4° E. **227** D

Prince (Le) L. Bonaparte et sa famille. *P.*, 1889, 8°. [8° U. **6438** A

Prioux (A.). Les Russes dans l'Asie centrale. Skobelev. *P.*, 1886, 8°.
[8° U. **6438** F

Pritchard (H.-B.). Les ateliers photographiques de l'Europe; trad. par Ch. Baye. *P.*, 1885, in-18. [8° I. **4795** A

Privat. Notes historiques sur le général Hoche. *Metz*, an VI, in-18. [8° U. **6438** H

Proal (L.). Le crime et la peine. *P.*, 1892, 8°. [8° I. **4796** A

Procès de réhabilitation de Jeanne d'Arc, raconté et traduit d'après les textes latins officiels, par Joseph Fabre. *P.*, 1888, 2 vol. in-18. [8° U. **6446** Aa

Professions et métiers. Guide pratique. *P.* (s. d.), 2 vol. 8°. [8° I. **4796** B

Programme des conditions d'admission à l'École navale. *P.* (s. d.), in-18.
[8° I. **4796** C

Programme des conditions d'admission à l'École polytechnique en 1891. *P.*, décembre 1890, in-18. [8° I. **4796** D

Programme des conditions d'admission à l'École spéciale militaire en 1891. *P.*, 1891, in-18. [8° I. **4796** E

Programme des conditions d'admission aux services des postes et télégraphes. *P.* (s. d.), in-18. [8° I. **4796** G

Projet de loi, concernant : 1° l'ouverture et l'annulation de crédits supplémentaires sur les exercices 1879 et 1880; 2° crédits sur le budget de 1881; 3° crédits sur le budget de 1882. *P.* (s. d.), 4°. [4° U. **988** E

Projet de loi, concernant : 1° la régularisation des décrets rendus en Conseil d'État qui ont ouvert des crédits à divers ministères sur l'exercice 1882; 2° crédits sur le budget de 1881; 3° crédits sur le budget de 1882. *P.* (s. d.), 4°. [4° U. **988** Eb

Projet de loi, concernant : l'ouverture et l'annulation de crédits afférents : 1° au budget de 1881; 2° au budget de 1882; 3° l'ouverture de crédits sur le budget de 1883. *P.* (s. d.), 4°. [4° U. **988** Ed

Projet de loi portant fixation du budget général de l'exercice 1893. *P.*, 1892, 3 vol. 4°.
[4° U. **988** F

Projet de loi relatif aux contributions directes. *P.* (s. d.), 4°. [4° U. **988** Fd

Projets de loi présentés au Sénat, budget général des dépenses et des recettes. *P.*, 1889-1890, 8°. [8° E. **1676** C

Proth (M.). Célébrités contemporaines. Ch. Floquet. *P.*, 1883, in-16.
[8° U. **6447** A

—— —— A. Naquet. *P.*, 1883, in-16.
[8° U. **6447** Aa

Prou (M.). Inventaire sommaire des monnaies mérovingiennes de la collection d'Amécourt. *P.*, 1890, 8°. [8° I. **4799** D

—— Manuel de paléographie latine et française du VIᵉ au XVIIᵉ siècle. *P.*, 1890, 8°.
[8° O. **3390** B

Proust (Ant.). Rapport sur l'installation de la Chambre des députés. *P.*, 1891, 4°.
[4° U. **988** H

—— Rapport sur le budget de 1882. Ministère des affaires étrangères. *P.*, 1881, 4°.
[4° U. **988** Hb

—— Rapport sur le budget général de 1892. Ministère de l'instruction publique et des beaux-arts. Service des beaux-arts. *P.*, 1891, 4°. [4° U. **988** Hc

Prudhomme (A.). Histoire de Grenoble. *Grenoble*, 1888, 8°. [8° U. **6456** C

Public library of the City of Boston. *Boston*, 1866-1885, 6 vol. 4°. [4° O. **351** A

Puton (A.). Traité d'économie forestière. *P.*, 1888-1891, 3 vol. 8°.
[8° I. **4813** ++ A

Puymaigre (Cᵗᵉ de). Folk-Lore. *P.*, 1885, in-16. [8° O. **3407** C

Pynaert (Ed.). Les serres-vergers; 4ᵉ éd. *P.*, 1888, 8°. [8° I. **4813** + A

Q

Quand j'étais ministre. *P.* (s. d.), in-18. [8° **U. 6466 A**

Quatrefages (A. de). Charles Darwin et ses précurseurs français. *P.*, 1870, 8°. [8° **I. 4813 A**

Que faire de nos filles? par XXX. *P.* (s. d.), in-18. [8° **I. 4815 B**

Que feront nos garçons? *P.* (s. d.), in-18. [8° **I. 4815 C**

Quellien (N.). Chansons et danses des Bretons. *P.*, 1889, 8°. [8° **O. 3408 C**

Quesnay de Beaurepaire (A.). La France moderne. De Wissembourg à Ingolstad (1870-1871). *P.*, 1891, 4°. [4° **U. 993 C**

Quesnel (G.). Histoire de la conquête de l'Algérie. *P.* (s. d.), in-16. [8° **U. 6467 + A**

Quesnoy (D' F.). L'armée d'Afrique depuis la conquête d'Alger. *P.*, 1888, in-18. [8° **U. 6467 B**

—— La guerre à toutes les époques. *P.* (s. d.), in-16. [8° **U. 6467 Bb**

Quicherat (L.). Petit traité de versification française; 7ᵉ éd. *P.*, 1881, in-16. [8° **O. 3434 A**

Quinet (Mᵐᵉ E.). Edgar Quinet depuis l'exil. *P.*, 1889, in-18. [8° **U. 6469 A**

—— Le vrai dans l'éducation. *P.*, 1891, in-18. [8° **I. 4816 C**

Quintilien (M. F.). De institutione oratoria; texte par Ch. Fierville. *P.*, 1890, 8°. [8° **O. 3459 A**

R

Rabany (Ch.). La loi sur le recrutement. *P.*, 1890, 2 vol. in-8°. [8° **E. 1696 C**

Rabbe (F.). Shelley. *P.*, 1887, in-18. [8° **U. 6470 C**

Racine. Les Plaideurs; publ. par T. Comte. *P.* (s. d.), 8°. [8° **O. 3488 A**

—— —— Nouv. éd., par A. Marandet. *P.* (s. d.), in-12. [8° **O. 3488 Aa**

Racine (L.). Poésies. *P.*, 1853, in-18. [8° **O. 3488 Ab**

Raffalovich (A.). L'année économique (1887-1888). *P.*, 1888, 8°. [8° **I. 4823 B**

—— Les coalitions de producteurs et le protectionnisme. *P.*, 1889, 8°. [8° **I. 4823 C**

—— Conversion de la dette 3 p. o/o anglaise. *P.*, 1888, 8°. [8° **I. 4823 D**

—— Le logement de l'ouvrier et du pauvre. *P.*, 1887, in-18. [8° **I. 4823 E**

—— Les marchés financiers en 1890. *P.*, 1891, 8°. [8° **I. 4823 Ea**

—— Le marché financier en 1891. *P.*, 1892, 8°. [8° **I. 4823 Eb**

—— La section d'économie politique au

Congrès de Toulouse en 1887. *P.*, 1887, 8°. [8° **I. 4823 F**

Raffy (C.). Répétitions écrites d'histoire universelle; 13ᵉ éd. *P.*, 1884, in-12. [8° **U. 6479 A**

Railliet (A.). Éléments de zoologie médicale et agricole. *P.*, 1886, 8°. [8° **I. 4823 I**

Rambaud (A.). Français et Russes. Moscou et Sébastopol (1812-1854); 4ᵉ éd. *P.*, 1888, in-18. [8° **U. 6482 + A**

—— Histoire de la civilisation contemporaine en France. *P.*, 1888, in-18. [8° **U. 6482 B**

Rambaud (P.). Code civil par demandes et réponses; 7ᵉ éd. *P.*, 1890-1892, 3 vol. 8°. [8° **E. 1696 D**

Rameau (J.). La vie et la mort; 4ᵉ éd. *P.*, 1891, in-18. [8° **O. 3491 C**

Ramée (D.). Recueil de deux cents motifs d'architecture. *P.*, 1886, 4°. [4° **I. 927 + A**

Rapelli (C.-I.). L'italien tel qu'on le parle; 5ᵉ éd. *P.*, 1887, in-12 oblong. [8° **O. 3491 H**

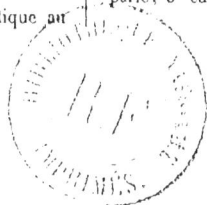

Rapport au Président de la République sur la situation de la Tunisie (1881-1890). *P.*, 1890, 8°.   [8° **U. 6489** C

Rapport au Président de la République, sur les opérations des caisses d'épargne; année 1883. *P.*, 1886, 4°.   [4° **I. 927** A

Rapport au Sénat et à la Chambre des députés, par la Commission de surveillance de la Caisse d'amortissement et de la Caisse des dépôts et consignations, sur les opérations de l'année 1890. *P.*, 1891, 4°.
[4° **I. 927** Ad

Rapport de la Commission supérieure des caisses d'assurances en cas de décès et en cas d'accidents sur les opérations et la situation de ces deux caisses; année 1892. *P.*, 1893, 4°.
[4° **I. 927** Af

Rapport et procès-verbal de la Commission de vérification des comptes des ministres pour l'exercice 1889 et l'année 1890. *P.*, 1893, 4°.   [4° **U. 1012** C

Rapport sur les opérations des sociétés de secours mutuels pendant les années 1885 et 1891. *Melun*, 1887, 1893, 2 vol. 4°.
[4° **I. 928** C

Rastoul (A.). Pages d'histoire contemporaine. Le maréchal Randon (1795-1871). *P.*, 1890, 8°.   [8° **U. 6489** D

Ravenez (E.). La vie du soldat au point de vue de l'hygiène. *P.*, 1889, in-16.
[8° **I. 4841** B

Raviart (O.). Le manuel des avoués.
[8° **E. 1696** Df

—— Le tarif des actes d'huissiers. *P.* (1890), 8°.   [8° **E. 1696** E

—— Le tarif en matière civile; 5e éd. *P.*, 1894, 4°.   [4° **E. 228** C

Ravon et **Malepeyre**. Manuels Roret. Manuel du négociant d'eau-de-vie; nouv. éd. *P.* (s. d.), in-18.   [8° **I. 4257** A

Ravon (H.) et **Collet-Corbinière** (G.). Code du bâtiment. *P.*, 1885-18.., .. vol. 8°.
[8° **E. 1696** G

Rawton (O. de). Le combat pour la vie. *P.*, 1886, in-16.   [8° **I. 4841** D

Rayeur (I.-A.). Mirabeau. *Moulins*, 1892, in-18.   [8° **U. 6493** C

Raynal (A.). Manuel de comptabilité-matières. *P.*, 1889, 8°.   [8° **I. 4842** D

Raynaud (A.). Société d'études économiques. *P.*, 1888, 8°.   [8° **I. 4842** F

Raynouard. Choix de poésies originales des troubadours. *P.*, 1816-1821, 6 vol. 8°.
[8° **O. 3494** D

—— Lexique roman ou Dictionnaire de la langue des troubadours. *P.*, 1838-1844, 6 vol. 8°.   [8° **3494** E

Réaumur. Lettres inédites. *La Rochelle*, 1886, 8°.   [8° **I. 4842** H

Reboulleau, Magnier et **Romain** (A.). Manuel de la peinture sur verre, sur porcelaine et sur émail. *P.*, 1883, in-18.
Manuels Roret.   [8° **I. 4345** A

Récits américains. *P.*, 1888, in-18.
[8° **O. 3496** A

Reclu (M.). Manuel de l'herboriste. *P.*, 1889, in-16.   [8° **I. 4842** K

Reclus (O.). La France et ses colonies. *P.*, 1887-1889, 2 vol. 4°.   [4° **U. 1019** B

Reclus (Paul), **Kirmisson** (E.), **Peyrot** (J.-J.) et **Bouilly** (G.). Manuel de pathologie externe. *P.*, 1885-1886, 4 vol. in-16.   [8° **I. 4842** M
I. **Reclus.** Maladies communes à tous les tissus. Maladies des tissus.
II. **Kirmisson.** Maladies des régions. Tête et rachis.
III. **Peyrot.** Maladies des régions. Cou, poitrine, abdomen.
IV. **Bouilly.** Maladies des régions. Organes génito-urinaires, membres.

Recueil annoté de lois et décrets sur l'administration communale et départementale. *P.*, 1890, 8°.   [8° **E. 1696** I

Recueil d'inventaires des ducs de Lorraine. *Nancy*, 1891, 8°.   [8° **U. 6515** B

Recueil de chansons populaires, publ. par E. Rolland. *P.* 1883-1887, 5 vol. 8°.
[8° **O. 3496** D

Recueil (Nouveau) de comptes de l'argenterie des rois de France, publ. par L. Douët-d'Arcq. *P.*, 1874, 8°.
[8° **U. 6515** Bd

Recueil de contes populaires slaves, trad. par Louis Léger. *P.*, 1882, in-18.
[8° **O. 3496** F

Recueil des instructions données aux ambassadeurs et ministres de France, depuis les traités de Westphalie jusqu'à la Révolution française. VII. *P.*, 1889, 8°.
[8° **U. 6515** C

Recueil des procès-verbaux des séances de la Chambre de commerce de Dunkerque. *Dunkerque*, 1888, 8°.   [8° **U. 6515** E

Redard (D' P.). Traité de chirurgie orthopédique. P., 1892, 8°.   [8° I. 4842 P

Régamey (F.). Le Japon pratique. P. (s. d.), in-18.   [8° I. 4856 A

Régis (D' E.). Manuel pratique de médecine mentale. P., 1885, in-18.
        [8° I. 4856 B

Régla (P. de). La Turquie officielle. Constantinople; 4° éd. P., 1891, in-8°.
        [8° U. 6517 B

Règlement du 16 novembre 1887 sur le service de l'habillement dans les corps de troupe. P., 1889, 8°.   [8° E. 1697 + A

Règlement pour les écoles publiques. P., 1886, 8°.   [8° E. 1697 A

Regnard (A.). Histoire de l'Angleterre, depuis 1815 jusqu'à nos jours. P. (s. d.), in-16.   [8° U. 6517 C

Regnard (D' P.) et Johnson (H.). Légendes explicatives des planches murales d'anatomie et de physiologie. P., 1886, in-18.
        [8° I. 4857 + A

Regnard (D' P.). Les maladies épidémiques de l'esprit. P., 1887, 8°.
        [8° I. 4857 C

——— Physique biologique. P., 1891, 8°.
        [8° I. 4857 D

Regnaud (P.). Origine et philosophie du langage. P., 1888, in-18.   [8° I. 4857 H

Regnault (É.). Histoire criminelle du gouvernement anglais. P., 1841, 8°.
        [8° U. 6517 D

Reibaud (E.). Aperçu de la législation en vigueur en Alsace-Lorraine. P., 1888, in-18.   [8° E. 1697 B

Reichardt (J.-F.). Un Prussien en France en 1792. Strasbourg, Lyon, Paris, trad. par A. Laquiante. P., 1892, 8°. [8° U. 6522 C

Reinach (J.). Études de littérature et d'histoire. P., 1889, in-16.
        [8° O. 3527 + A

——— La France et l'Italie devant l'histoire. P., 1893, 8°.   [8° U. 6522 F

- ——— Proposition de loi sur le régime des aliénés. P., 1890, 4°.   [4° E. 230 D

——— Rapport sur le budget général de 1891. Ministère de l'intérieur. P., 1890, 4°.
        [4° U. 1023 D

Reinach (S.). Grammaire latine à l'usage des classes supérieures. P., 1886, 8°.
        [8° O. 3527 A

Relevé général du tonnage des marchandises transportées sur les fleuves, rivières et canaux en 1884. P., 1886, fol.
        [Fol. I. 175 B

Rémusat (P. de). Les grands écrivains français. A. Thiers. P., 1889, in-16.
        [8° U. 6528 B

Renan (Ary). Le costume en France. P. (s. d.), 8°.   [8° U. 6531 D

Renan (E.). L'avenir de la science. Pensées de 1848; 4° éd. P., 1890, 8°.
        [8° I. 4862 C
6° éd.   [8° I. 4862 Ca

——— Drames philosophiques. P., 1888, 8°.
        [8° O. 3542 A

——— Feuilles détachées; 3° éd. P., 1892, 8°.   [8° U. 6541 A

——— Histoire du peuple d'Israël; 12° éd. P., 1889-1893, 5 vol. in-8°. [8° U. 6540 A

Renard (A.). Traité de chimie appliquée à l'industrie. P., 1890, 8°.   [8° I. 4866 D

Renaud (A.). Collections du progrès. Notions élémentaires de droit. P. (s. d.), in-12.   [8° E. 1699 C

Renaud (G.). Le recensement de 1881. P., 1882, 8°.   [8° U. 6543 A

Renault (B.). Les plantes fossiles. P., 1888, in-16.   [8° I. 4872 A

Renault (C.). Histoire des grèves. P., 1887, in-18.   [8° I. 4872 B

Rendu (A.). Code de l'enseignement primaire obligatoire et gratuit. P., 1883, in-18.   [8° E. 1699 A

Rendu (E.). Sept ans de guerre. L'enseignement primaire libre à Paris (1880-1886). P., 1887, in-16.   [8° I. 4873 A

Renée (A.). Les princes militaires de la Maison de France. P. (s. d.), 4°.
        [4° U. 1026 A

Rengade (D' J.). Portez-vous bien. P., 1885, in-18.   [8° I. 4875 A

Rennex (A. de). L'existence du rentier. P., 1894, in-16.   [8° I. 4875 Ad

Renoir (E.). La pêche mise à la portée de tous. P. (s. d.), in-18.   [8° I. 4875 B

Renouard (A.). Les arts textiles; 2° éd. P., 1886, 8°.   [8° I. 4875 D

——— Études sur la fabrication des cordes, câbles, ficelles, filins, etc. P. (s. d.), gr. 8°.
        [4° I. 957 A

7.

Renouvier (Ch.). Victor Hugo, le poète. *P.* (s. d.). in-18.   [8° **O. 3543** + A

Répertoire du théâtre de Madame. *P.*, 1828-1833, 71 vol. in-12.   [8° **O. 3543** A

Répertoire général alphabétique du droit français. *P.*, 1886-94, 11 vol. 4°.
      [4° **E. 231** A

Responsabilités (Les) dans le conflit turco-russe. *P.*, 1877, 8°.   [8° **U. 6548** A

Résultat des campagnes scientifiques accomplies sur son yacht, par le prince Albert Iᵉʳ, prince de Monaco. *Monaco*, 1889-1893, 4 vol. fol.   [Fol. **I. 175** C

Réveillaud (Eug.). Une excursion au Sahara. *P.*, 1887, in-16.   [8° **U. 6550** B

Réveillé-Parise (J.-H.) et Carrière (Ed.). Hygiène de l'esprit. *P.* (s. d.), in-16.
      [8° **I. 4892**

Reverdin (A.). Antisepsie et asepsie chirurgicales. *P.*, 1894, 8°.   [8° **I. 4893** C

Reverdy (H.) et Burdeau (A.). Le droit usuel et l'économie politique à l'école. *P.* (s. d.), in-18.   [8° **E. 1708** C

Révolution (La) française en Hollande. La République batave. *P.*, 1894, 8°.
      [8° **U. 6551** + A

Révolution (La) française et le rabbinat français. *Avignon*, 1890, 8°. [8° **U. 6551** A

Révolution (La) française. Revue d'histoire moderne et contemporaine. *P.*, 1892-1893, 2 vol. 8°.   [8° **U. 6551** B

Revue alsacienne. *P.*, 1880-1881, 8°.
      [8° **O. 3709** + A

Revue archéologique (1862-1870). 18 volumes 8°.   [8° **I. 4894** D

Revue de famille. Directeur : Jules Simon. *P.*, 1888-1892, 5 vol. 4°.
      [4° **O. 354** C

Revue de l'Exposition universelle de 1889. *P.* (s. d.), 2 vol. fol.   [Fol. **I. 175** D

Revue (La) de Paris. I. *P.*, 1894 et s., 8°.
      [8° **O. 3856** A

Revue des chefs-d'œuvre et curiosités littéraires. *P.*, 1883-1884, 8°.
      [8° **O. 3856** B

Revue des institutions de prévoyance. *P.*, 1889, 11ᵉ liv. 8°.   [8° **I. 4895** B

Revue du Cercle militaire. *P.*, 2ᵉ année, 1887 et suiv., 4°.   [4° **I. 983** A

Revue du 14 juillet 1889. *P.*, 1889, 8° plano.   [8° **U. 6556** A

Revue encyclopédique. *P.*, 1891 et suiv., 4°.
      [4° **O. 91**

Revue universelle des inventions nouvelles. *P.*, 1888-1889, 4°.   [4° **I. 984** + A

Rey (Dʳ H.). Contribution à la géographie médicale. Le Tonkin. *P.*, 1888, 8°.
      [8° **I. 4932** Aa

Rey (J.-A.). Ferments et fermentations. *P.*, 1887, in-18.   [8° **I. 4932** A

Reynald (H.). Succession d'Espagne. Louis XIV et Guillaume III. *P.*, 1883, 2 vol. 8°.   [8° **U. 6560** B

Reynaud (L.). La France n'est pas juive; 2ᵉ éd. *P.*, 1886, in-18.
      [8° **U. 6560** C

——— Les Juifs français devant l'opinion. *P.*, 1887, in-18.   [8° **U. 6560** D

Reyner (A.). La photographie dans les appartements. *P.* (s. d.), in-12.
      [8° **I. 4942** + A

Reynier (Dʳ J.-B.). Leçons d'orthopédie. *P.*, 1889, in-16.   [8° **I. 4943** C

Riant (A.). Les irresponsables devant la justice. *P.*, 1888, in-16.   [8° **I. 4945** A

——— Le surmenage intellectuel et les exercices physiques. *P.*, 1889, in-16.
      [8° **I. 4945** Aa

Ribbentrop (Lieutʳ). Vocabulaire militaire français-allemand. *Leipzig*, 1878, in-16.
      [8° **I. 4945** B

Ribeyre (F.). La nouvelle Chambre (1889-1893). Biographie des 576 députés. *P.*, 1890, in-18.   [8° **U. 6564** B

Ribot (Th.). Les maladies de la personnalité; 2ᵉ éd. *P.*, 1888, in-18.
      [8° **I. 4947** A

——— La philosophie de Schopenhauer; 2ᵉ éd. *P.*, 1885, in-18.   [8° **I. 4948** A

Ricardon (A.). De l'idéal. *P.*, 1890, 8°.
      [8° **I. 4951** D

Riccoboni (L.). Histoire du théâtre italien. *P.*, 1728, 8°.   [8° **O. 4133** D

Richard (Ch.). Cosmogonie. Origine et fin des mondes; 4ᵉ éd. *P.* (s. d.), in-16.
      [8° **I. 4959** C

Richard (Dʳ E.). Histoire de l'hôpital de Bicêtre (1250-1791). *P.*, 1889, 8°.
      [8° **U. 6568** C

Richard (J.). La jeune armée. *P.* (s. d.), [4° **U. 1029 E**

Richard (J.-M.). Une petite nièce de saint Louis, Mahaut, comtesse d'Artois et de Bourgogne (1302-1329). *P.*, 1887, 8°. [8° **U. 6568 E**

Richard du Cantal. L'agriculture et les haras dans leurs rapports avec la puissance militaire de la France et sa richesse agricole. *P.*, 1881, 8°. [8° **I. 4957 + A**

—— Note sur l'agriculture et les remontes de l'armée. *P.*, 1887, 8°. [8° **I. 4957 A**

Richard (L.). Album illustré pour timbres-poste; 4° éd. *P.* (s. d.), 4°. [4° **U. 1029 C**

Richard (T.) et Godard fils. Manuels Roret. Manuel des jeux enseignant la science. *P.*, 1837, 2 vol. in-18. [8° **I. 4296 A**

Richardière (Dr H.). La coqueluche. *P.* (s. d.), in-16. [8° **I. 4962 + A**

Riche (Alfred) et Gelis (Ed.). L'art de l'essayeur. *P.*, 1888, in-16. [8° **I. 4962 A**

Richer. Histoire de son temps; trad. par J. Guadet. *P.*, 1845, 8°. [8° **U. 6568 G**

Richer (P.). Anatomie artistique. Description des formes extérieures du corps humain. *P.*, 1890, 2 vol. fol. [Fol. **I. 195 C**

Richet (Ch.). Essai de psychologie générale. *P.*, 1887, in-18. [8° **I. 4966 A**

Richter (E.). Où mène le socialisme; journal d'un ouvrier; publ. par P. Villard. *P.*, 1892, in-18. [8° **I. 4968 C**

Richter (J.-P.). Sur l'éducation; par Mme veuve Jules Favre. *P.*, 1886, in-18. [8° **I. 4968 D**

Rietstap (J.-B.). Armorial général; 2° éd. *Gouda*, 1884, 2 vol. 8°. [8° **U. 6571 C**

Rigord, Guillaume Le Breton. Œuvres; publ. par H.-F. Delaborde. *P.*, 1882-1885, 2 vol. 8°. [8° **U. 6571 D**

Ringelmann (M.). De la construction des bâtiments ruraux. *P.*, 1892-1893, 2 vol. in-16. [8° **I. 4974 A + a**

Rio (A.). Anatomie descriptive des formes du cheval. *P.* (s. d.), 8°. [8° **I. 4974 Aa**

Riols (J. de) [E. Santini]. L'art de cuire sans moufle. *P.* (s. d.), 8°. [8° **I. 4974 Ab**

—— La galvanoplastie apprise sans maître. *P.* (s. d.), 8°. [8° **I. 4974 Ac**

Riols (J. de) [E. Santini]. Traité des tableaux faisant illusion. *P.* (s. d.), in-16. [8° **I. 4974 Ad**

Riotor (L.) et Leofanti (G.). Le pays de la fortune (Con-Lang-Dong-Bac). *P.* (s. d.), 8°. [8° **U. 6571 F**

Ris-Paquot. Dictionnaire des poinçons... marques et monogrammes des orfèvres français et étrangers. *P.*, 1890, 8°. [8° **I. 4975 B**

—— Guide pratique du restaurateur-amateur de tableaux, etc., reliures et livres. *P.*, 1890, 8°. [8° **I. 4975 D**

—— Le livre de la femme d'intérieur. *P.* (s. d.), 8°. [8° **I. 4975 Db**

—— Le livre du propriétaire et du locataire. *P.* (s. d.), 8°. [8° **I. 4975 Dc**

—— Manière de restaurer soi-même les faïences, porcelaines, cristaux, etc.; 3° éd. *Amiens*, 1876, in-16. [8° **I. 4975 F**

—— Occupations, travaux, plaisirs de la campagne. *P.* (s. d.), 8°. [8° **I. 4975 Fa**

Risque (Du) professionnel, ou de la responsabilité des accidents. *P.*, 1890, 8°. [8° **E. 1718 C**

Rivet (G.). La recherche de la paternité. Préface par Alexandre Dumas fils; 3° éd. *P.*, 1890, in-18. [8° **E. 1718 E**

Rivière (A.). Rapport au sujet du règlement du budget de 1875. *P.*, 1886, 4°. [4° **U. 1032 B**

Robert (C.). École ou prison. Conférence. *P.*, 1874, in-18. [8° **I. 4986 C**

Robert (Karl). L'aquarelle; 3° éd. *P.*, 1885, 8°. [8° **I. 4987 A**

—— Le fusain sans maître; 4° éd. *P.*, 1879, 8°. [8° **I. 4987 Aa**

—— Le fusain sur faïence. *P.*, 1879, 8°. [8° **I. 4987 Ab**

—— Le pastel. *P.*, 1884, 8°. [8° **I. 4987 Ac**

—— Traité pratique de la gravure à l'eau-forte. *P.*, 1891, 8°. [8° **I. 4987 Ad**

—— Traité pratique de peinture à l'huile; 4° éd. *P.*, 1884, 8°. [8° **I. 4987 Ae**

Robert (P.). La poétique de Racine. *P.*, 1890, 8°. [8° **O. 4149 C**

Robert (U.). Les signes d'infamie au moyen âge. *P.*, 1891, in-16. [8° **U. 6577 A**

Robertson (W.). Histoire de la découverte de l'Amérique. *P.*, 1891, in-16.
　　　　　　　　　　　[8° U. 6589 A

—— Œuvres complètes; notice par J.-A.-C. Buchon. *P.*, 1867, 2 vol. 4°.
　　　　　　　　　　　[4° U. 1032 C

Robida (A.). La vieille France. *P.* (s. d.), 4 vol. 4°.　　　　[4° U. 1034 C

Robin (C.-C.). Voyage dans l'intérieur de la Louisiane, de la Floride occidentale et dans les îles de la Martinique et de Saint-Domingue. *P.*, 1807, 3 vol. 8°.
　　　　　　　　　　　[8° U. 6592 D

Robin (J.-B.) et **Vermorel** (V.). Vinification. Sucrage des vins; 3ᵉ éd. *P.*, 1887, 8°.
　　　　　　　　　　　[8° I. 4994 A

Robinet (É.), d'Épernay. Guide pratique du distillateur. *P.*, 1889, in-16.
　　　　　　　　　　　[8° I. 4998 ⧾ A

—— Manuel général des vins; 3ᵉ éd. *P.*, 1888, in-18.　　[8° I. 4998 + A

—— Manuel pratique d'analyse des vins; 5ᵉ éd. *P.*, 1888, in-18.　[8° I. 4998 A

Robinet (Dʳ). La philosophie positive. A. Comte et P. Laffitte. *P.* (s. d.), in-16.
　　　　　　　　　　　[8° I. 4998 Ac

Robinet de Cléry. Des droits et obligations du Parquet. *P.*, 1888, gr. 8°.
　　　　　　　　　　　[4° E. 236 A

Robinson (H.-P.). L'atelier du photographe; trad. par H. Colard. *P.*, 1888, 8°.
　　　　　　　　　　　[8° I. 4998 ⧾ B

—— De l'effet artistique en photographie; trad. par H. Colard. *P.*, 1885, 8°.
　　　　　　　　　　　[8° I. 4998 + B

Robiou (F.) et **Delaunay** (D.). Les institutions de l'ancienne Rome. *P.*, 1884-1888, 3 vol. in-18.　　　　[8° U. 6594 A

Robiquet (F.). Recherches historiques et statistiques sur la Corse. *P.*, 1835, 8°.
　　　　　　　　　　　[4° U. 1034 D

Roch (E.). L'art d'être heureux. *P.* (s. d.), 8°.　　　　[8° I. 4998 E

—— Ce que vaut une femme. *P.* (s. d.), 8°.
　　　　　　　　　　　[8° I. 4998 Ea

Rochard (Dʳ J.). L'éducation de nos filles. *P.*, 1892, in-16.　　[8° I. 4998 F

—— L'éducation de nos fils. *P.*, 1890, in-16.　　　　　[8° I. 4998 G

—— Questions d'hygiène sociale. *P.*, 1891, in-16.　　　[8° I. 4998 Gc

Rochas (A. de). Les forces non définies. *P.*, 1887, 8°.　　[8° I. 4998 H

Rochau (De). Histoire de la Restauration, trad. par Rosenwald. *P.*, 1867, in-18.
　　　　　　　　　　　[8° U. 6596 A

Roche (J.), **Develle** (J.). Projet de loi sur le tarif général des douanes. *P.*, 1891, 4°.
　　　　　　　　　　　[4° E. 236 D

—— Rapport sur le budget de 1889. *P.*, 1888, 4°.　　　[4° U. 1034 De

Rochechouart (Cᵗᵉ J. de). Excursions autour du monde. *P.*, 1879, in-18.
　　　　　　　　　　　[8° U. 6599 + A

—— Souvenirs sur la Révolution, l'Empire et la Restauration. *P.*, 1889, 8°.
　　　　　　　　　　　[8° U. 6599 A

Rochetin (E.). La Caisse nationale de prévoyance ouvrière et l'intervention de l'État. *P.*, 1894, in-18.　　[8° I. 5006 + A

Rod (E.). Dante. *P.*, 1891, 8°.
　　　　　　　　　　　[8° O. 4154 C

—— Les idées morales du temps présent. *P.*, 1891, in-16.　[8° O. 4154 Cb

—— Les grands écrivains français. Stendhal. *P.*, 1892, in-16.　[8° U. 6607 C

—— **Rodanet** (A.-H.). L'horlogerie astronomique et civile. *P.* (s. d.), 8°.
　　　　　　　　　　　[8° I. 5006 A

Rodd (R.). Frédéric III, le Prince héritier, l'Empereur. *P.*, 1888, in-18.
　　　　　　　　　　　[8° U. 6605 A

Rodier (G.). L'Orient. Journal d'un peintre. *P.*, 1889, in-18.　[8° U. 6605 B

Rodocanachi (E.). Le Saint-Siège et les Juifs. *P.*, 1891, 8°.　[8° U. 6605 E

Roger. Rapport fait à la Chambre des députés sur le budget de 1883. Ministère de l'agriculture. *P.*, 1882, 4°. [4° U. 1034 Dh

Roger (L.). Exercices faciles et petites compositions françaises. *P.* (s. d.), 8°.
　　　　　　　　　　　[8° O. 4154 E

Rollinat (M.). Le livre de la nature. *P.*, 1893, in-18.　　　[8° O. 4184 C

Romagny (Ch.), **Piales d'Axtrez.** Étude sommaire des batailles d'un siècle. *P.*, 1890, 2 vol. 4°, dont un atlas.　[4° U. 1034 G

—— Guerre franco-allemande de 1870-1871. *P.*, 1891, 8° et atlas 4°.
　　　　　　　　　　　[8° U. 6639 C
　　　　　　　　　　　[4° U. 1034 H

Romagny (Ch.), **Piales d'Axtrez**. Histoire générale de l'armée nationale, depuis Bouvines jusqu'à nos jours (1214-1892). P., 1893, in-18. [8° **U. 6639 E**

Roman (J.). Tableau historique du département des Hautes-Alpes. P., 1887-1890, 2 vol. 4°. [4° **U. 1034 L**

Romanes (G.-J.). L'intelligence des animaux. P., 1887, 2 vol. 8°. [8° **I. 5021 A**

Romberg (Ed.). Des belligérants et des prisonniers de guerre. P., 1894, 8°. [8° **E. 1733 C**

Rome, architecture publique et privée, mobilier..., trad. par O. Riemann, P., 1885, 8°. [8° **U. 6641 + A**

Romeu (J.). L'art du pianiste. P. (s. d.), in-18. [8° **I. 5021 Ac**

Ronchaud (L. de). La tapisserie dans l'antiquité. P., 1884, 8°. [8° **I. 5021 B**

Rondelet (A.). La morale de la richesse. P., 1864, in-18. [8° **I. 5021 C**

Rondot (Dr E.). Le régime lacté. P. (s. d.), in-16. [8° **I. 5021 D**

Ronna (A.). Chimie appliquée à l'agriculture. P., 1886-1888, 2 vol. 8°. [8° **I. 5021 F**

—— Les irrigations. P., 1888-1890, 3 vol. 8°. [8° **I. 5021 G**

Rood (O.-N.). Théorie scientifique des couleurs. P., 1881, 8°. [8° **I. 5021 K**

Rope (C.). Rome et Berlin. Opérations au printemps de 1888. P., 1888, 8°. [8° **U. 6641 A**

Roscher (G.). Traité d'économie politique rurale, trad. par C. Vogel. P., 1888, 8°. [8° **I. 5024 A**

Rosse (R.). Manuel pratique et juridique du commerçant. P., 1891, 8°. [8° **E. 1735 B**

Rosseeuw-Saint-Hilaire. Histoire d'Espagne. P., 1837-1841, 5 vol. 8°. [8° **U. 6647 D**

Nouv. éd., 12 vol. 8°. P., 1844-1875, 8°. [8° **U. 6647 Da**

Rossi (A.). Rabelais écrivain militaire. P., 1892, in-18. [8° **O. 4199 C**

Rossi (Dr J.). Dictionnaire de l'homme sain et de l'homme malade. 2e éd. P., 1894, in-16. [8° **I. 5026 D**

Rossignol (A.). Manuel pratique de photographie. P., 1889, 2 vol. in-18. [8° **I. 5030 B**

Rostand (E.). Les questions d'économie sociale dans une grande ville populaire. 2e éd. P., 1889, 8°. [8° **I. 5032 B**

Rothan (G.). Souvenirs diplomatiques. L'Europe et l'avènement du second Empire. P., 1892, in-18. [8° **U. 6651 ++ A**

—— La France et sa politique extérieure en 1867. P., 1887, 2 vol. 8°. [8° **U. 6651 + A**

—— La Prusse et son roi pendant la guerre de Crimée. P., 1888, 8°. [8° **U. 6651 A**

Rouaix (P.). Dictionnaire des arts décoratifs. P. (s. d.), 4°. [4° **I. 984 + B**

—— Les styles. P. (s. d.), f°. [Fol. **I. 199 A**

Roubo, Dufournet, Delbrel, Demière, Jamin (L.). L'art de la menuiserie. 6e éd. P., 1886, 2 vol. 8° et atlas f°. [8° **I. 5036 B** [Fol. **199 B** Supplément. 2e éd. P. (s. d.), 2 vol. f°.

Roubo. Traité théorique et pratique de l'ébénisterie. P., 1884, 8° et atlas f°. [8° **I. 5036 C** [Fol. **I. 199 C**

Rouché (E.). Éléments de statique graphique. P., 1889, 8°. [8° **I. 5036 D**

Rougier (L.). Instructions pratiques sur la reconstitution des vignobles par les cépages américains. 3e éd. P., 1891, in-12. [8° **I. 5036 F**

Rougon (F.). Le commerce français en Orient. Smyrne. P., 1892, 8°. [8° **U. 6654 D**

Roulliet (A.). Les habitations ouvrières à l'Exposition universelle de 1889, à Paris. P., 1889, 8°. [8° **I. 5036 I**

Rous, Schwaeblé. Arts militaires. La fabrication et la manœuvre des armes au XIXe siècle. P. (s. d.), 8°. [8° **I. 5036 L**

Rousiers (P. de). La vie américaine. P., 1892, 4°. [4° **U. 1036 + A**

Rousse (E.). Les grands écrivains français. Mirabeau. P., 1891, in-16. [8° **U. 6656 B**

Rousseau (J.-J.). Morceaux choisis, par Fallex. P., 1884, in-18. [8° **O. 4235 A**

—— Notice par L. Tarsot et A. Wissemans. P. (s. d.), in-16. [8° **O. 4235 Aa**

Rousseau (P.). Les héros de Paris. *P.* (s. d.), gr. 4°. [Fol. **U. 268** C

Rousseau (Th.). Guide pratique de reboisement. 2° éd. *Nancy*, 1890, in-16. [8° **I. 5036** N

Roussel (F.). La nouvelle législation du recrutement de l'armée. *P.*, 1891, 8°. [8° **E. 1739** C

Rousselet (L.). L'Exposition universelle de 1889. *P.*, 1890, gr. 8°. [4° **I. 984** B

—— Nos grandes écoles militaires et civiles. *P.*, 1888, gr. 8°. [4° **U. 1036** A

Rousset (C.). Les commencements d'une conquête. L'Algérie de 1830 à 1840. *P.*, 1887, 3 vol. 8°. [8° **U. 6665** A

—— Histoire de Louvois. *P.*, 1864, 4 vol. in-8°. [8° **U. 6670** A

Rousset (L.). Les combattants de 1870-1871. *P.* (s. d.), 8°. [8° **U. 6673** B

Rouvier. Projet de loi du budget de 1890. *P.*, 1889, 4°. [4° **U. 1036** D

Rouvière (F.).³ Histoire de la Révolution française dans le département du Gard. *Nîmes*, 1887, in-18. [8° **U. 6683** + A

Roux (Dʳ F.). Formulaire aide-mémoire de la Faculté de médecine. 2° éd. *P.*, 1890, in-18. [8° **I. 5038** C

Roux (Dʳ F.). Histoire des six premières années de l'École normale spéciale de Cluny. *Alais*, 1889, 8°. [8° **U. 6683** A

—— Traité pratique des maladies des pays chauds. *P.*, 1886-1888, 3 vol. 8°. [8° **I. 5038** D

Rovasenda (Cᵗᵉ J. de). Essai d'une ampélographie universelle, trad. de l'italien par MM. F. Cazalis, G. Foëx, Pierre Viala. 2° éd. *Montpellier*, 1887, 4°. [4° **I. 984** C

Roy (G.-G.). L'industrie cotonnière et les traités de commerce. Rapport. *P.*, 1890, 8°. [8° **U. 6683** B

Rozan (C.). Au terme de la vie. *P.* (s. d.), in-18. [8° **I. 5040** C

—— Petites ignorances historiques et littéraires. *P.*, 1888, 8°. [8° **O. 4238** A

Rozet (G.). Dictionnaire de la législation de la propriété. *P.*, 1890, gr. 8°. [4° **E. 239** B

Rubruquis (G. de) et **Márco Polo.** *P.*, 1888, in-16. [8° **U. 6700** A

Russie et Bulgarie. Les causes occultes de la question bulgare. 2° éd. *P.*, 1887, 8°. [8° **U. 6704** A

Russie (La) géographique, ethnologique, historique. *P.* (s. d.), 8°. [8° **U. 6704** B

S

Sabatier (C.). Rapport au sujet de la fixation du budget de 1889. Gouvernement de l'Algérie. *P.*, 1888, 4°. [4° **U. 1037** B

—— Touat, Sahara et Soudan. *P.*, 1891, 8°. [8° **U. 6705** + A

Sabine (H.). Table analytique et synthétique du « Dictionnaire raisonné de l'architecture française du xiᵉ au xviᵉ siècle», par Viollet-le-Duc. Voir **Viollet-le-Duc.** [8° **I. 5416**

Sacre et couronnement de Louis XVI. *P.*, 1775, in-4°. [4° **U. 1037** B

Saglio (A.). Maisons d'hommes célèbres. *P.*, 1893, in-16. [8° **U. 6705** Ad

Sagnier (H.). Cours d'horticulture fruitière et potagère. *P.*, 1887, in-16. [8° **I. 5050** + A

Sagot (P.). Manuel pratique des cultures tropicales et des plantations des pays chauds. *P.*, 1893, 8°. [8° **I. 5050** + Ad

Sahut (F.). Les vignes américaines, leur greffage et leur taille. *Montpellier*, 1887, in-16. [8° **I. 5050** A

Saigey (E.). Les sciences au xviiiᵉ siècle. La physique de Voltaire. *P.*, 1873, 8°. [8° **I. 5050** B

Saint-Albin (A. de). Les courses de chevaux en France. *P.*, 1890, in-16. [8° **I. 5053** C

Saint-Albin (P. de), **Durantin** (A.). Le palais de Saint-Cloud. *P.*, 1864, in-18. [8° **U. 6705** B

Saint-Allais (De). Nobiliaire universel de France. *P.*, 1872-1875, 20 vol. 8°. [8° **U. 6705** E

Saint-Amand (I. de). Les femmes des Tuileries. Marie-Amélie et la duchesse d'Orléans. *P.*, 1893, in-18. [8° **U. 6706** ++ A

Saint-Arnaud (Le maréchal de). Lettres. *P.*, 1855, 2 vol. in-8°. [8° **U. 6706** ++ Ad

Saint-Aubin (J. **de**). Histoire de la ville de Lyon. *Lyon*, 1666, fol. [Fol. **U. 269** C

Saint-Barthélemy (La). Récit extrait de l'Estoile, Brantôme, Marguerite de Navarre, de Thou, Montluc, etc. *P.*, 1853, in-16. [8° **U. 6706** ++ Adc

Saint-Didier (A.-T.-L. **de**). La ville et la république de Venise au xviie siècle. Histoire, institutions, mœurs et coutumes. *P.*, 1891, in-16. [8° **U. 6706** + A

Saint-Félix (E.-J. **de**). Anatomie, physiologie et hygiène à l'usage des gens du monde. *P.*, 1878, in-16. [8° **I. 5057** C

Saint-Foix (De). Essais historiques sur Paris. 5e éd. *P.*, 1776-1777, 7 vol. in-12. [8° **U. 6706** + Ad

Saint-Foix (G.-F.-P. **de**). Voyages dans tous les mondes. Essais historiques sur Paris et sur les Français. *P.*, 1891, in-16. [8° **U. 6706** + Ae

Saint-Genis (V. **de**). Histoire de Savoie. *Chambéry*, 1868-1869, 3 vol. in-16. [8° **U. 6706** + Ab

Saintignon (F. **de**). Le mouvement différentiel. Loi des marées. Eau, air, feu. *P.*, 1892, 4°. [4° **I. 984** D

Saintine (X.-B.). Une maîtresse de Louis XIII. 2e éd. *P.*, 1859, in-12. [8° **O. 4309** A

Saint-Juirs. La Seine à travers Paris. *P.*, 1890, 4°. [4° **U. 1037** C

Saint-Marc Girardin. Tableau de la littérature française au xvie siècle. 5e éd. *P.*, 1883, in-16. [8° **O. 4263** A

Saint-Patrice. Nos écrivains. 1re série. *P.*, 1887, in-12. [8° **U. 6708** B

Saint-Phalle (Cte E. **de**). Étude et observations théoriques et pratiques sur la viticulture et la vinification en Algérie. *P.*, 1886, 8°. [8° **I. 5061** A

Saint-Pierre (B. **de**). Paul et Virginie. *P.*, 1888, 4°. [4° **O. 388** A

Saint-Romme. L'Oisans et La Bérarde. Huit jours dans les glaciers. Conférence sur les Alpes françaises. *P.*, 1893, 8°. [8° **U. 6709** C

Saint-Saëns (C.). Harmonie et mélodie. 3e éd. *P.*, 1885, in-18. [8° **I. 5061** C

Saint-Simon. Mémoires (extraits), par C. Le Coffic et J. Tellier. *P.*, 1888, 8°. [8° **U. 6726** A

Saint-Simon. Scènes et portraits. *P.* (s. d.), 8°. [8° **U. 6726** Aa

Saint-Venant (A.-B. **de**). Saint Bénézet, patron des ingénieurs. *Bourges*, 1889, 8°. [8° **U. 6726** D

Saint-Victor (P. **de**). Le théâtre contemporain : É. Augier, A. Dumas fils. *P.*, 1889, in-18. [8° **O. 4269** B

Sainte-Palaye (La Curne de). Dictionnaire historique de l'ancien langage français. *Niort*, 1875-1882, 10 vol. 4°. [4° **O. 388** E

Saladin (E.). Éléments de tissage mécanique. *Rouen*, 1883, 4°. [4° **I. 984** E

Sallard (A.). Les amygdalites aiguës. *P.*, 1892, in-16. [8° **I. 5065** B

—— Hypertrophie des amygdales. *P.* (s. d.), in-16. [8° **I. 5065** Ba

Sallé (L.). Manuel de droit pratique, ou la loi par les écoles. *Valognes*, 1885, in-16. [8° **E. 1751** C

Salmon (C.-A.). M. Lionnet, fondateur de l'Association philotechnique. *P.*, 1886, in-12. [8° **U. 6747** A

Salmon (P.). Les races humaines préhistoriques. *P.*, 1888, 8°. [8° **I. 5065** C

Salnove (R. **de**). La Vènerie royale. *P.*, 1665, 4°. [4° **I. 984** F

Salomon (Sir D.). Les accumulateurs électriques, trad. par P. Clémenceau. *P.* (s.d.), in-16. [8° **I. 5065** F

Salon (Le) de 1889 par un assureur. *P.*, 1889, 8°. [8° **I. 5066** A

Sampité (A.). Les chemins de fer à faible trafic en France. *P.*, 1888, 8° et atlas 4°. [8° **I. 5067** A
[4° **I. 984** G

Samson (Mme J.). Temps d'épreuve. Épisodes de la vie d'une jeune fille. *P.*, 1891, 8°. [8° **O. 4312** C

—— Trop mondaine. *P.*, 1893, in-18. [8° **O. 4312** Ca

Sand (G.). Adriani. *P.*, 1886, in-18. [8° **O. 4312** H

OEuvres, sous le même numéro, savoir :

—— Les amours de l'âge d'or. Evenor et Leucippe. *P.*, 1889, in-18.

—— André. *P.*, 1887, in-18.

—— Antonia. 4e éd. *P.*, 1882, in-18.

—— Autour de la table. *P.*, 1876, in-18.

Sand (G.). Le beau Laurence. P., 1887, in-18.

—— Les beaux messieurs de Bois-Doré. P., 1890, 2 vol, in-18.

—— Cadio. P., 1889, in-18.

—— Césarine Dietrich. P., 1887, in-18.

—— Le château des Désertes. P., 1883, in-18.

—— Le compagnon du tour de France. P., 1885, 2 vol. in-18.

—— La comtesse de Rudolstadt. P., 1890, 2 vol. in-18.

—— La confession d'une jeune fille. 4ᵉ éd. P., 1890, 2 vol. in-18.

—— Constance Verrier. P., 1887, in-18.

—— Consuelo. P., 1891, 3 vol. in-18.

—— Contes d'une grand'mère. Le château de Pictordu. P., 1892, in-18.

—— Le chêne parlant. Le chien et la fleur sacrée. P., 1890, in-18.

—— La Coupe, Lupo Liverani. P., 1888, in-18.

—— Les dames vertes. P., 1892, in-18.

—— La Daniella. P., 1887, 2 vol. in-18.

—— La dernière Aldini, Myrza. P., 1882, in-18.

—— Le dernier amour. 4ᵉ éd. P., 1882, in-18.

—— Dernières pages. P., 1877, in-18.

—— Les deux frères. P., 1885, in-18.

—— Le diable aux champs. P., 1889, in-18.

—— Elle et lui. P., 1889, in-18.

—— La filleule. P., 1885, in-18.

—— Flamarande. 8ᵉ éd. P., 1882, in-18.

—— Flavie. Nouv. éd. P., 1882, in-18.

—— Francia. Un bienfait n'est jamais perdu. P., 1888, in-18.

—— L'homme de neige. P., 1892, 3 vol. in-12.

—— Horace. P., 1880, in-18.

—— Indiana. P., 1888, in-18.

—— Isidora. P., 1880, in-18.

—— Jacques. P., 1889, in-18.

Sand (G.). Jean Zyska. Gabriel. P., 1889, in-18.

—— Jeanne. P., 1892, in-18.

—— Laura. Voyages et impressions, P., 1887, in-18.

—— Légendes rustiques. Fanchette. P., 1888, in-18.

—— Lélia. P., 1881, 2 vol. in-18.

—— Lucrezia Floriani. Lavinia. P., 1888, in-18.

—— Ma sœur Jeanne. P., 1891, in-18.

—— Mademoiselle La Quintinie. 8ᵉ éd. P., 1880, in-18.

—— Mademoiselle Merquem. P., 1888, in-18.

—— Les maîtres mosaïstes. P., 1869, in-18.

—— Les maîtres sonneurs. P., 1869, in-18.

—— Malgré tout. 4ᵉ éd. P., 1876, in-18.

—— La mare au diable. P., 1891, in-18.

—— Le marquis de Villemer. P., 1890, in-18.

—— La marquise, Lavinia, Pauline, Mattea, Matella, Melchior. P., 1889, in-18.

—— Le meunier d'Angibault. P., 1890, in-18.

—— Monsieur Sylvestre. 2ᵉ éd. P., 1866, in-18.

—— Mont-Revêche. P., 1869, in-18.

—— Narcisse. P., 1884, in-18.

—— Pauline. P., 1891, in-18.

—— Le péché de Monsieur Antoine. P., 1887, 2 vol. in-18.

—— Le Piccinino. P., 1886, 2 vol. in-18.

—— Pierre qui roule. P., 1886, in-18.

—— Promenades autour d'un village. P., 1888, in-18.

—— Le secrétaire intime. Mattéa, la vallée noire. P., 1884, in-18.

—— Les sept cordes de la lyre. P., 1869, in-18.

—— Simon. La marquise. P., 1884, in-18.

—— Tamaris. P., 1890, in-18.

Sand (G.) Teverino. Leone Leoni. P., 1887, in-18.

—— Un hiver à Majorque. Spiridion. P., 1869, in-18.

—— L'Uscoque. P., 1885, in-18.

—— Valentine. P., 1869, in-18.

—— Valvèdre. P., 1884, in-18.

—— La ville noire. P., 1869, in-18.

—— Théâtre complet. P., 1877, 4 vol. in-18.   [8° O. 4320 J

Sandeau (J.). Catherine. P., 1886, in-18.   [8° O. 4320 R

—— Le château de Montsabrey. P., 1893, in-18.   [8° O. 4320 S

—— Jean de Thommeray. Le colonel Evrard. P., 1892, in-18.   [8° O. 4321 B

—— Le jour sans lendemain. Olivier, Hélène Vaillant. P., 1890, in-18.   [8° O. 4321 C

—— Mademoiselle de Kérouare. P., 1890, in-18.   [8° O. 4321 D

—— La maison de Penarvan. P., 1891, in-18.   [8° O. 4322 B

—— Sacs et parchemins. P., 1891, in-18.   [8° O. 4322 Ba

—— Un début dans la magistrature. P., 1891, in-18.   [8° O. 4322 Bb

—— Un héritage. P., 1889, in-18.   [8° O. 4322 Bc

Sander (E.-H.). Promenade de Paris au Rigi. 2ᵉ éd. P., 1889, in-18.   [8° O. 4322 F

Sanderson (E.). L'allemand sans professeur, en 50 leçons. P. (s. d.), 8°.   [8° O. 4322 H

—— L'anglais sans professeur, en 50 leçons. P. (s. d.), 8°.   [8° O. 4322 I

—— L'espagnol sans professeur, en 50 leçons. P. (s. d.), 8°.   [8° O. 4322 J

—— L'italien sans professeur, en 50 leçons. P. (s. d.), 8°.   [8° O. 4322 K

Sanlaville (F.). De la responsabilité civile de l'État en matière de postes et de télégraphes. P., 1886, 8°.   [8° E. 1754 A

Santini (E.). Le cheval. P. (s. d.), in-18.   [8° I. 5071 A

Sapiens (Dʳ P.). L'hygiène dans la famille. P. (s. d.), in-18.   [8° I. 5071 C

Saporta (A. de). Les théories et les notations de la chimie moderne. P., 1889, in-16.   [8° I. 5071 D

Saporta (Mᵠⁱˢ G. de). Origine paléontologique des arbres cultivés ou utilisés par l'homme. P., 1888, in-16.   [8° I. 5072 A

Sarran (E.). Étude sur le bassin houiller du Tonkin. P., 1888, 4°.   [4° I. 984 H

Sarraute (P.). Manuel théorique et pratique des greffiers des tribunaux. P., 1894, 8°.   [8° E. 1754 D

Sarrazin (G.). La renaissance de la poésie anglaise (1798-1889). P., 1889, in-16.   [8° O. 4325 + A

Satolli. Principes de droit public des concordats, trad. par Chazelles. P., 1889, 8°.   [8° E. 1755 A

Saucré (H.-P.). Le dessin et la peinture vitrifiables accessibles à tous, pour la décoration des vitraux d'intérieur. P., 1894, 8°.   [8° I. 5082 C

Saugnier. Relations de plusieurs voyages à la côte d'Afrique. P., 1792, in-8°.   [8° U. 6769 A

Saulcy (F. de). Voyage autour de la mer Morte et dans les terres bibliques. P., 1853, 2 vol. in-8° et atlas in-4°.   [8° U. 6769 Ad [4° U. 1041 B

Saunois de Chevert (G.). L'indigence et l'assistance dans les campagnes. P., 1889, 8°.   [8° U. 6769 B

Saussure (H.-B. de). Voyages dans les Alpes. 5ᵉ éd. P. (s. d.), in-18.   [8° U. 6769 D

Sautayra (E.), **Hugues** (H.), **Lapra** (P.). Législation de l'Algérie et de la Tunisie. P., 1883-1886, 3 vol. 4°.   [4° E. 239 D

Sauvage (E.). La machine locomotive. P., 1894, 8°.   [8° I. 5083 D

Sauvin (G.). Autour de Chicago. Notes sur les États-Unis. P., 1893, in-18.   [8° U. 6775 + A

—— Un royaume polynésien. Îles Hawaï. P., 1892, in-18.   [8° U. 6775 + Ab

Savari (Mᵐᵉ P.). La Tunisie à l'Exposition (1889). P., 1890, gr. 4°.   [4° I. 984 J

Saverien. Dictionnaire historique, théorique et pratique de marine. P., 1758, 2 vol. in-12.   [8° I. 5086 +++ A

Savigny (V.). Série pratique spéciale de

serrurerie et constructions en fer. Paraton-
nerres... *Laval*, 1887, in-18.
　　　　　　　　　　　[8° I. 5086 ++ A

Say (L.). Commission extra-parlementaire
des alcools. Rapport. *P.*, 1888, 4°.
　　　　　　　　　　　[4° E. 239 G

—— Discours à l'Académie française pour
sa réception. *P.*, 1886, 4°.　[4° U. 1041 C

—— Discours des 9 et 11 mai 1891 :
tarif des douanes. *P.*, 1891, in-32.
　　　　　　　　　　　[8° I. 5086 ++ Ac

—— Chambre des députés. Discours du
22 mars 1892 : syndicats professionnels. *P.*,
1892, 8°.　　　　　　[8° I. 5086 ++ Ad

—— Discours prononcés à Pau et à Nay
sur la politique d'apaisement. *Pau*, 1892, 8°.
　　　　　　　　　　　[8° I. 5086 ++ Ae

—— Discours: budget de 1887. *P.*, 1887,
in-18.　　　　　　[8° E. 1771 + A

—— Discours sur la Bourse du travail. *P.*,
1894, 8°.　　　　　[8° I. 5086 ++ Af

—— Discours au sujet du droit de douane
sur le blé. *P.*, 1894, 8°. [8° I. 5086 ++ Ag

—— Les grands écrivains français. Turgot.
P., 1887, in-16.　　　　[8° U. 6777 A

—— Rapports. Exposition universelle de
1889. *P.*, 1891, 4°.　　　[4° I. 984 L

—— Rapport sur le concours pour le prix
Bordin. *P.*, 1888, 8°.　　[8° I. 5086 + A

—— Sénat. Discours: impôt sur le revenu.
P., 1887, in-18.　　　　[8° E. 1771 A

—— Le socialisme d'État. Conférences. *P.*,
1884, in-18.　　　　　[8° I. 5086 A
2ᵉ éd. *P.*, 1890, in-18.　[8° I. 5086 Aa

—— Les solutions démocratiques de la
question des impôts. *P.*, 1886, 2 vol. in-18.
　　　　　　　　　　　[8° I. 5086 B

Sayn-Wittgenstein-Berlebourg (É.
de). Souvenirs et correspondance (1841-
1878). *P.*, 1888, 2 vol. 8°.
　　　　　　　　　　　[8° U. 6777 + B

—— Une famille princière d'Allemagne.
Mémoires intimes. *P.*, 1886, in-18.
　　　　　　　　　　　[8° U. 6777 B

Sayous (É.). Les deux révolutions d'An-
gleterre (1603-1689). *P.* (s. d.), 8°.
　　　　　　　　　　　[8° U. 6777 E

Schack (S.). La physionomie chez l'homme
et chez les animaux. *P.*, 1887, 8°.
　　　　　　　　　　　[8° I. 5087 ++ A

Schéfer (Mᵐᵉ G.). Méthode de coupe et
d'assemblage pour robes de femmes et vête-
ments d'enfants; 9ᵉ éd. *P.*, 1887, in-18.
　　　　　　　　　　　[8° I. 5087 + A

Schéfer (Mᵐᵉ G.) et **Amis** (Mᵐᵉ S.).
Travaux manuels et économie domestique à
l'usage des jeunes filles; 3ᵉ éd. *P.*, 1887,
in-18.　　　　　　　[8° I. 5087 A

Scherer (E.). Études sur la littérature
au xviiiᵉ siècle. *P.*, 1891, in-18.
　　　　　　　　　　　[8° O. 4333 B

Schirmer (H.). Le Sahara. *P.*, 1893, 8°.
　　　　　　　　　　　[8° U. 6785 C

Schmitt (G.) et **Simon** (C.). Manuels
Roret. Manuel de l'organiste. *P.*, 1855-1863,
2 vol. in-18.　　　　[8° I. 4336 A

Schneider (L.). L'empereur Guillaume.
Souvenirs. Trad. par Ch. Rabany. *P.*, 1888,
3 vol. 8°.　　　　　[8° U. 6794 A

Schœller (A.). Les chemins de fer et les
tramways. *P.*, 1892, in-16. [8° I. 5090 C

Schœmann (G.-F.). Antiquités grecques.
Trad. par C. Galuski. *P.*, 1884-1885,
2 vol. in-18.　　　　[8° U. 6842 C

Schopenhauer (A.). Le fondement de
la morale. Trad. par A. Burdeau; 3ᵉ éd. *P.*,
1888, in-18.　　　　[8° I. 5093 + A

—— Pensées et fragments. Trad. par
J. Bourdeau; 7ᵉ éd. *P.* 1887, in-18.
　　　　　　　　　　　[8° I. 5093 A

Schreiber (Dʳ J.). Traité pratique de
massage et de gymnastique médicale. *P.*,
1884, in-18.　　　　[8° I. 5094 B

Schuler (E.). Dislocationskarte der rus-
sischen Armee... [Carte de la répartition
de l'armée russe]; 2ᵉ éd. *Vienne*, 1889, fol.
plano.　　　　　　[Fol. U. 274 A

Schultz (J.). La neuvaine de Colette;
34ᵉ éd. *P.*, 1892, in-18.　[8° O. 4362 B

Schuré (É.). Les grandes légendes de
France. *P.*, 1892, in-16.　[8° U. 6843 B

Schuwer (Ch.). Simples notions de mo-
rale civique. Les droits et les devoirs du ci-
toyen. *P.*, 1882, in-16.　[8° I. 5105 + A

Schwab (M.). Itinéraire juif d'Espagne
en Chine au ixᵉ siècle. *P.*, 1891, 8°.
　　　　　　　　　　　[8° U. 6843 C

Schwartze (T.). Le téléphone, le micro-
phone et le radiophone. Trad. par G. Four-
nier. *P.*, 1885, in-16.　[8° I. 5105 A

Science et nature, revue internationale.
P., 1884, vol. 4°.　　　[4° I. 985 A

Scotidis (N.). L'Égypte contemporaine et Arabi Pacha. *P.*, 1888, in-18.
[8° **U. 6849 A**

Scott (W.). OEuvres; trad. Defauconpret. *P.* (s. d.), 5 vol. 8°. [8° **O. 4369 A**

—— Ivanhoé; trad. de M. P. Louisy. Dessins. *P.*, 1880, 4°. [4° **O. 389 C**

—— Kenilworth; trad. par L. Daffrey de La Monnoye. *P.*, 1881, 4°. [4° **O. 389 Ca**

—— Quentin Durward; éd. abrégée. *P.*, 1888, 4°. [4° **O. 389 D**

—— —— Trad. *P.*, 1878, 8°.
[8° **O. 4383 A**

Séailles (G.). 1452-1519. Léonard de Vinci. *P.*, 1892, 8°. [8° **U. 6849 D**

Séché (L.). Les derniers Jansénistes (1710-1870). *P.*, 1891, 3 vol. 8°.
[8° **U. 6852 D**

Sédillot (L.-A.). Histoire des Arabes. *P.*, 1854, in-12. [8° **U. 6852 Dc**

Sée (C.). Rapport fait à la Chambre des députés sur l'enseignement secondaire des jeunes filles. *Versailles*, 1879, 4°.
[4° **I. 985 Ae**

Sée (G.). Médecine clinique. *P.*, 1884-1887, 4 vol. 8°. [8° **I. 5134 A**

Sée (J.). Guerre de 1870. Journal d'un habitant de Colmar. *P.*, 1884, 8°.
[8° **U. 6852 E**

Seeber (F.). Importance économique et financière de la République Argentine. *Buénos-Ayres*, 1888, 8°. [8° **U. 6852 F**

Ségéral (Al.). Code pratique des tribunaux de simple police. *Bordeaux*, 1878-1887, 8°. [8° **E. 1776 B**

Seghers (L.). Album de lettres anciennes; 6ᵉ éd. *P.* (s. d.), 8° obl. [8° **I. 5135 A**

Séglas (J.). Des troubles du langage chez les aliénés. *P.*, 1892, in-16. [8° **I. 5135 D**

Séhé (D.) et **Strehly** (G.). Manuel des exercices physiques à l'usage des écoles primaires. *P.*, 1890, 8°. [8° **I. 5139 C**

Seignobos (Ch.). Histoire de la civilisation. *P.*, 1885-1886, 2 vol. in-18.
[8° **U. 6873 + C**

—— Histoire de la civilisation ancienne. *P.*, 1888, in-16. [8° **U. 6873 C**

—— Histoire de la civilisation au moyen âge et dans les temps modernes. *P.*, 1889, in-16. [8° **U. 6873 Ca**

Seignobos (Ch.). Histoire de la civilisation contemporaine. *P.*, 1890, in-16.
[8° **U. 6873 Cb**

—— Scènes et épisodes de l'histoire nationale. *P.*, 1891, fol. [Fol. **U. 274 C**

Seignobos (Mᵐᵉ D.). Le livre des petits ménages. *P.*, 1893, in-16. [8° **I. 5139 D**

Selden (C.). La musique en Allemagne. Mendelssohn. *P.*, 1867, in-18.
[8° **I. 5140 A**

Semenoff (E.). Enseignement secondaire. Nouvelle grammaire pratique de la langue russe. *P.* (s. d.), in-12. [8° **O. 4408 C**

Sentupéry (L.). L'Europe politique en 1892. *P.*, 1893-..., .. vol. 8°.
[8° **U. 6877 B**

—— Manuel pratique d'administration. *P.*, 1887, 2 vol. 8°. [8° **E. 1776 D**

Septans (A.). Les commencements de l'Indo-Chine. *P.*, 1887, 8°. [8° **U. 6877 C**

Ser (L.). Traité de physique industrielle. Chaleur. *P.*, 1888-1892, 2 vol. 8°.
[8° **I. 5144 + A**

Sérafon (F.). Manuel pratique de l'exploitation des chemins de fer des rues et sur routes. *P.*, 1888, in-18. [8° **I. 5144 A**

Serand (E.). Les avoines. *P.*, 1890, 8°.
[8° **I. 5145 C**

—— Étude sur les céréales. Le blé. *P.*, 1891, 2 vol. 8°. [8° **I. 5145 Ca**

Sergi (G.). La psychologie physiologique; trad. par Mouton. *P.*, 1888, 8°.
[8° **I. 5147 A**

Serguéyeff (S.). Le sommeil et le système nerveux. *P.*, 1890, 2 vol. in-8°.
[8° **I. 5147 D**

Sergy (E.). Carmen Sylva, Élisabeth, reine de Roumanie; 2ᵉ éd. *P.*, 1891, in-16.
[8° **U. 6880 D**

Série Morel. Prix de base et de règlement (sans les sous-détails). *P.*, 1888, 4°.
[4° **I. 985 B**

Seruzier (Baron). Mémoires militaires (1769-1823); publ. par Le Miere de Corvey. Illustr. *P.* (s. d.), 8°. [8° **U. 6881 + A**

Servier (Dʳ). Le Val-de-Grâce. *P.*, 1886, 8°.
[8° **U. 6881 A**

Servonnet (J.) et **Lafitte** (F.). En Tunisie. Le golfe de Gabès en 1888. *P.*, 1888, 8°.
[8° **U. 6881 B**

Sevin Desplaces (L.). Afrique et Africains. *P.* (s. d.), in-18.   [8° **U. 6881** C

Sévretté (J.). Plages normandes. Cabourg, Dives, Beuzeval, Houlgate, Villers, Le Homme, Ouistreham; 2° éd. 60 dessins et 1 carte. *P.* (s. d.), 8°.   [8° **U. 6881** D

Shéridan (R. B.). Œuvres dramatiques; trad. par Georges Duval. *P.*, 1891, in-18.
[8° **O. 4488** A

Sieyés (E.). Qu'est-ce que le Tiers-État? éd. par E. Champion. *P.*, 1888, 8°.
[8° **U. 6883** B

Silvestre (A.). La Russie. *P.*, 1892, 4°.
[4° **U. 1048** C

Siméon (R.). Dictionnaire de la langue nahuatl ou mexicaine. *P.*, 1885, fol.
[Fol. **O. 111** C

Simon (É.). L'Allemagne et la Russie au XIX° siècle. *P.*, 1893, in-18.
[8° **U. 6883** Be

—— L'empereur Guillaume et son règne. *P.*, 1886, 8°.   [8° **U. 6883** C

—— Histoire du prince de Bismarck (1847-1887); 3° éd. *P.*, 1887, 8°.
[8° **U. 6883** D

Simon (Eugène). A la femme. *P.* (s. d.), in-16.   [8° **I. 5162** B

Simon (J.) et **Simon** (G.). La femme du XX° siècle. *P.*, 1892, in-18.
[8° **I. 5164** A

Simon (J.). Mémoires des autres. *P.*, 1890, in-18.   [8° **U. 6886** B

—— Mignet, Michelet, Henri Martin. *P.*, 1890, 8°.   [8° **U. 6886** Ba

—— Nos hommes d'État; 4° éd. *P.*, 1887, in-18.   [8° **U. 6886** C

—— Notices et portraits. *P.*, 1892, 8°.
[8° **U. 6886** D

—— Souviens-toi du Deux-Décembre; 4° éd. *P.*, 1889, in-18.   [8° **U. 6889** + A

—— Victor Cousin; 2°, éd. *P.*, 1887, in-18.   [8° **U. 6890** + A

Simon (J.-P.-V.). Essai sur l'application de la loi sur le recrutement de l'armée. *P.*, 1892, 8°.   [8° **E. 1779** C

Simon (P.). Statistique de l'habitation à Paris. *P.*, 1891, 4°.   [4° **I. 987** C

Simon (D° P.-Max). Les écrits et les dessins des aliénés. *Lyon*, 1888, 8°.
[8° **I. 5172** Aa

Simon (D° P. Max). Le monde des rêves; 2° éd. *P.*, 1888, in-16.   [8° **I. 5172** B

Simonet (J.-B.). Traité élémentaire de droit public et administratif; 2° éd. *P.*, 1893, 8°.   [8° **E. 1779** F

Simons (A.). Traité pratique de photo-miniature. *P.*, 1888, in-18. [8° **I. 5175** A

Simons (G.). La baie de Seine. Le Havre et les côtes du Calvados. *P.* (s. d.), 8°.
[8° **U. 6893** D

—— Caen et ses alentours. *P.* (s. d.), 8°.
[8° **U. 6893** Da

—— Le Havre. *P.* (s. d.), 8°.
[8° **U. 6893** Db

—— Rouen et la Seine de Rouen au Havre. *P.* (s. d.), 8°.   [8° **U. 6893** Dc

Simons (T.). L'Espagne; trad. par Marcel Lemercier. *P.* (s. d.), fol.   [Fol. **U. 274** D

Sinaud (H.). Coupe des pierres. *P.*, 1890, in-16.   [8° **I. 5175** D

Sinéty (D° de). De la stérilité chez la femme et de son traitement. *P.*, 1892, in-16.
[8° **I. 5175** G

Sirey (J.-B.). Les codes annotés; 3° éd. Code civil. *P.*, 1892, 2 vol. 4°.
[4° **E. 239** J

—— —— Code de procédure civile. *P.*, 1893, 4°.   [4° **E. 239** K

Smée (A.). Géologie, botanique, histoire naturelle, culture. Mon jardin; trad. par Ed. Barbier. *P.* (s. d.), 8°. [8° **I. 5180** A

Société d'acclimatation. Extrait des statuts et règlements. *P.*, 1875, 8°.
[8° **I. 5188** + A

Société d'économie politique. *P.*, janvier 1888, in-16.   [8° **I. 5188** A

Société d'étude pratique de la question des retraites pour la vieillesse. *P.* (s. d.), 8°.
[8° **I. 5189** A

Société historique. Statuts. *P.*, 1882, in-18.   [8° **U. 6973** A

Sodar de Vaulx (M.). Les splendeurs de la Terre Sainte. *P.* (s. d.), 8°.
[8° **U. 6975** A

Sokoloff (N.). Nouveau dictionnaire français-russe et russe-français. *P.* (s. d.), 2 vol. in-16.   [8° **O. 4499** B

—— Nouvelle grammaire russe à l'usage des Français. *P.*, 1888, in-18.
[8° **O. 4499** C

Soldi (E.). Les arts méconnus. Les nouveaux musées du Trocadéro. *P.*, 1881, gr. 8°. [4° I. **990** A

Soleillet (P.). Obock, le Choa, le Kaffa. *P.* (s. d.), in-18. [8° U. **6975** B

Sollier (D' P.). Les troubles de la mémoire. *P.*, 1892, in-16. [8° I. **5189** C

Sorel (A.). Les grands écrivains français. Montesquieu. *P.*, 1887, in-16. [8° U. **6979** B

—— Les grands écrivains français. Mme de Staël. *P.*, 1890, in-16. [8° U. **6981** A

Soret (A.). Optique photographique. *P.*, 1891, in-18. [8° I. **5194** B

Sorgues (P. de) et Berthault (R.). Les raisins secs. *P.*, 1890, 8°. [8° I. **5194** C

Sorin (É.). Histoire de l'Italie, depuis 1815 jusqu'à la mort de Victor-Emmanuel. *P.*, 1888, in-18. [8° U. **6981** B

Soudak (L. de). Voyage en Crimée (côte méridionale). *P.*, 1892, in-18. [8° U. **6982** D

Soulié (F.). Le maître d'école. *P.* (s. d.), 2 tomes en 1 vol. in-18. [8° O. **4510** B

Soulier (H.). Traité de thérapeutique et de pharmacologie. *P.*, 1891, 2 vol. 8°. [8° I. **5201** C

Sourbé (T.). Le tir de chasse raisonné. *P.*, 1885, in-18. [8° I. **5201** D

Souriau (M.). Louis XVI et la Révolution. *P.* (s. d.), 8°. [8° U. **6990** D

Souriau (P.). L'esthétique du mouvement. *P.*, 1889, 8°. [8° I. **5201** E

Sous (D' G.). Hygiène de la vue. *P.*, 1883, in-18. [8° I. **5203** B

Souvenirs de la Pologne. *P.*, 1883, 4°. [4° U. **1056** C

Spencer (H.). Classification des sciences; trad. par F. Réthoré; 4° éd. *P.*, 1888, in-18. [8° I. **5222** + A

Spillmann (P.) et Haushalter (P.). Manuel de diagnostic médical et d'exploration clinique; 2° éd. *P.*, 1890, in-18. [8° I. **5233** D

Spinoza (B. de). Éthique; trad. par J.-G. Prat. *P.*, 1880-83, 2 vol. 4°. [4° I. **1002**

—— Lettres inédites, en français; trad. par J.-G. Prat; 2° éd. *P.*, 1885, in-18. [8° O. **4532** C

Spuller (E.). Au Ministère de l'instruc-

tion publique (1887). Discours. *P.*, 1888, in-16. [8° U. **7001** + A

Spuller (E.). Éducation de la démocratie. *P.*, 1892, in-18. [8° I. **5236** Ac

—— Figures disparues. Portraits contemporains. *P.* (1886), in-18. [8° U. **7001** A

—— L'évolution politique et sociale de l'Église. *P.*, 1893, in-18. [8° U. **7001** B

—— Lamennais. Étude d'histoire. *P.*, 1892, in-16. [8° U. **7001** C

—— Rapport fait à la Chambre des députés sur la liberté de l'enseignement supérieur. *Versailles*, 1879, 4°. [4° I. **1003**

Staffe (B^ne). Usages du monde. *P.*, 1889, in-18. [8° I. **5236** B

Stanley (H. M.). Cinq années au Congo (1879-1884); trad. par Gérard Harry. *P.* (s. d.), gr. 8°. [4° U. **1060** A

—— Dans les ténèbres de l'Afrique. Émin Pacha. *P.*, 1890, 2 vol. 8°. [8° U. **7010** B

—— La délivrance d'Émin Pacha. *P.*, 1890, in-16. [8° U. **7010** C

Stapfer (P.). Gœthe et ses deux chefs-d'œuvre classiques. *P.*, 1881, in-18. [8° O. **4539** D

—— Variétés morales et littéraires. *P.*, 1881, in-18. [8° I. **5237** C

Stappers (H.). Dictionnaire synoptique d'étymologie française; 2° éd. *P.* (s. d.), in-12. [8° O. **4540** A

Statesman's year-book (The), for the year 1894, edited by J. Scott Keltie. *London*, 1894, in-18. [8° U. **7012** D

Statistique agricole de la France. *Nancy*, 1887, 4°. [4° U. **1060** B

Statistique de l'enseignement primaire (1886-1887). *P.*, 1889, fol. [Fol. U. **277** A

Statistique des chemins de fer français au 31 décembre 1888. *P.*, 1892, 4°. [4° I. **1005**

Statistique des dépenses publiques d'assistance en France. *P.*, 1885, 4°. [4° E. **249** A

Statistique médicale de l'armée pendant l'année 1887. *P.*, 1889, 4°. [4° I. **1006** D

Statuts de la Société française des habitations à bon marché. *P.*, 1889, 8°. [8° I. **5237** D

Savenhagen (W.). Le russe tel qu'on le parle. *P.*, 1892, in-16. [8° **O**. 4540 B

Steeg (J.). L'édit de Nantes et sa révocation (1598-1685). *P.*, 1886, in-18. [8° **U**. 7021 C

—— La vie morale. *P.*, 1889, in-18. [8° **I**. 5237 G

Steiner (P.). Sommaire de la langue universelle. Pasilingua. *Lausanne* (s. d.), 8°. [8° **O**. 4540 C

Stevenson (R. L.). Le roman étrange en Angleterre. *P.* (s. d.), in-18. [8° **O**. 4549 B

Stiegler (G.). Le maréchal Oudinot. Ill.; 4° éd. *P.*, 1894, 8°. [8° **U**. 7029 + A

Stollon et **Henricet**. Les victimes des lois d'enregistrement. *P.*, 1892, in-16. [8° **E**. 1784 + A

Stourm (R.). Cours de finances. *P.*, 1889, 8°. [8° **E**. 1784 A

Stowe (Mᵐᵉ B.). La case de l'oncle Tom; éd. abrégée. *P.*, 1887, 4°. [4° **O**. 392 B

Strachey (Sir J.). L'Inde; trad. de J. Harmand. *P.*, 1892, 8°. [8° **U**. 7034 C

Strada (J. de). L'épopée humaine. Premier cycle des civilisations. *P.*, 1890, in-18. [8° **O**. 4555 D

Strauss (P.). Paris ignoré. *P.* (s. d.), fol. [Fol. **U**. 281 C

Stupuy (H.). Célébrités contemporaines. Henri Brisson. *P.*, 1883, in-16. [8° **U**. 7038 B

Succession (La) de Charlemagne. Charles le Chauve (840-877). *P.*, 1833, in-16. [8° **U**. 7038 C

Sue (E.). Le diable médecin... *P.*, 1884-1887, 3 vol. in-18. [8° **O**. 4561 D

—— Les fils de famille. *P.*, 1865, 3 vol. in-18. [8° **O**. 4561 E

—— Gilbert et Gilberte. *P.*, 1860, 3 vol. in-18. [8° **O**. 4561 F

—— Les sept péchés capitaux. *P.*, 1881-1886, 6 vol. in-18. [8° **O**. 4561 G

Sully (J.). Les illusions des sens et de l'esprit. *P.*, 1883, 8°. [8° **I**. 5250 A

Surcouf (B.). Un corsaire malouin. Robert Surcouf. *P.* (s. d.), 8°. [8° **U**. 7043 C

Suzel. Contes de là-bas. *P.*, 1891, in-18. [8° **O**. 4568 C

Sybil. Croquis parlementaires. *P.*, 1891, in-16. [8° **U**. 7055 C

Sylva (Carmen). Qui frappe? trad. par Robert Scheffer; 5ᵉ éd. *P.*, 1890, in-18. [8° **O**. 4570 B

Sylvin (É.). Célébrités contemporaines. Jules Ferry. *P.*, 1883, in-16. [8° **U**. 7056 A

Symonds (J. A.). Dante; trad. par Mˡˡᵉ C. Augis. *P.*, 1891, in-18. [8° **O**. 4570 D

T

Tableau général des mouvements du cabotage pendant l'année 1883. *P.*, 1884, fol. [Fol. **I**. 204 C

Tableau général du commerce de la France avec ses colonies et les puissances étrangères. *P.*, 1886, fol. [Fol. **I**. 204 D

Tables des droits de l'homme agréées par la Convention nationale (1793); 2ᵉ éd. *Liège*, 1889, fol. [Fol. **E**. 39 B

Tabourier (L.). Chambre syndicale des tissus et des matières textiles. *P.*, 1890, 8°. [8° **U**. 7058 C

Tabourot, sieur des Accords. Les bigarrures et touches. *Rouen*, 1648, 8°. [8° **O**. 4572 C

Taillandier (A. de). Manuel-formulaire des officiers de l'état civil. *P.*, 1891, 8°. [8° **E**. 1786 C

Tailliar. Chroniques de Douai. *Douai*, 1875-1877, 3 vol. 8°. [8° **U**. 7069 D

Tait (L.). Traité clinique des maladies des femmes; trad. par le Dʳ A. Bétrix. *P.*, 1891, 8°. [8° **I**. 5260 + A

Talamon (Ch.). Appendicite et pérityphlite. *P.*, 1892, in-16. [8° **I**. 5260 + Ac

Tallemant des Réaux. Historiettes. *P.*, 1860, 8°, t. II-IX. [8° **U**. 7078 H

Talleyrand (De). Correspondance diplomatique. Le ministère de Talleyrand sous le Directoire. *P.*, 1891, 8°. [8° **U**. 7085 D

—— Mémoires; publ. par le duc de Broglie. *P.*, 1891-1894, 4 vol. 8°. [8° **U**. 7086 A

Talmor (J.). Critique et esquisses. La poésie philosophique. *P.*, 1890, in-18. [8° **O**. 4588 A

Talmud de Jérusalem; trad. par M. Schwab. P., 1871-1890, 11 vol. gr. 8°. [4° A. 190 B

Talon (O.). Mémoires. *La Haye*, 1732, 8 vol. in-12. [8° U. 7086 B

Tandonnet (A.). Castille, Andalousie, Grenade. Vues et souvenirs. P., 1890, in-16. [8° U. 7086 C

Tanneguy de Wogan (B°ᵘ). Manuel de l'homme de mer; 4ᵉ éd. P., 1894, in-18. [8° I. 5260 D

Tannenberg (B. de). La poésie castillane contemporaine. P., 1889, in-18. [8° O. 4588 B

Tanon (L.). Histoire des tribunaux de l'Inquisition en France. P., 1893, 8°. [8° U. 7086 H

Taquet (P.). Universel-vinicole. Les boissons dans le monde entier. P. (1889), in-18. [8° I. 5261 C

Tarbé (T.). Recherches historiques et anecdotiques sur la ville de Sens; 2ᵉ éd. P., 1888, fol. [Fol. U. 286 B

Tarde (G.). La criminalité comparée. P., 1886, in-18. [8° I. 5261 E

—— Les transformations du droit. Étude sociologique. P., 1893, in-18. [8° E. 1787 + A

Tarif général des douanes. P., 1892, 4 vol. fol. [Fol. E. 39 E

Tarsot (L.). Les écoles et les écoliers à travers les âges. P., 1893, 4°. [4° U. 1061 D

Tarsot (L.) et **Charlot** (M.). Études biographiques et critiques sur les textes d'explication du brevet supérieur (1894-1896). P. (s. d.), in-16. [8° O. 4590 B

—— —— Les palais nationaux. P. (s. d.), 8°. [8° U. 7089 B

Tassart (A.). Le prince de Karaouloff. Roman de mœurs russes. P., 1888, in-16. [8° O. 4590 C

Tassart (C.-L.). Les matières colorantes et la chimie de la teinture. P., 1890, in-18. [8° I. 5269 C

Tastevin (A.-F.). Guide du voyageur en Russie. Saint-Pétersbourg et Moscou. *Moscou* (s. d.), in-16. [8° U. 7092 C

Taylor (Le baron). Voyages pittoresques et romantiques dans l'ancienne France. P., 1820-1845, fol. [Fol. U. 287 C

Tcheng-ki-Tong (G⁴¹). Les Chinois peints par eux-mêmes. Contes chinois. P., 1889, in-18. [8° O. 4593 C

Teisseire (É.). La transportation pénale et la relégation. P., 1893, 8°. [8° E. 1787 + Ac

Tellier (Ch.). La conquête pacifique de l'Afrique occidentale par le soleil. P., 1890, 8°. [8° I. 5273 C

Tellier (G.). Formulaire d'audience du président d'assises. P., 1894, gr. 8°. [4° E. 249 D

Tempérance (La). Bulletin. P., 1873-1888, 15 vol. 8°. [8° I. 5273 F

Tenicheff (W.). L'activité des animaux; trad. par M. Gourovitch. P., 1890, 8°. [8° I. 5273 H

Terrier (F.) et **Péraire** (M.). Petit manuel d'anesthésie chirurgicale. P., 1894, in-16. [8° I. 5276 B

—— —— Petit manuel d'antisepsie et d'asepsie chirurgicales. P., 1893, in-16. [8° I. 5276 C

Terrière (A.). Manuels Roret. Manuel du calculateur. P. (s. d.), in-18. [8° I. 4218 B

—— Manuels Roret. Manuel du capitaliste. P., 1860, in-18. [8° I. 4223 + A

Tessé (Maréchal de). Lettres; publ. par le comte de Rambuteau. P., 1888, 8°. [8° O. 4594 C

Tessier (J.). Étienne Marcel. P. (s. d.), 8°. [8° U. 7109 C

Texier (C.). Au pays des généraux. Haïti. P., 1891, in-18. [8° U. 7110 B

Texte officiel de la nouvelle loi municipale du 5 avril 1884. P., 1884, 8°. [8° E. 1788 C

Thamin (R.). Éducation et positivisme. P., 1892, in-18. [8° I. 5277 + A

Théâtre des petits appartements. I. Recueil des comédies et ballets représentés sur le Théâtre des petits appartements pendant l'hiver de 1747 à 1748 (s. l. n. d.), 8°. [8° O. 3505 C

Théâtre français au moyen âge, publ. par MM. L.-J.-N. Monmerqué et Francisque Michel (xiᵉ-xivᵉ siècle). P., 1879, gr. 8°. [4° O. 398 A

Thénot. La miniature mise à la portée de toutes les intelligences, nouv. éd. P. (s. d.), 8°. [8° I. 5277 Aa

8

Thénot. Le pastel appris sans maître ou l'art chez soi; nouv. éd. *P.* (s. d.), 8°.
[8° **I. 5277** Ab

—— Les règles complètes du paysage mises à la portée de toutes les intelligences; nouv. éd. *P.* (s. d.), 8°.   [8° **I. 5277** Ac

—— Les règles de la peinture à l'huile d'après les traditions des grands maîtres anciens et modernes. *P.* (s. d.), 8°.
[8° **I. 5277** Ad

—— Les règles de la perspective pratique mises à la portée de toutes les intelligences. *P.* (s. d.), 8°.   [8° **I. 5277** Ae

—— Les règles du lavis et de la peinture à l'aquarelle, appliquées au paysage, au lavis de l'architecture et du plan, à la topographie. *P.* (s. d.), 8°.   [8° **I. 5277** Af

—— Les règles du lavis et de la peinture à l'aquarelle appliquées aux fleurs et aux fruits et précédées d'un traité de la manière de dessiner et ombrer ce genre au crayon et à l'estompe. *P.* (s. d.), 8°.   [8° **I. 5277** Ag

—— Tableau des couleurs pour peindre à l'huile et à l'aquarelle. *P.* (s. d.), fol. plano dans un étui in-16.   [8° **I. 5277** Ah

Théocrite. Idylles; trad. par Firmin-Didot. *P.*, 1833, 8°.   [8° **O. 4608** C

Théroulde. La chanson de Roland; trad. par Léon Gauthier; 10ᵉ éd. *Tours*, 1881, 8°.
[8° **O. 4611** A

Therrode (L.). Manuel du serrurier. *P.* (s. d.), in-16.   [8° **I. 5277** D

Theuriet (A.). Le bracelet de turquoise. *P.*, 1890, in-18.   [8° **O. 4612** B

—— Le secret de Gertrude. *P.*, 1890, 4°.
[4° **O. 398** D

Thévenin (É.) et **Varigny** (H. de). Dictionnaire abrégé des sciences physiques et naturelles. *P.*, 1889, in-18.
[8° **I. 5278** B

Thibalt (A.). Glossaire du pays blaisois. *Blois* (s. d.), 8°.   [8° **O. 4612** Bd

Thierry (Am.). Histoire de la Gaule sous la domination romaine; 5ᵉ éd. *P.*, 1879, 2 vol. in-16.   [8° **U. 7128-29**

Thierry (Aug.). Dix ans d'études historiques. *P.*, 1883, in-18.   [8° **U. 7152** A

—— Essai sur l'histoire de la formation et des progrès du Tiers État. *P.*, 1883, in-18.
[8° **U. 7152** Aa

Thierry (É.). La guérison de la rage par M. L. Pasteur. *Auxerre*, 1886, 8°.
[8° **I. 5278** C

Thierry-Mieg (Ch.). Alliance syndicale pour la défense des intérêts généraux du commerce et de l'industrie. Rapport fait au nom de la Commission des douanes. *P.* (s. d.), 4°.   [4° **I. 1008** C

—— Enseignement professionnel. Conférence sur les tissus chez les différents peuples. *P.*, 1887, in-18.   [8° **I. 5278** E

Thiers. Du droit de propriété, 1ʳᵉ partie. *P.*, 1848, in-18.   [8° **E. 1790** C

Thiéry (E.). Restauration des montagnes, correction des torrents, reboisement. *P.*, 1891, 8°.   [8° **I. 5279** C

Thilo (Mˡˡᵉ M. de). L'hygiène de la femme. *P.*, 1891, in-16.   [8° **I. 5280** D

Thimm (F.). La langue anglaise sans maître; nouv. éd. *Londres* (s. d.), in-16.
[8° **O. 4612** C

Thiriat (N.). L'officier de police judiciaire. *Pont-à-Mousson*, 1893, in-16.
[8° **E. 1790** B

Thirion, de Metz (A.). Souvenirs militaires. *P.*, 1892, in-12.   [8° **U. 7203** D

Thiverçay (R. de). Les chroniques de Bas-Poitou (1885). *P.*, 1886-1888, 2 vol. in-18.   [8° **U. 7204** B

Thomas. Œuvres complètes. V. *P.*, an x, 1802, 8°.   [8° **O. 4614** A

—— Œuvres posthumes. *P.*, 1802, 2 vol. 8°.   [8° **O. 4614** Aa

Thomas (G.). Du Danube à la Baltique. *P.*, 1888, in-16.   [8° **U. 7204** D

Thomas (S.-F.). Étude sur les tulles et les dentelles; 2ᵉ éd. *P.*, 1886, 8°. [8° **I. 5286** A

Thomson. Rapport sur le budget de 1882. Ministère de l'intérieur : Algérie. *P.*, 1881, 4°.   [4° **U. 1063** D

Thorlet (L.). Administration et comptabilité des bureaux de bienfaisance. *P.*, 1888, 8°.   [8° **E. 1791 +** A

—— Régime financier et comptabilité des communes. *P.*, 1887, 8°.   [8° **E. 1791** A

—— Traité des travaux communaux, à l'usage des maires. *P.*, 1894, 8°.
[8° **E. 1791** Aa

Thouar (A.). Explorations dans l'Amérique du Sud. *P.*, 1891, in-16.
[8° **U. 7205** D

Thoumas (G⁵¹). Causeries militaires (1888, 1890, 1891). *P.*, in-18.
[8° **I. 5287 C**

—— Le livre du soldat. Vertus guerrières. *P.*, 1891, in-16. [8° **I. 5287 D**

—— Le maréchal Lannes. *P.*, 1891, 8°.
[8° **U. 7205 De**

—— Mes souvenirs de Crimée (1854-1856). *P.* (s. d.), 8°. [8° **U. 7205 Df**

—— Les transformations de l'armée française. *P.*, 1887, 2 vol. 8°. [8° **U. 7205 F**

Thouvenel, Gramont (duc de) et **Flahault** (cᵗᵉ de). Le secret de l'Empereur, correspondance confidentielle et inédite (1860-1863). *P.*, 1889, 2 vol. 8°.
[8° **U. 7208 ++ A**

Thuillier (L.). Les vingt arrondissements de Paris. *P.*, 1889, in-16.
[8° **U. 7208 + A**

Thulié (Dʳ H.). La femme. *P.*, 1885, 8°.
[8° **I. 5287 E**

Thureau-Dangin (P.). Le parti libéral sous la Restauration; 2ᵉ éd. *P.*, 1888, in-18.
[8° **U. 7208 B**

—— Royalistes et républicains; 2ᵉ éd. *P.*, 1888, in-18. [8° **U. 7210 B**

Thuriet (C.). Proverbes judiciaires. *P.* (s. d.), 8°. [8° **O. 4616 B**

Thurston (R. H.). Études sur le frottement, le graissage des machines et les lubrifiants. *P.*, 1887, in-16. [8° **I. 5287 F**

Tiersot (J.). Histoire de la chanson populaire en France. *P.*, 1889, 8°.
[8° **O. 4620 + A**

—— Musiques pittoresques. Promenades musicales à l'Exposition de 1889. *P.*, 1889, 8°.
[8° **I. 5289 C**

—— Rouget de Lisle. *P.*, 1892, in-18.
[8° **U. 7210 Ce**

Tillaux (P.). Traité de chirurgie clinique; 2ᵉ éd. *P.*, 1891, 2 vol. 8°.
[8° **I. 5289 F**

Tinayre (V.). Edgar Quinet et Alfred de Musset enfants. *P.*, 1880-1881, in-18.
[8° **I. 5290 C**

—— Raspail, Michelet enfants. *P.*, 1881, in-18. [8° **I. 5290 D**

Tinseau (L. de). Du Havre à Marseille par l'Amérique et le Japon. *P.*, 1891, in-18.
[8° **U. 7210 De**

Tinseau (L. de). Faut-il aimer? 18ᵉ éd. *P.*, 1892, in-18. [8° **O. 4620 A**

Tissandier (A.). Six mois aux États-Unis. *P.* (1887), 8°. [8° **U. 7210 E**

—— Voyage autour du monde (1887, 1890, 1891). *P.*, 1892, fol.
[Fol. **U. 288 D**

Tissandier (G.). L'Océan aérien. *P.*, 1884, 8°. [8° **I. 5294 ++ B**

—— La photographie en ballon. *P.*, 1886, 8°. [8° **I. 5294 + B**

—— Recettes et procédés utiles; 2ᵉ éd. *P.* (s. d.), in-18. [8° **I. 5294 B**

—— Les récréations scientifiques. La physique sans appareils et la chimie sans laboratoire; 6ᵉ éd. *P.* (s. d.), 8°. [8° **I. 5295 A**

—— La tour Eiffel de 300 mètres; nouv. éd. *P.*, 1889, 8°. [8° **I. 5295 B**

Tissié (Dʳ Ph.). Guide du vélocipédiste pour l'entraînement, la course et le tourisme; 2ᵉ éd. De l'hygiène du vélocipédiste. *P.*, 1893, in-18. [8° **I. 5295 + D**

—— Les rêves. *P.*, 1890, in-18.
[8° **I. 5295 D**

Tissot (C.) et **Reinach** (S.). Exploration scientifique de la Tunisie. *P.*, 1884-1888, 2 vol. et atlas 4°. [4° **U. 1081 A**

Tissot (E.). Les évolutions de la critique française. *P.*, 1890, in-16. [8° **O. 4620 B**

Tissot (J.). Carte géologique provisoire de la province de Constantine et du cercle de Bou-Saada au 1/800,000°, avec texte explicatif. *Alger*, 1881, fol. et 1 vol. de texte 8°.
[8° **U. 7210 F**
[Fol. **U. 288 G**

Tissot (V.) et **Maldague** (G.). La prisonnière du Mahdi. *P.*, 1891, 8°.
[8° **O. 4620 D**

Tissot (V.). La Suisse inconnue; 12ᵉ éd. *P.*, 1888, in-18. [8° **U. 7211 + A**

—— Un hiver à Vienne. Vienne et la vie viennoise. *P.*, 1888, 8°. [8° **U. 7211 A**

—— Voyage aux pays annexés. Suite et fin du Voyage au pays des milliards; 27ᵉ éd. *P.*, 1884, 8°. [8° **U. 7213 A**

Todière. L'Autriche sous Marie-Thérèse. *Rouen*, 1881, 8°. [8° **U. 7217 C**

Todleben (E. de). Défense de Sébastopol. *Saint-Pétersbourg*, 1863, 8°.
[4° **U. 1083 D**
[Fol. **U. 289 D**

8.

Tolstoï (Cte L.). Au Caucase; trad. E. Halpérine-Kaminsky; 2e éd. *P.*, 1888, in-16.
[8° **O**. 4637 + A

——— Le chant du cygne; trad. par E. Halpérine-Kaminsky. *P.*, 1889, in-16.
[8° **O**. 4637 A

——— Les Décembristes; trad. par B. Tseytline et E. Jaubert. *P.*, 1889, in-18.
[8° **O**. 4637 Ac

——— Les progrès de l'instruction publique en Russie; trad. par B. Tseytline et E. Jaubert. *P.*, 1890, in-18. [8° **I**. 5299 C

Tolstoï (L.), **Bondareff** (T.). Le travail; trad. par B. Tseytline et A. Pagès. *P.* (s. d.), in-18. [8° **I**. 5299 D

Tomel (Guy), **Rollet** (H.). Les enfants en prison. *P.*, 1892, in-18. [8° **I**. 5300 C

Toubin (C.). Dictionnaire étymologique et explicatif de la langue française et spécialement du langage populaire. *P.*, 1886, 8°.
[8° **O**. 4639 A

Tourguéneff (I.). Scènes de la vie russe; trad. X. Marmier; 2e éd. *P.*, 1887, in-16.
[8° **O**. 4639 B

Tourmente (H.). Manuel des institutions de prévoyance. *P.*, 1886, 8°.
[8° **I**. 5303 C

Tours (Constant de). Guide-album du touriste. Vingt jours à Paris. *P.* (s. d.), 8° obl.
[8° **O**. 7236 B

——— ——— Vingt jours d'Étretat à Ostende. Haute Normandie, plages du Nord. *P.* (s. d.), 8° oblong. [8° **U**. 7236 C

——— ——— Vingt jours du Havre à Cherbourg. Rouen, Basse Seine, côtes normandes. *P.* (s. d.); 8° obl. [8° **U**. 7236 Ca

——— ——— Vingt jours sur les côtes de l'Océan. De la Loire à la Gironde. *P.* (s. d.), 8° obl. [8° **U**. 7236 C + b

——— ——— Vingt jours sur les côtes de Normandie et de Bretagne et à l'île de Jersey. *P.* (s. d.), 8° obl. [8° **U**. 7236 Cb

Toustain (F.). Manuels Roret. Manuel de la fabrication des tissus de toute espèce. *P.*, 1859, 2 vol. in-18 et atlas gr. 8°.
[8° **I**. 4382 + A

Tout-Paris. Annuaire de la société parisienne (1887, 1893, 1894). *P.*, 1887 et suiv., 8°. [8° **U**. 7238 C

Towne (G.). Traité d'astronomie pratique pour tous. *P.*, 1890, in-18.
[8° **I**. 5307 B

Trabut (L.). Précis de botanique médicale. *P.*, 1891, in-16. [8° **I**. 5308

Traditions indiennes du Canada nord-ouest. Textes et trad. par E. Petitot. *Alençon*, 1887, 8°. [8° **O**. 4639 E

Traité de chirurgie, publ. sous la direction de S. Duplay, P. Reclus. *P.*, 1890-1892, 8 vol. gr. 8°. [4° **I**. 1013

Traité des Berakhoth du Talmud; trad. par M. Schwab. *P.*, 1871, gr. 8°.
[4° **A**. 190 B

Tréfeu (É.). Nos marins. Vice-amiraux, contre-amiraux, officiers généraux des troupes de la marine et des corps entretenus. *P.*, 1888, 8°. [8° **U**. 7240 B

Trémery (F.). Manuels Roret. Manuel de l'orthographiste; 2e éd. *P.*, 1833, in-12. [8° **I**. 4338 A

Trente-deux (Les) récits du trône (Batris-sinhasan); trad. par Léon Feer. *P.*, 1883, in-18. [8° **O**. 4639 F

Trésor de numismatique et de glyptique. *P.*, 1834-1850, fol. [Fol. **U**. 297 + A

Trésorerie et contributions directes. Examen critique de divers projets de réorganisation de ces deux services. *P.*, 1888, 8°.
[8° **I**. 5310 A

Trillat. Les produits chimiques employés en médecine. *P.*, 1894, in-18.
[8° **I**. 5310 D

Trivier (E.). Mon voyage au continent noir. *P.*, 1891, in-18. [8° **U**. 7241 C

Troisfontaines (Dr P.). Manuel d'antisepsie chirurgicale. *P.*, 1888, 8°.
[8° **I**. 5311 A

Trouessart (Dr E.-L.). La géographie zoologique. *P.*, 1890, in-16. [8° **I**. 5312 B

——— La thérapeutique antiseptique. *P.* (s. d.), in-16. [8° **I**. 5312 C

Troulhias (N.). Andrinople. *P.*, 1877, in-12. [8° **U**. 7243 C

Trousseau (Dr A.). Guide pratique pour le choix des lunettes. *P.*, 1891, in-18.
[8° **I**. 5315 A

——— Ophtalmologie. Hygiène de l'œil. *P.* (s. d.), in-16. [8° **I**. 5315 Ac

——— Travaux d'ophtalmologie. *P.*, 1891, 8°. [8° **I**. 5319 A

Trousset (J.). Nouveau dictionnaire encyclopédique universel illustré. *P.* (s. d.), 5 vol. gr. 4°. [Fol. **O**. 112 A

Truelle (A.). L'art de reconnaître les fruits de pressoir (pommes et poires). P., 1893, in-18. [8° I. 5319 D

Tsakni (N.). La Russie sectaire. P. (1888), in-18. [8° U. 7244 A

Tuetey (A.). Répertoire général des sources manuscrites de l'histoire de Paris pendant la Révolution française. T. I. P., 1890, 4°. [4° U. 1089 + B

Turck (Dr L.). Médecine populaire; 5e éd. P. (s. d.), in-16. [8° I. 5321 C

Turquan (J.). Les héros de la défaite (livre d'or des vaincus). Récits de la guerre de 1870-1871. P., 1888, in-16. [8° U. 7256 C

Turquan (V.). Guide pratique des jeunes gens des deux sexes dans le choix d'une carrière. P., 1893, in-18. [8° I. 5321 D

—— Répartition géographique et densité de la population en France. Nancy, 1886, gr. 8°. [4° U. 1089 B

Typaldo-Bassia (A.). Les assurances sur la vie au point de vue théorique et pratique. P., 1892, 8°. [8° E. 1841 B

U

Ubicini (A.). Les origines de l'histoire roumaine. P., 1886, in-12. [8° U. 7259 C

Uebelhart. Grammaire théorique-pratique de la langue italienne. Avignon, 1889, in-16. [8° O. 4639 G

Uffelmann (J.). Traité pratique d'hygiène de l'enfance; trad. par le Dr G. Boehler. P., 1889, 8°. [8° I. 5323 B

Ulbach (L.). Célébrités contemporaines. Paul Meurice. P., 1883, in-16. [8° U. 7260 A

—— —— Auguste Vacquerie. P., 1883, in-16. [8° U. 7260 Aa

—— La Csárdás. Notes et impressions d'un Français en Autriche-Hongrie, en Roumanie, en Angleterre, en Italie, en Suisse, en Belgique, en Hollande, en France. P., 1888, in-18. [8° U. 7266 A

Ulrich (F.). Traité général des tarifs de chemins de fer. P., 1890, 8°. [8° I. 5326 B

Un Anglais à Paris; trad. par J. Hercé. P., 1893, 2 vol. in-18. [8° U. 7269 C

Une famille républicaine. Les Carnot (1754-1887), par un député. P., 1888, in-18. [8° U. 7339 C

Une femme missionnaire. Souvenirs de la vie et de la mort de Mme Coillard, recueillis par Mme C. Rey; 2e éd. P. (s. d.), in-16. [8° U. 7339 E

Urbanitzky (A. d'). Les lampes électriques et leurs accessoires; trad. par G. Fournier. P., 1885, in-16. [8° I. 5327 A

Usages locaux dans Paris. P., 1891, 8°. [8° E. 1841 C

Uzanne (O.). Nos amis les livres. Causeries sur la littérature curieuse et la librairie. P., 1886, in-18. [8° O. 4642 A

—— Les zigzags d'un curieux. Causeries sur l'art des livres et la littérature d'art. P., 1888, in-18. [8° O. 4642 Aa

V

Vacher (Dr L.). Manuel pratique des maladies des yeux. P., 1890, in-18. [8° I. 5328 B

Vachon (M.). Les artistes célèbres. Philibert de l'Orme. P. (s. d.), 4°. [4° U. 1091 C

—— La crise industrielle et artistique en France et en Europe. P. (s. d.), in-18. [8° I. 5332 C

—— Les marins russes en France. P. (1893), 4°. [4° U. 1091 D

Vade mecum de l'étudiant en médecine pour l'année scolaire 1877-1878. P., 1877, in-18. [8° I. 5332 F

Vaillant (J.). Numismata imperatorum Romanorum præstantiora. Romæ, 1743-1744, 3 vol. in-4°. [4° U. 1091 G

Valabrègue (A.). Les artistes célèbres. Abraham Bosse. P. (1892), 4°. [4° I. 1015 Ac

Valette (A.). Manuel pratique du lithographe. P., 1891, 8°. [8° I. 5334 C

Valette (M.). Les révolutions de l'art. Lettre-préface de M. Gérome. *Bordeaux*, 1890, 4°. [4° I. 1015 B

Valfrey (J.). La diplomatie française au xvii° siècle. Hugues de Lionne. *P.*, 1877-1881, 2 vol. 8°. [8° U. 7342 A

Vallat (G.). Études d'histoire, de mœurs et d'art musical sur la fin du xviii° siècle et la première moitié du xix° siècle. *P.*, 1890, in-18. [8° U. 7342 D

Vallée (L.). La Bibliothèque nationale. Choix de documents pour servir à l'histoire de l'établissement et de ses collections. *P.*, 1894, 8°. [8° O. 4649 A

Vallery-Radot (R.). Mme de Sévigné. *P.*, 1888, in-18. [8° U. 7346 A

—— Un coin de Bourgogne (le pays d'Avallon). *P.*, 1893, in-18. [8° U. 7346 B

Valton (E.). Le dessin théorique et pratique. *P.* (s. d.), 4°. [4° I. 1015 C

Van Bruyssel (E.). Les États-Unis mexicains; 2° éd. *Bruxelles*, 1880, 8°. [8° U. 7348 C

—— La République Argentine; nouv. éd. *Bruxelles*, 1889, 8°. [8° U. 7348 E

—— La République orientale de l'Uruguay. *Bruxelles*, 1889, 8°. [8° U. 7348 G

—— Scènes de la vie des champs et des forêts aux États-Unis. *P.* (s. d.), in-18. [8° O. 4650 B

Van Delden Laërne (C.-E.). Le Brésil et Java. Rapport sur la culture du café en Amérique, Asie et Afrique. *La Haye*, 1885, 8°. [8° I. 5351 + A

Van Den Berg. Alexandre. *P.*, 1881, in-16. [8° U. 7349 Ac

—— Jules César. *P.*, 1881, in-18. [8° U. 7349 B

—— Napoléon Ier. *P.*, 1882, in-18. [8° U. 7349 Ba

Van Driesten (J.). Armorial national des villes de France. *P.*, 1889, fol. plano. [Fol. U. 297 A

Van Eys (W. J.). Dictionnaire basque-français. *P.*, 1873, 8°. [8° O. 4650 C

Van Heurck (Dr H.). Le microscope; 4° éd. *Anvers*, 1891, 4°. [4° I. 1015 F

Van Wetter (R.). L'artillerie de campagne en France. *Bruxelles*, 1886, 8°. [8° I. 5352 B

Van Wetter (R.). L'éclairage électrique à la guerre. *P.*, 1889, 2 vol. 8°. [8° I. 5352 C

Vandal (A.). Napoléon et Alexandre Ier. L'alliance russe sous le premier Empire; 2° éd. *P.*, 1891-1893, 2 vol. 8°. [8° U. 7349 A

Vaquines (D^r) [Dr Gessner]. Dictionnaire de médecine usuelle; 16° éd. *P.*, 1891, in-16. [8° I. 5352 E

Varambon. Rapport fait à la Chambre des députés sur le budget de 1882. Ministère de la justice. *P.*, 1881, 4°. [4° U. 1100 B

Varigny (C. de). La femme aux États-Unis. *P.*, 1893, in-18. [8° U. 7356 + A

—— Nouvelle géographie des cinq parties du monde. *P.* (s. d.), 5 vol. 4°. [4° U. 1100 D

—— L'Océan Pacifique. *P.*, 1888, in-16. [8° U. 7356 A

—— Charles Darwin. *P.*, 1889, in-16. [8° U. 7356 B

—— Curiosités de l'histoire naturelle. *P.* (s. d.), in-18. [8° I. 5352 F

Variot (Dr G.). Vulgarisation scientifique. Le médecin des enfants. *P.* (s. d.), 8°. [8° I. 5352 H

Vars (J.). L'art nautique dans l'antiquité et spécialement en Grèce, d'après A. Breusing. *P.*, 1887, in-16. [8° I. 5352 I

Vasili (Cte P.). La Sainte Russie. *P.*, 1890, 4°. [4° U. 1101 D

Vasselon (F.). Carnet du conducteur de travaux; 7° éd. *P.*, 1886, in-12. [8° I. 5352 J

Vatout (J.). Histoire du Palais-Royal. *P.*, 1830, 8°. [8° U. 7384 D

—— Histoire lithographiée du Palais-Royal. *P.* [1834], fol. [Fol. U. 297 Ad

Vattier (G.). Une famille d'artistes. Les Dumont (1660-1884). *P.*, 1890, 8°. [8° U. 7392 ++ A

Vauban. Dîme royale. *P.* (s. d.), in-32. [8° I. 5356 A

Vaucaire (Dr R.). Formulaire moderne. *P.*, 1892, in-18. [8° I. 5356 C

Vauchelle. Cours d'administration militaire; 3° éd. *P.*, 1854, 3 vol. 8°. [8° I. 5359 B

Vauchez (E.). La terre. *P.*, 1893, 2 vol. 8°. [8° I. 5359 C

—— Manuel d'instruction nationale. *P.*, 1885, in-16. [8° I. 5359 D

Vaudreuil (C* de), **Artois** (c* d'). Correspondance intime pendant l'émigration (1789-1815); publ. par L. Pingaud. *P.*, 1889, 2 vol. 8°. [8° U. 7392 + A

Vault (F.-E. de). Les guerres des Alpes. Guerre de la succession d'Autriche (1742-1748). *P.*, 1892, 2 vol. 8°. [8° U. 7400 C

Vaux (L.). La Palestine. *P.*, 1883, gr. 8°. [4° U. 1102 A

Vavasseur (A.), **Vavasseur** (J.). Commentaire de la loi du 1er août 1893 sur les sociétés par actions, servant de supplément au Traité des sociétés civiles et commerciales. *P.*, 1894, 8°. [8° E. 1853

Vedrenne (P.). Fauteuils de l'Académie française. Études biographiques et littéraires. *P.* (s. d.), 4 vol. 8°. [8° U. 7403 + A

Veling (A.). Petit guide français-allemand à l'usage de l'officier français. *P.*, 1888, in-32. [8° I. 5361 B

Vélocipédie (La) pour tous, par un vétéran. *P.*, 1892, 8°. [8° I. 5361 D

Verd, Raynal. Dictionnaire des ports maritimes, avec l'indication des puissances auxquelles ils appartiennent, et de leur classement d'après le régime douanier français. *Marseille*, 1888, gr. in-4°. [Fol. U. 297 B

Verdalle (R.). Manuel des receveurs et des administrateurs des bureaux de bienfaisance. *P.*, 1884, 8°. [8° E. 1856 B

—— Traité pratique de la comptabilité des communes et des établissements de bienfaisance... Jurisprudence administrative, et texte annoté de la loi du 5 avril 1884, sur l'organisation municipale; 2e éd. *P.*, 1885, 8°. [8° E. 1856 C

Vereschagin (V.). Souvenirs. Enfance, voyages, guerre. *P.*, 1888, in-8°. [8° U. 7403 A

Veress (I.). Dictionnaire hongrois-latin. *Budapest*, 1872, 8°. [8° O. 4684 C

Verlot (B.). Le guide du botaniste herborisant; 3e éd. *P.*, 1886, in-16. [8° I. 5365 A

Verne (J.). Géographie illustrée de la France et de ses colonies, précédée d'une étude sur la géographie générale de la France, par Théophile Lavallée; nouv. éd. *P.* (s. d.), 4°. [4° U. 1102 D

Verne (J.). Les voyages extraordinaires. L'Archipel en feu; 8e éd. *P.* (s. d.), in-18. [8° O. 4687 A

—— César Cascabel; 5e éd. *P.* (s. d.), in-18. [8° O. 4689 A

—— Le chemin de France, suivi de Gil Braltar; 7e éd. *P.* (s. d.), in-18. [8° O. 4690 A

—— Deux ans de vacances. *P.*, 1888, 2 vol. in-18. [8° O. 4695 A

—— L'école des Robinsons; 7e éd. *P.* (s. d.), in-18. [8° O. 4696 A

Verne (Jules), **Laurie** (André). L'épave du Cynthia; 2e éd. *P.*, 1886, in-18. [8° O. 4700 A

Verne (Jules). Famille-sans-nom; 5e éd. *P.*, 1889, 2 vol. in-18. [8° O. 4700 B

—— Mathias Sandorf; 8e éd. *P.* (s. d.), 3 vol. in-18. [8° O. 4712 A

—— Mistress Branican; 3e éd. *P.* (s. d.), 2 vol. in-18. [8° O. 4714 A

—— Nord contre Sud; 6e éd. *P.*, 1887, 2 vol. in-18. [8° O. 4714 B

—— Robur le Conquérant; 8e éd. *P.*, 1886, in-18. [8° O. 4717 A

—— Sens dessus dessous; 4e éd. *P.*, 1889, in-18. [8° O. 4717 B

—— Un billet de loterie (le n° 9672), suivi de Fritt-Flacc; 7e éd. *P.*, 1886, in-18. [8° O. 4720 A

Verneau (Dr R.). Cinq années de séjour aux îles Canaries. *P.*, 1891, 8°. [8° U. 7411 A

Vernes (M.). Précis d'histoire juive, depuis les origines jusqu'à l'époque persane (ve siècle avant J.-C.). *P.*, 1889, in-16. [8° U. 7411 B

Véron Duverger. De l'organisation des travaux publics en Belgique et en Hollande. *P.*, 1885, fol. [Fol. I. 208 A

—— Le régime des chemins de fer français devant le Parlement (1871-1887). *P.*, 1887, 8°. [8° E. 1856 D

Verschuur (G.). Aux Antipodes. Voyage en Australie, à la Nouvelle-Zélande, aux Fidji, à la Nouvelle-Calédonie, aux Nouvelles-Hébrides et dans l'Amérique du Sud (1888-1889). *P.*, 1891, in-16. [8° U. 7418 D

Verwaest (P.). Étude médico-légale sur le secret professionnel. *P.*, 1892, 8°.
[8° **I.** 5371 C

Vessiot (A.). Chemin faisant. Notes et réflexions sur l'éducation, l'enseignement et la morale de ce temps. *P.*, 1891, in-18.
[8° **I.** 5372 C

—— La récitation à l'école et la lecture expliquée. Cours moyen et supérieur; 3° éd. *P.*, 1888, 2 vol. in-18. [8° **O.** 4726 A

Veyrat (G.). Les statues de l'Hôtel de ville. *P.*, 1892, 8°. [8° **U.** 7427 B

Vial (P.). Nos premières années au Tonkin. *Voiron*, 1889, 8°. [8° **U.** 7427 C

Viallanes (H.). Microphotographie. La photographie appliquée aux études d'anatomie microscopique. *P.*, 1886, in-18.
[8° **I.** 5373 A

Viardot (L.). Libre examen. Apologie d'un incrédule; 6° éd. *P.*, 1881, in-18.
[8° **I.** 5374 A

Viault (F.), **Jolyet** (F.), **Bergonié**, **Ferré**. Traité élémentaire de physiologie humaine. *P.*, 1889, 8°. [8° **I.** 5381 B

Vibert (D' Ch.). Étude médico-légale sur les blessures produites par les accidents de chemin de fer. *P.*, 1888, 8°.
[8° **I.** 5381 D

—— Précis de médecine légale; 2° éd. *P.*, 1890, in-18. [8° **I.** 5381 F

Vibert (G.). A travers le Code pénal. *P.*, 1890, in-16. [8° **E.** 1856 E

Vibert (P.). La concurrence étrangère. Les musées commerciaux et l'Exposition universelle de 1889. *P.*, 1892, in-12.
[8° **I.** 5381 G

Viclé-Griffin (F.). Cueille d'avril. *P.*, 1886, in-16. [8° **O.** 4730 C

Vidal de la Blache (F.), **Camena d'Almeida** (F.). Cours de géographie à l'usage de l'enseignement secondaire. Programmes de 1890. *P.* (s. d.), 2 vol. in-18.
[8° **U.** 7455 B

Vidal-Lablache (P.). États et nations de l'Europe. Autour de la France. *P.*, 1889, in-18. [8° **U.** 7455 C

Vie de Charles-Henry, comte de Hoym, ambassadeur de Saxe-Pologne en France (1684-1736). *P.*, 1880, 2 vol. 8°.
[8° **U.** 7457 C

Vie (La) politique à l'étranger; publ. sous la direction de M. Ernest Lavisse. 1re et 2° ann. (1889-1890). *P.*, 2 vol. in-18.
[8° **U.** 7459 + A

Vieil-Castel (Cte H. de). Collection de costumes, armes et meubles pour servir à l'histoire de France. *P.*, 1827-1832, 3 vol. petit fol. [Fol. **U.** 302 + A

—— Collection de costumes, armes et meubles, pour servir à l'histoire de la Révolution française et de l'Empire. *P.* (s. d.), fol. [Fol. **U.** 302 A

—— Mémoires sur le règne de Napoléon III (1851-1864). *P.*, 1883-1884, 6 vol. in-16. [8° **U.** 7459 A

Vienot-Vaublanc. Rivalité de la France et de l'Angleterre. *P.*, an XII, 1804, 8°.
[8° **U.** 7479 C

Vieuille (G.). Guide pratique du photographe amateur. *P.*, 1885, in-18.
[8° **I.** 5393 A

Vigano (F.). *Vade mecum* des promoteurs des banques populaires et le mouvement coopératif. *P.*, 1887, in-12. [8° **I.** 5393 B

Vigné d'Octon (P.). Le roman d'un timide. *P.*, 1892, in-18. [8° **O.** 4732 D

Vignon (Cl.). Vingt jours en Espagne. *P.*, 1885, 8°. [8° **U.** 7479 D

Vignon (Léo). La soie au point de vue scientifique et industriel. *P.*, 1890, in-18. [8° **I.** 5398 B

Vignon (Louis). L'expansion de la France. *P.*, 1891, in-18. [8° **U.** 7482 + B

—— La France dans l'Afrique du Nord. Algérie et Tunisie. *P.*, 1887, 8°.
[8° **U.** 7482 B

Vigouroux (E.). Législation et jurisprudence des chemins de fer et des tramways. *P.*, 1886, 8°. [8° **E.** 1856 F

Vigouroux (F.). La Bible et les découvertes modernes en Palestine, en Égypte et en Assyrie; 5° éd. *P.*, 1889, 4 vol. 8°.
[8° **A.** 942 B

Villain (G.). Conseil municipal de Paris (1890). Rapport sur les inhumations à Paris et les réformes demandées dans le service des ordonnateurs des Pompes funèbres. *P.*, 1890, 4°. [4° **I.** 1017 D

Villain (H.). Cuirs et peaux. Tannage, corroyage et mégisserie; 2° éd. *P.*, 1886, 8°.
[8° **I.** 5398 D

Villain (L.), **Bascou** (V.). Manuel de l'inspecteur des viandes; 2ᵉ éd. P., 1890, 8°.
[8° **I. 5398 E**

Villard (Th.). Les associations du travail en France et à l'étranger. P., 1889, 8°.
[8° **I. 5398 H**

——— Les conditions sociales du travail en France à la fin du siècle dernier et de nos jours. P., 1890, 8°. [8° **U. 7485 B**

——— La géographie et la statistique. P., 1889, 8°. [8° **U. 7485 C**

Villaret (E. de). Dai Nippon (Le Japon). P., 1889, 8°. [8° **U. 7485 D**

Ville (G.). Les engrais chimiques; 8ᵉ éd. P., 1891-1892, 3 vol. in-18. [8° **I. 5398 I**

——— La production végétale et les engrais chimiques; 3ᵉ éd. P., 1890, gr. 8°.
[4° **I. 1017 F**

Ville-d'Avray (H. de). Signes conventionnels et lecture des cartes françaises et étrangères. Levés d'itinéraires. P., 1890, in-16. [8° **I. 5398 K**

Ville de Paris. Budgets annuels. P., 1870-1886, 16 vol. 4°. [4° **U. 1105 D**

Ville du Mans. Budget de la ville (1875). Le Mans, 1875, 4°. [4° **U. 1106 C**

Villèle (Cᵗᵉ de). Mémoires et correspondance. P., 1888-1890, 5 vol. 8°.
[8° **U. 7489 C**

Villemot (A.). Étude sur l'organisation, le fonctionnement et les progrès de l'enseignement secondaire des jeunes filles en France, de 1879 à 1887. P., 1887, 8°.
[8° **I. 5399 C**

Villeneuve (Marquis de). Charles X et Louis XIX en exil. P., 1889, 8°.
[8° **U. 7493 A**

Villeneuve (De). Mtzkheth (en Russie) et Ibérie. Notices sur la Géorgie; 2ᵉ éd. P., 1875, in-18. [8° **U. 7493 B**

Villeneuve (J.). L'anarchie et le Comité de Salut public en 1793. P., 1885, in-18.
[8° **U. 7493 C**

Villers (L.). Des libéralités scolaires. P., 1892, in-16. [8° **E. 1861 B**

Villon (A.-M.). Le phonographe et ses applications. P. (s. d.), in-16.
[8° **I. 5404 + A**

——— Traité pratique de la fabrication des cuirs et du travail des peaux. P., 1889, 8°.
[8° **I. 5404 A**

Villon (A.-M.). Traité pratique des matières colorantes artificielles dérivées du goudron de houille. P., 1890, 8°. [8° **I. 5404 B**

Vilmorin (P. de). Les fleurs à Paris, culture et commerce. P., 1892, in-16.
[8° **I. 5404 E**

Vinant (M. de). Traité pratique de teinture et impression; 2ᵉ éd. Lyon (s. d.), 8°.
[8° **I. 5406 C**

Vincent (Dʳ H.). Épigraphie ardennaise. Les inscriptions anciennes de l'arrondissement de Vouziers. Reims, 1892, 8°.
[8° **U. 7503 C**

Vincent (R.), **Pénaud** (É.). Dictionnaire de droit international privé. P., 1888, gr. 8°. [4° **E. 249 F**

Vincent-Elsden (J.). Traité de météorologie à l'usage des photographes; trad. par H. Colard. P., 1888, 8°. [8° **I. 5406 F**

Vinet (G.). La représentation commerciale. Les voyageurs de commerce; 6ᵉ éd. Angers, 1891, in-18. [8° **I. 5406 H**

Vinot (L.). Étude sur les tremblements de terre. P., 1893, 8°. [8° **I. 5406 J**

Violeine (P.-A.). Nouvelles tables pour les calculs d'intérêts. Vaugirard, 1854, 4°.
[4° **I. 1017 G**

Violette (H.). Guide pratique de la fabrication des vernis. P. (s. d.), in-18.
[8° **I. 5407 A**

Viollet-le-Duc (Eug.-Emm.). La décoration appliquée aux édifices. P., 1880, fol.
[Fol. **I. 208 D**

Viry (Dʳ C.). Manuel d'hygiène militaire. P., 1886, in-18. [8° **I. 5428 A**

——— La thermodynamique résumée. Mâcon, 1882, 8°. [8° **I. 5428 Aa**

Vitu (A.). Histoire de la typographie. P., 1886, 8°. [8° **I. 5434 A**

Vivarez (M.). L'alfa. Montpellier, 1886, 4°.
[4° **I. 1023 A**

——— Le Soudan algérien. Projet de voie ferrée transsaharienne. P., 1890, in-18.
[8° **U. 7513 D**

Vogel (Dʳ H.-W.). La photographie des objets colorés avec leurs valeurs réelles; trad. par H. Gauthier-Villars. P., 1887, 8°.
[8° **I. 5436 A**

Vogel (J.). La Nouvelle-Zélande. P., 1878, in-16. [8° **U. 7529 C**

Vogt (C.). Les mammifères. *P.*, 1884, 4°.
[4° **I. 1023** B

Vogüé (Mⁱˢ de). Villars. *P.*, 1888,
2 vol. 8°. [8° **U. 7529** E

Vogüé (Vᵗᵉ E.-M. de). Regards histo-
riques et littéraires. *P.* (s. d.), in-18.
[8° **U. 7529 + F**

——— Remarques sur l'Exposition du
Centenaire. *P.*, 1889, in-18. [8° **I. 5437** C

——— Le roman russe; 2ᵉ éd. *P.*, 1888,
in-18. [8° **O. 4773** A

——— Souvenirs et visions. *P.* (1887),
in-18. [8° **U. 7529** F

——— Spectacles contemporains. *P.* (s. d.),
in-18. [8° **U. 7529** Fa

——— Syrie, Palestine, mont Athos. Voyage
aux pays du passé; 3ᵉ éd. *P.*, 1887, in-18.
[8° **U. 7529** Fb

Voltaire. Extraits en prose; publ. par
A. Gasté. *P.*, 1890, in-12. [8° **O. 4852** A

——— Les mots de Voltaire, par A. Lefort
et P. Buquet. *P.* (s. d.), in-18.
[8° **O. 4852** Aa

——— OEuvres complètes, avec des notes
et une notice sur la vie de Voltaire. Grav. *P.*,
1876-1878, 13 vol. 4°. [4° **O. 403** C

Voltaire. Siècle de Louis XIV; nouv. éd.,
par M. Grégoire. *P.* (s. d.), in-18.
[8° **U. 7532** Aa

——— Siècle de Louis XIV; éd. par J. Zel-
ler. *P.*, 1892, in-18. [8° **U. 7532** Ab

——— Théâtre. *P.*, 1885, in-18.
[8° **O. 4856** A

Vossion (L.). La Constitution américaine
et ses amendements. *P.*, 1889, 8°.
[8° **U. 7533** A

Vuibert (H.). Annuaire de la jeunesse
pour l'année 1890. *P.* (s. d.), in-18.
[8° **I. 5438** B

Vuillemain (P.). La biologie végétale.
P., 1888, in-16. [8° **I. 5438** D

Vuillier (G.). Les îles oubliées. Les Ba-
léares, la Corse et la Sardaigne. *P.*, 1893,
fol. [Fol. **U. 307** C

Vulson de la Colombière (M. de). Les
portraits des hommes illustres françois. *P.*,
1655, fol. [Fol. **U. 307** E

——— Le vray théâtre d'honneur et de
chevalerie. *P.*, 1648, 2 vol. fol.
[Fol. **U. 307** F

W

Waddington (A.). L'acquisition de la
couronne royale de Prusse par les Hohen-
zollern. *P.*, 1888, 8°. [8° **U. 7547** A

Wahl (A.). L'allemand tel qu'on le parle;
8ᵉ éd. *P.*, 1889, in-12 obl. [8° **O. 4892** C

Waldteufel (É.). Mémoire pour la ré-
trocession de l'Alsace-Lorraine adressé à
Guillaume II. *P.*, 1893, in-16.
[8° **U. 7553** C

Wallerant (F.). Traité de minéralogie.
P., 1891, 8°. [8° **I. 5445** C

Wallon (H.). Jeanne d'Arc. *P.*, 1860,
2 vol. 8°. [8° **U. 7566 + A**

——— Les représentants du peuple en mis-
sion et la justice révolutionnaire dans les dé-
partements en l'an II (1793-1794). T. I. *P.*,
1889, 8°. [8° **U. 7566** B

Walque (Fr. de). Manuel de manipula-
tions chimiques ou de chimie opératoire;
3ᵉ éd. *Louvain*, 1887, 8°. [8° **I. 5445** E

Waucquez (Ch.). A travers la littérature
contemporaine. *Lierre*, 1886, 8°.
[8° **O. 4897 + A**

Weber (A.). Histoire de la philosophie
européenne; 4ᵉ éd. *P.*, 1886, 8°.
[8° **I. 5454** A

Weber (A.-S.). Traité de la massothé-
rapie. *P.*, 1891, 8°. [8° **I. 5454** B

Weber (Dʳ H.). Climatothérapie; trad.
par les Dʳˢ A. Doyon, P. Spillmann. *P.*,
1886, 8°. [8° **I. 5454** D

Wehrlin (C.). Les moteurs à gaz et les
moteurs à pétrole à l'Exposition universelle
de 1889. *P.*, 1890, 4°. [4° **I. 1024** C

Weill (A.). Le centenaire de l'émancipa-
tion des Juifs. *P.*, 1888, 8°.
[8° **U. 7591** B

——— OEuvres complètes. L'esprit de l'es-
prit. Petit trésor d'esprit. Glanes d'esprit
complètement inédites et l'esprit de quelques
autres. *P.*, 1888, in-18. [8° **O. 4897** A

Weill (G.). Un précurseur du socialisme. Saint-Simon et son œuvre. *P.*, 1894, in-18. [8° **U. 7591 C**

Weiss (J.-J.). Essais sur l'histoire de la littérature française; 3e éd. *P.*, 1891, in-18. [8° **O. 4897 C**

—— Le théâtre et les mœurs; 4e éd. *P.*, 1889, in-18. [8° **O. 4897 D**

—— Trois années de théâtre (1883-1885). Autour de la Comédie-Française; 2e éd. *P.*, 1892, in-18. [8° **G. 4897 E**

Weitemeyer (H.). Le Danemark. *Copenhague*, 1889, 8°. [8° **U. 7591 D**

Welschinger (H.). Le duc d'Enghien (1772-1804). *P.*, 1888, 8°. [8° **U. 7591 E**

—— Le roman de Dumouriez. Le livret de Robespierre, Adam Lux et Charlotte Corday, le Comité de Salut public et la Comédie-Française. *P.*, 1890, in-18. [8° **U. 7591 F**

Westphal (A.). Les origines de la colonisation allemande. *Montpellier*, 1887, 8°. [8° **U. 7591 I**

Weyl (E.). La marine anglaise; 2e éd. *P.*, 1887, in-16. [8° **I. 5464 A**

Wheler (G.). Voyage de Dalmatie, de Grèce et du Levant; trad. *La Haye*, 1723, 2 vol. in-12. [8° **U. 7593 D**

Wiener (C.). Chili et Chiliens; 2e éd. *P.*, 1888, gr. 8°. [4° **U. 1111 C**

Wiesener (L.). Le Régent, l'abbé Dubois et les Anglais. *P.*, 1891, 8°. [8° **U. 7599 C**

Wietlisbach (Dr V.). Traité de téléphonie industrielle; trad. par Marinovitch. *P.*, 1888, in-16. [8° **I. 5466 A**

Wilkins (A.). L'antiquité romaine; trad. de la 2e éd. angl. par Mme P. Waddteufel. *P.*, 1885, in-16. [8° **U. 7601 C**

Wisniewski (P.), **Dubois** (C.). Guide

pratique des sous-officiers candidats à des emplois civils. *P.*, 1894, 8°. [8° **I. 5467 C**

Witt (Mme de). Ceux qui nous aiment et ceux que nous aimons. *P.*, 1887, in-16. [8° **O. 4901 C**

—— La charité en France à travers les siècles. *P.*, 1892, 4°. [4° **U. 1111 F**

Wogan (Bon de). Du Far-West à Bornéo. *P.*, 1873, in-18. [8° **U. 7610 C**

Wogan (T. de). Voyage du canot en papier le *Qui-vive?* *P.*, 1887, in-16. [8° **U. 7610 D**

Wolf (Dr E.). Alimentation des animaux domestiques; trad. d'après la 5e éd. allem., par A. Damseaux; nouv. éd. *Bruxelles*, 1888, in-18. [8° **I. 5473 A**

—— Les engrais; trad. par A. Damseaux; nouv. éd. *Bruxelles*, 1887, in-18. [8° **I. 5473 B**

Wolski (K. de). La Russie juive. *P.*, 1887, in-18. [8° **U. 7612 A**

Wood (H.). L'héritier de Court-Netherleigh; trad. par J. Girardin. Tome Ier. *P.*, 1884, in-16. [8° **O. 4901 E**

Worms (É.). Les attentats à l'honneur. Diffamation, injures, outrages, adultère, duel, lois sur la presse, etc. *P.*, 1890, 8°. [8° **E. 1880 C**

Wuarin (L.). Le contribuable, ou comment défendre sa bourse. *P.*, 1889, in-16. [8° **I. 5474 + A**

Wünschendorff (E.). Traité de télégraphie sous-marine. *P.*, 1888, gr. 8°. [4° **I. 1029 A**

Wurtz (Dr R.). Technique bactériologique. *P.* (s. d.), in-16. [8° **I. 5481 C**

Wyzewa (T. de). Les grands peintres de l'Italie. *P.*, 1890, 4°. [4° **U. 1112 C**

—— Les grands peintres des Flandres et de la Hollande. *P.*, 1890, 4°. [4° **U. 1112 Ca**

X, Y

Xiphilin, **Zonare**, **Zosime**. Histoire romaine; trad. Cousin. *P.*, 1678, 4°. [4° **U. 1112 E**

Yung (É.). Sous le ciel breton. *P.*, 1894, in-16. [8° **U. 7617 B**

Yvon (P.). Notions de pharmacie nécessaires au médecin. *P.*, 1892, 2 vol. in-16. [8° **I. 5489 C**

Z

Zaborowski (S.). Les mondes disparus. *P.* (s. d.), in-16.   [8° **I. 5490** C

Zakharine (G.-A.). Leçons cliniques sur les maladies abdominales et sur l'emploi interne des eaux minérales; trad. de la 2ᵉ éd. russe par le Dʳ Oelsnitz (de Nice). *P.*, 1893, 8°.   [8° **I. 5491** C

Zed. La société parisienne. *P.* (s. d.), in-18.   [8° **U. 7618** A

Zeller (B.). La minorité de Louis XIII, Marie de Médicis et Sully (1610-1612). *P.*, 1892, 8°.   [8° **U. 7618** B

Zeller (B.). Solon. *P.*, 1882, in-18.   [8° **U. 7618** C

Zeller (J.). Les tribuns et les révolutions en Italie. *P.*, 1874, in-18.   [8° **U. 7629** B

Zevort (E.). Thiers. *P.*, 1892, 8°.   [8° **U. 7630** C

Zolla (D.). Code-manuel du propriétaire-agriculteur. *P.*, 1894, in-18. [8° **E. 1892** C

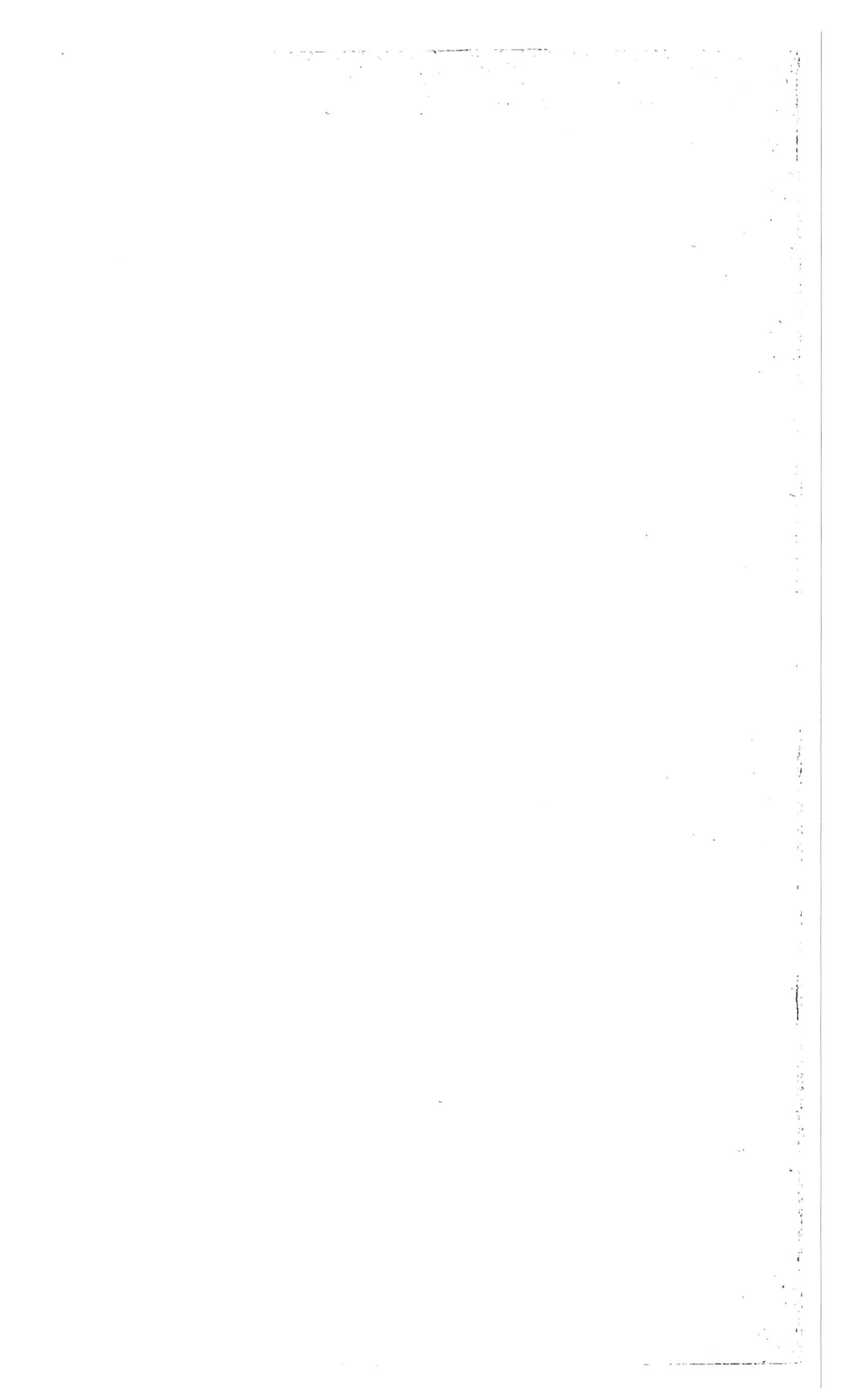

www.ingramcontent.com/pod-product-compliance
Lightning Source LLC
Chambersburg PA
CBHW052218270326
41931CB00011B/2393